Comparte
la Palabra

Doctrina, Carácter y Ministerio
Un Currículo de Enseñanza Oral

Dr. Kevin Olson

Primera edición, 2015

Escrituras Tomadas de la Santa Biblia,
Reina - Valera 1960
Todos los derechos reservados en Todo El Mundo.
www.biblegateway.com

Copias adicionales, Ayudantes del profesor y el alumno Editions
"fotocopias" pueden ser adquiridos para uso educacional, uso comercial
o promocional. Para obtener más información, envíe un correo
electrónico ambassador@aflc.org o comuníquese con:

Orality Institute ~ USA
3110 E. Medicine Lake Blvd.
Plymouth, MN 55441
763-412-2029
kevino@oralityinstitute.org

ISBN-13: 978-1940508-08-5
ISBN-10: 1940508-08-8
ORALITY INSTITUTE

INTRODUCCIÓN

El estilo de este libro de estudio bíblico es distinto al de la mayoría de planes de estudio porque la intención de su uso es diferente. Este texto tiene como propósito el ser utilizado como 'manual del maestro' para la persona que dirija estas lecciones con un estilo de enseñanza oral. Dos elementos que hacen de esta preparación algo único son el protagonismo de las narraciones bíblicas y las preguntas utilizadas para estudiarlas. El texto bíblico es el centro y la esencia del plan de estudios, por ello se encuentra en primer plano en cada lección. Las preguntas utilizadas para dirigir la discusión se dividen en dos partes. El primer grupo de preguntas, titulado *Preguntas acerca de la Historia*, tiene como propósito estudiar a profundidad los detalles del texto de un modo exegético. El segundo grupo, *Preguntas para Discusión*, tiene como propósito permitir a quien dirige el aplicar el pasaje bíblico a los estudiantes. Cada lección incluye también una introducción a la narración, metas, pasajes para memorizar y referencias bíblicas relacionadas. Es posible utilizar estas lecciones en un formato de estudio bíblico interactivo, y no como presentación oral, pero resulta útil para el líder comprender el propósito para el cual se escribió este libro.

Un formato de estudio bíblico oral está definido por dos partes principales. Primero, el estudiante debe aprender la historia para poder interactuar con ella. Y segundo, el alumno debe estudiar el texto con la mentalidad de aplicarlo a su vida. Estas dos partes se dividen, a su vez, en las siguientes cinco partes.

1. Contar la historia
2. Volver a contar la historia
3. Caminar juntos por la historia
4. Buscar las riquezas de la historia
5. Llevar a casa tales riquezas

Contar la historia —La meta consiste en memorizar el texto como una historia. Pueden utilizarse diversos métodos para memorizarlo, pero este paso requiere una preparación considerable por parte del instructor para que esto pueda hacerse correctamente. Contar la historia debe ser una representación natural del relato la cual debe incluir emoción, lenguaje corporal y acciones e inflexiones de la voz. Debe incluir también una breve introducción para dar a los oyentes el ambiente o el contexto. Necesita ser una fiel reproducción del texto bíblico puesto que las palabras que se utilicen se convertirán en la Biblia que el oyente recordará; por lo tanto, el añadir o quitar algo del relato es como añadir o quitar algo de la Palabra de Dios.

Volver a contar la historia — El proceso de aprendizaje oral requiere de repetición. Existen diversos métodos que el instructor puede utilizar para ayudar a los estudiantes a recordar lo que se dijo.

- Se le puede pedir a alguien que vuelva a contar la historia
- Dos personas podrían contarse la historia entre sí
- Una persona podría leer la historia
- La historia podría convertirse en una canción

Independientemente del método utilizado, el propósito de este segundo paso es lograr que los estudiantes recuerden el texto.

Caminar juntos por la historia —Aprender como grupo en un formato oral requiere que el grupo se reúna cuando se vuelva a contar la historia. El propósito de esta tercera repetición de la historia consiste en poner a prueba a los oyentes, o mostrar qué tanto del relato pueden recordar después de haberlo repasado dos veces. El instructor debe motivar a los oyentes y pedirles respuestas. Todas las emociones, el lenguaje corporal y las acciones ayudarán a los oyentes a recordar las palabras del texto. Para ello, existen tres formas comunes de alentar a los oyentes.

- Cuente pequeños fragmentos de la historia y deje espacios para que los oyentes los llenen.
- Haga preguntas que hagan que los oyentes complementen los detalles de la historia.
- Haga alguna afirmación o mencione algún hecho erróneo, y espere a que los oyentes corrijan y expresen lo que se debió haber dicho.

Estas tres repeticiones de la historia comparten un propósito común, que es el de lograr que la historia entre en la mente del oyente.

Buscar las riquezas de la historia —La Biblia está llena de detalles que fácilmente podemos pasar por alto o que podemos no detenernos a considerar. Buscar las riquezas de la historia es un proceso que consiste en estudiar las complejidades de la Palabra de Dios y reflexionar en el significado de los detalles para el resto de la

4

historia. Los tres aspectos de esta observación proceden de las personas, de Dios y del contexto. Cada historia nos enseña sobre las personas, sobre el Señor y sobre cómo la unidad de las Escrituras se ve a través de temas comunes. Cada narrativa bíblica procede de un contexto que incluye un ambiente o evento previo al comienzo de la historia y sus circunstancias o situaciones específicas.

Las historias de la Palabra de Dios incluyen personas reales que cometen errores reales, y personas reales que muestran una fe impresionante. Los relatos muestran emociones, elecciones, respuestas y efectos que ponen de relieve las conductas piadosas o impías. Caminar por las experiencias de la gente en la Biblia permite aprender al estudiante de la Palabra de Dios sobre el carácter piadoso y la vida ministerial.

El tesoro más grande en la Palabra de Dios es la revelación que hace el Señor de Sí mismo. La Biblia es una larga historia que narra la búsqueda del Señor para establecer una relación con el hombre. Desde el principio de la relación de Dios con Adán y Eva hasta la legada de Jesús a la tierra, el plan de Dios se hace evidente. El Conocimiento: de Dios y las doctrinas de la Biblia se revelan al estudiar a Dios y su interacción con el hombre.

Llevar las riquezas a casa —Una vez que se han encontrado las riquezas, lo que se necesita es aplicarlos a la vida actual. El entorno y las circunstancias de los tiempos bíblicos pueden haber sido distintos a los de la vida moderna, pero existe un paralelismo con lo que las personas enfrentan hoy. Dar el salto desde ese tiempo hasta la actualidad permite que lo antiguo se aplique a las vidas de las personas.

Los personajes de la Biblia se relacionan con las personas de hoy incluso más que los mismos entornos o circunstancias. En la actualidad, la gente comete errores y muestra una gran fe. Las personas hoy en día necesitan ejemplos prácticos de cómo vivir para el Señor y cómo servirlo.

Sin embargo, la capacidad de vivir de esta forma procede solo de la obra de Dios en la vida de una persona, la cual tiene lugar primeramente a través de la fe en Jesús y de la transformación que realiza en el interior. Después, el Señor continúa obrando lentamente en la totalidad de la persona hasta que la cabeza, el corazón y las manos de ésta se transformen. El conocimiento de

Dios cambia el carácter de la persona y ese cambio se manifiesta en el servicio a los demás.

Que el Señor utilice estas lecciones para producir esta misma transformación en tu alma y corazón, independientemente del método específico que utilices durante tu estudio.

Bendiciones, Pastor Kevin Olson

TABLA DE CONTENIDO

Cuarto Periodo

INTERNATIONAL ORALITY INSTITUTE

Conocimiento y Doctrina

43. Dios el Padre
Salmo 103

Salmo 103

¹ Bendice, alma mía, a Jehová,
   Y bendiga todo mi ser su santo nombre.
² Bendice, alma mía, a Jehová,
   Y no olvides ninguno de sus beneficios.
³ El es quien perdona todas tus iniquidades,
   El que sana todas tus dolencias;
⁴ El que rescata del hoyo tu vida,
   El que te corona de favores y misericordias;
⁵ El que sacia de bien tu boca
   De modo que te rejuvenezcas como el águila.
⁶ Jehová es el que hace justicia
   Y derecho a todos los que padecen violencia.
⁷ Sus caminos notificó a Moisés,
   Y a los hijos de Israel sus obras.
⁸ Misericordioso y clemente es Jehová;
   Lento para la ira, y grande en misericordia.
⁹ No contenderá para siempre,
   Ni para siempre guardará el enojo.
¹⁰ No ha hecho con nosotros conforme a nuestras iniquidades,
   Ni nos ha pagado conforme a nuestros pecados.
¹¹ Porque como la altura de los cielos sobre la tierra,
   Engrandeció su misericordia sobre los que le temen.
¹² Cuanto está lejos el oriente del occidente,
   Hizo alejar de nosotros nuestras rebeliones.
¹³ Como el padre se compadece de los hijos,
   Se compadece Jehová de los que le temen.
¹⁴ Porque él conoce nuestra condición;
   Se acuerda de que somos polvo.
¹⁵ El hombre, como la hierba son sus días;
   Florece como la flor del campo,
¹⁶ Que pasó el viento por ella, y pereció,
   Y su lugar no la conocerá más.
¹⁷ Mas la misericordia de Jehová es desde la eternidad y hasta la
eternidad sobre los que le temen,
   Y su justicia sobre los hijos de los hijos;
¹⁸ Sobre los que guardan su pacto,
   Y los que se acuerdan de sus mandamientos para ponerlos por obra.
¹⁹ Jehová estableció en los cielos su trono,
   Y su reino domina sobre todos.
²⁰ Bendecid a Jehová, vosotros sus ángeles,

Poderosos en fortaleza, que ejecutáis su palabra,
Obedeciendo a la voz de su precepto.
[21] Bendecid a Jehová, vosotros todos sus ejércitos,
Ministros suyos, que hacéis su voluntad.
[22] Bendecid a Jehová, vosotras todas sus obras,
En todos los lugares de su señorío.
Bendice, alma mía, a Jehová.

Preguntas de Estudio: Dios el Padre
Salmo 103

Introducción:
Dios ha sido siempre fiel con su pueblo por todas las generaciones. En la Biblia, esta fidelidad está presentada como "existente" desde el principio de la Creación hasta el futuro regreso de Cristo. Dios es visto como un Padre amoroso que cuida de cada uno de sus hijos. Él un Juez paciente que desea que ninguno se pierda sino que le obedezca y sea salvo. Él es el Dios Poderoso y nada le es imposible. Esta descripción da un pequeño vistazo del Dios a quien servimos. Es sobre Él de quien estudiaremos y aprenderemos.

Objetivos:
Conocimiento
- Empezar a entender el Carácter de Dios el Padre.
- Reconocer la grandeza de Dios y su amor.
- Comprender lo que el Padre ha revelado de sí mismo.

Actitud
- Asombrarnos de nuestro Padre Dios siendo animados por Él.
- Creer que aunque Dios es el Soberano del universo, Él también se involucra en los detalles de nuestras vidas cada día.

Acciones
- Temer y alabar al Señor en todo.
- Decir a otros acerca del gran Señor a quien servimos.

Versículos para Memorizar:
Salmo 18:1-3 "Te amo, oh Jehová, fortaleza mía. Jehová, roca mía y castillo mío, y mi libertador; Dios mío, fortaleza mía, en él confiaré; Mi escudo, y la fuerza de mi salvación, mi alto refugio. Invocaré a Jehová, quien es digno de ser alabado, Y seré salvo de mis enemigos."
Malaquías 3:6 "Porque yo Jehová no cambio"

Preguntas acerca de la Historia:
1. ¿Por qué el salmista urge a su alma a alabar al Señor al inicio del Salmo? (Salmo 103:1-2. El pensar acerca del carácter de Dios el Padre requiere de una respuesta. Así como el salmista refiere algunos de los atributos del Señor, también debe responder al Señor en lugar de sólo reconocer que Dios es grande).
2. ¿Cuáles son algunos de los beneficios que el Señor da a su pueblo? (Salmo 103:3-5. Perdona sus pecados, cura sus enfermedades,

rescata de hoyo sus vidas, les muestra amor y compasión, y satisface sus deseos con cosas buenas a fin de restaurarlos).

3. ¿Cómo se revela Dios a sí mismo? (Salmo 103:7. Se reveló a sí mismo a Moisés y mostró sus proezas al pueblo de Israel. Dios también se revela a sí mismo a través de su carácter, su Creación y sus acciones).

4. ¿Cómo se relaciona el Señor con su pueblo según el salmista? (Salmo 103:8,13. El Señor es compasivo y misericordioso, lento para la ira y grande en misericordia. Es como un Padre que tiene compasión por sus hijos).

5. ¿Cómo nos trata el Señor en cuanto a nuestros pecados? (Salmo 103:10. No nos trata según lo que merecemos por nuestros pecados, ni nos paga de acuerdo a nuestras iniquidades).

6. ¿Qué tan lejos separa el Señor nuestro pecado de nosotros? (Salmo 103:12. Tan lejos como el Oriente está del Occidente, así también el Señor separa a nuestro pecado de nosotros. Esta es la imagen de la libertad que Jesús trae a través de su muerte en la Cruz).

7. ¿Qué tanto dura el amor de Dios por su pueblo? (Salmo 103:17 Desde la eternidad y hasta la eternidad).

8. ¿Dónde está establecido el Trono de Dios y su Reino? (Salmo 103:19. En el Cielo).

9. ¿Sobre qué gobierna el Reino de Dios? (Salmo 103:19. El Reino de Dios gobierna tanto en el Cielo como en la tierra).

10. ¿Cuál es la posición del Señor respecto a los ángeles y los seres celestiales? (Salmo 103:20-21. Ellos son sus siervos y hacen su voluntad. Él reina por sobre todas las cosas)

Preguntas para Discusión:

1. Al igual que el salmista ¿Cuál debe ser nuestra respuesta cuando nos damos cuenta de cuán grande es Dios? ¿De qué maneras podemos expresar tal respuesta? (Salmo 103:1-2. Nuestra respuesta a la grandeza de Dios debe ser de alabanza a Él y exaltando su Nombre. Podemos expresar nuestra adoración en oración, con cantos y en alabanza).

2. ¿Por que es importante que el Señor sea un Dios que perdona nuestros pecados? (Salmo 103:3. Nuestros pecados nos separan de nuestro Santo Dios. Èl tiene el poder de perdonarnos si nos arrepentimos y creemos en el sacrificio de Jesús por nosotros. El perdón de pecados muestra el poder de Dios sobre lo que se hizo, lo que se hace y lo que está por cometerse).

3. ¿Qué significa que Dios "satisface nuestros deseos con buenas cosas? (Salmo 103:5. Significa que Dios sabe lo que necesitamos y anhelamos. Él es capaz de proveer para nosotros. A veces Dios

responde a nuestros deseos o a aquello que creemos necesitar con lo que verdaderamente necesitamos).

4. ¿Por qué es importante para nosotros como creyentes el saber que Dios elige revelarse a sí mismo y darse a conocer? (Salmo 103:7. Significa que Dios quiere tener una relación con nosotros y que hay una manera de conocerle. Nos da el derecho de ser sus hijos y de morar con Él. Ver S. Juan 1:12, 15:1-10).

5. ¿Qué ánimo encontramos cuando recordamos que Dios es un dios de compasión? (Salmo 103:8-13. Compasión significa Dios entiende nuestros sentimientos y nuestras debilidades. Es importante saber que incluso cuando pecamos, Él aún así nos ama y permanece fiel. Solo necesitamos confesar nuestro pecado, arrepentirnos y ser limpios).

6. ¿Qué nos enseña el rol de Padre del Señor sobre la paternidad? (Salmo 103:13. Todo el carácter de Dios se muestra en su rol como Padre. Sus acciones, actitudes y sabiduría son en favor de sus hijos. Nuestros hijos necesitan el mismo cuidado que nosotros requerimos de nuestro Padre. Hebreos 12:7-11 describe el amor de Dios a través de disciplina).

7. Puesto que Dios separa nuestros pecados de nosotros tan lejos como el Oriente está del Occidente, ¿Qué es lo que ve cuando mira al creyente? (Salmo 103:12. Ve a una persona limpia que ha sido lavada en la sangre de Jesús. Puesto que vivimos y moramos con Él y en su misericordia, Él nos ve sin pecado y viviendo siendo justificados ante Él).

8. ¿Podemos estar seguros de que mañana el amor de Dios será el mismo al de hoy? (Salmo 103:17. Podemos estar por siempre seguros de que Dios nos ama porque la Biblia dice que su amor es desde la eternidad y hasta la eternidad. Veer también I Juan 3:1).

44. Jesús, el Hijo
S. Mateo 17:1-13

S. Mateo 17

¹ Seis días después, Jesús tomó a Pedro, a Jacobo y a Juan su hermano, y los llevó aparte a un monte alto; ² y se transfiguró delante de ellos, y resplandeció su rostro como el sol, y sus vestidos se hicieron blancos como la luz. ³ Y he aquí les aparecieron Moisés y Elías, hablando con él.

⁴ Entonces Pedro dijo a Jesús: Señor, bueno es para nosotros que estemos aquí; si quieres, hagamos aquí tres enramadas: una para ti, otra para Moisés, y otra para Elías.

⁵ Mientras él aún hablaba, una nube de luz los cubrió; y he aquí una voz desde la nube, que decía: Este es mi Hijo amado, en quien tengo complacencia; a él oíd.

⁶ Al oír esto los discípulos, se postraron sobre sus rostros, y tuvieron gran temor. ⁷ Entonces Jesús se acercó y los tocó, y dijo: Levantaos, y no temáis. ⁸ Y alzando ellos los ojos, a nadie vieron sino a Jesús solo.

⁹ Cuando descendieron del monte, Jesús les mandó, diciendo: No digáis a nadie la visión, hasta que el Hijo del Hombre resucite de los muertos.

¹⁰ Entonces sus discípulos le preguntaron, diciendo: ¿Por qué, pues, dicen los escribas que es necesario que Elías venga primero?

¹¹ Respondiendo Jesús, les dijo: A la verdad, Elías viene primero, y restaurará todas las cosas. ¹² Mas os digo que Elías ya vino, y no le conocieron, sino que hicieron con él todo lo que quisieron; así también el Hijo del Hombre padecerá de ellos. ¹³ Entonces los discípulos comprendieron que les había hablado de Juan el Bautista.

Preguntas de Estudio: Jesús el Hijo
S. Mateo 17:1-13

Introducción:
En este punto del ministerio de Jesús, sus discípulos comenzaban a entender quién era Él realmente. No había pasado mucho desde que Pedro había confesado que Jesús era el Cristo, el Hijo del Dios viviente. Jesús había estado revelando cosas más profundas a sus discípulos incluyendo el hecho de que pronto moriría en Jerusalén a manos de los sacerdotes. Como parte del incremento de la revelación de sí mismo, Jesús llevó consigo a sus discípulos más cercanos, Pedro, Jacobo, y Juan hasta la cima de un monte alto donde ellos podrían aprender más sobre quién era Él.

Objetivos:
Conocimiento
- Aprender que Jesucristo es el Hijo de Dios y el Hijo del Hombre.
- Entender la relación de Jesús con Dios el Padre.
- Entender que Jesús es el cumplimiento del Mesías prometido.
- Reconocer que Jesús es Señor del Cielo y de la tierra.
- Darse cuenta que Jesús desea revelarse a sí mismo a nosotros.

Actitud
- Confiar en Jesús como nuestro Señor y Salvador personal.
- Ser convencidos de que Jesucristo es el tan esperado Mesías profetizado.
- Estar motivados para decir quién es Jesús.

Acciones
- Vivir confiados pues el poder de Jesús está en nosotros.
- Decir a otros que Jesucristo es Rey y Señor.

Versículos para Memorizar:
Colosenses 2:9-10 "Porque en él habita corporalmente toda la plenitud de la Deidad, y vosotros estáis completos en él, que es la cabeza de todo principado y potestad."

Preguntas acerca de la Historia:
1. ¿Por qué llevó consigo Jesús a Pedro, Jacobo y Juan a la cima de un monte alto? (S. Mateo 17:1. Él se reveló a sí mismo a ellos. Dios el Padre les habló también. Relatos paralelos pueden encontrarse en S. Marcos 9:2-13 y S. Lucas 9:28-36).

15

2. ¿Qué nos dice la Transfiguración de Jesús acerca de Él? (S. Mateo 17:2. Su rostro brilló como el sol, su ropa se volvió tan blanca como la luz. Más que detalles físicos, la Transfiguración reveló que aunque Jesús era un hombre con un cuerpo físico, Él también era Dios con un cuerpo espiritual).

3. ¿Qué es significativo acerca de que Moisés y Elías vinieran y hablaran con Jesús? (S. Mateo 17:3 La vida de Jesús estaba directamente conectada con el Antiguo Testamento. Fueron estas Escrituras las que profetizaron acerca de Jesús. Los discípulos deseaban honrar a Moisés y Elías, pero Dios dijo: "Este es mi Hijo amado... a Él oíd").

4. ¿Qué pensó Pedro acerca de estar presenciando tal evento? (S. Mateo 17:4. Él dijo "Bueno es para nosotros que estemos aquí". Pensó que sería bueno construir tres altares).

5. ¿Cómo se refirió Dios el Padre a Jesús diferenciándolo de otros? (S. Mateo 17:5. Como su amado Hijo, en quién tenía complacencia. Dios dijo a los discípulos que a Él escucharan).

6. ¿Qué significó la respuesta de los discípulos a la voz? (S. Mateo 17:6. Dios es Santo. Cuando Él habla no hay mas respuesta. Incluso el mero sonido de su voz le recordó a los discípulos que eran simples hombres).

7. ¿Qué es significativo acerca de que Jesús dijera a sus discípulos "Levantaos y no temáis"? (S. Mateo 17:7. Aunque Dios es Santo y temible, sus discípulos no debían tener miedo. Jesús mismo era la razón para que no tuvieran miedo).

8. ¿Por qué Jesús dijo a sus discípulos que no le dijeran a nadie acerca de lo que habían dicho hasta que resucitara de los muertos? (S. Mateo 17:9. Aún no era tiempo para que Jesús fuera completamente revelado como el Mesías. Después de la resurrección, todo fue terminado y entonces llegó el momento de que todas las cosas fueran reveladas").

9. ¿Qué nos dice la pregunta de los discípulos sobre Elías acerca de su entendimiento de la situación? (S. Mateo 17:3,10. Nos muestra lo poco que entendieron acerca de quién era Jesús).

10. ¿Al final qué entendieron los discípulos acerca del Elías que había sido prometido? (S. Mateo 17:13. Los discípulos entendieron que el Elías que había sido predicho era Juan el Bautista. Comenzaron a oír que también Jesús tendría de sufrir al igual que Juan).

Preguntas para Discusión:

1. ¿Cuáles son algunas de las ventajas de tener un grupo de amigos cercanos como Pedro, Jacobo y Juan? (S. Mateo 17:1. Los pequeños grupos son necesarios para compartir experiencias personales. Los

momentos de oración, el mostrarnos a nosotros mismos, el oír la Palabra de Dios y crecer en fe son parte del discipulado).

2. ¿Cómo afecta la descripción de Jesús en esta historia a nuestro entendimiento sobre quién es Él? (S. Mateo 17:2. Él es el Hijo de Dios, quien posee la plenitud de Dios en forma corpórea. El merese toda gloria, alabanza y adoración. Ver S. Juan 5:16-18, 10:27-30; Colosenses 2:9-10).

3. ¿Cómo podemos responder a la majestad de Cristo? (S. Mateo 17:4. Podemos apreciar su grandeza y su Ser amoroso estando en su presencia y escuchándole. Esto implica estar dispuestos a hacer lo que sea que nos mande).

4. A partir de esta historia ¿Qué podemos decir a otros acerca de Jesús? (S. Mateo 17:5. Podemos decir que Él es el amado Hijo de Dios y quien fue prometido por medio de los Profetas. Aunque sea el sorprendente y majestuoso Hijo de Dios, también es el Hijo del Hombre, compasivo y dispuesto a morir en nuestro lugar. Ver S. Juan 1:1-4; Filipenses 2:5-11; I Timoteo 2:5).

5. ¿Cómo se diferencia esto a las perspectivas de otras religiones acerca de Jesús? (Los musulmanes ven a Jesús sólo como Profeta. Los Testigos de Jehová ven a Jesús como hijo de Dios pero no como Persona de la Trinidad de Dios. La Biblia dice que Jesús es completamente Dios. Ver Colosenses 2:9-10; Hebrews 1:1-3).

6. ¿De qué maneras podemos "oír" a Jesús? (S. Mateo 17:5. Podemos oírle estudiando su Palabra y orando).

7. ¿Cómo debemos responder cuando pensemos sobre la santidad de Dios? (S. Mateo 17:6-7. Nuestra respuesta debe ser a través de un temor reverente, un temor que no es temeroso o renuente).

8. ¿Qué aprendemos a partir de que Jesús dijo a sus discípulos que no tuvieran temor? (S. Mateo 17:7. Aprendemos que Jesús desea que vivamos nuestras vidas sin temor, dándonos cuenta de que Él está con nosotros).

9. ¿Qué podemos aprender de la afirmación de Jesús sobre que sufriría, moría y sería resucitado de la muerte? (S. Mateo 17:12, 9. Él tenía claro cuál era su propósito y su misión. No se trataba de permanecer en la cima del monte sino bajar y estar entre la gente, ministrarles y salvarlos).

10. ¿La identidad de Jesús como el tan esperado y profetizado Mesías abre nuestra perspectiva del plan de Dios y cómo instrumenta las cosas? (Dios planea hasta el más fino y preciso detalle de las cosas hasta su cumplimiento así como lo hace con nuestras propias vidas. El es también el Rey que viene ya. Ver Apocalipsis 19:11-16).

45. El Espíritu Santo
Hechos 2:1-8, 11-21

Hechos 2

¹ Cuando llegó el día de Pentecostés, estaban todos unánimes juntos. ² Y de repente vino del cielo un estruendo como de un viento recio que soplaba, el cual llenó toda la casa donde estaban sentados; ³ y se les aparecieron lenguas repartidas, como de fuego, asentándose sobre cada uno de ellos. ⁴ Y fueron todos llenos del Espíritu Santo, y comenzaron a hablar en otras lenguas, según el Espíritu les daba que hablasen.

⁵ Moraban entonces en Jerusalén judíos, varones piadosos, de todas las naciones bajo el cielo. ⁶ Y hecho este estruendo, se juntó la multitud; y estaban confusos, porque cada uno les oía hablar en su propia lengua. ⁷ Y estaban atónitos y maravillados, diciendo: Mirad, ¿no son galileos todos estos que hablan? ⁸ ¿Cómo, pues, les oímos nosotros hablar cada uno en nuestra lengua en la que hemos nacido? ...... ¹¹ les oímos hablar en nuestras lenguas las maravillas de Dios. ¹² Y estaban todos atónitos y perplejos, diciéndose unos a otros: ¿Qué quiere decir esto?

¹³ Mas otros, burlándose, decían: Están llenos de mosto.

¹⁴ Entonces Pedro, poniéndose en pie con los once, alzó la voz y les habló diciendo: Varones judíos, y todos los que habitáis en Jerusalén, esto os sea notorio, y oíd mis palabras. ¹⁵ Porque éstos no están ebrios, como vosotros suponéis, puesto que es la hora tercera del día. ¹⁶ Mas esto es lo dicho por el profeta Joel:
¹⁷ Y en los postreros días, dice Dios,
Derramaré de mi Espíritu sobre toda carne,
Y vuestros hijos y vuestras hijas profetizarán;
Vuestros jóvenes verán visiones,
Y vuestros ancianos soñarán sueños;
¹⁸ Y de cierto sobre mis siervos
y sobre mis siervas en aquellos días
Derramaré de mi Espíritu, y profetizarán.
¹⁹ Y daré prodigios arriba en el cielo,
Y señales abajo en la tierra,
Sangre y fuego y vapor de humo;
²⁰ El sol se convertirá en tinieblas,
Y la luna en sangre,
Antes que venga el día del Señor,
Grande y manifiesto;
²¹ Y todo aquel que invocare el nombre del Señor, será salvo.

Preguntas de Estudio: El Espíritu Santo
Hechos 2:1-8, 11-21

Introducción:
Después de su resurrección, Jesús permaneció en la tierra por cuarenta días antes de ascender al Cielo. Durante este tiempo, apareció muchas veces a sus discípulos para probar que esta vivo y para enseñarles más acerca del Reino de Dios. Jesús les dijo que esperaran en Jerusalén hasta que el Padre enviara al Espíritu Santo, quien iría ante ellos y los guiaría a la verdad. Fue hasta entonces que Jesús regresó al Cielo. En el inicio de esta historia, los discípulos estaban esperando en Jerusalén la llegada del Espíritu Santo, viviendo en la verdad de la resurrección de Jesús. El Espíritu Santo vino en el quincuagésimo día después de Pascua, en la fiesta de las cosechas del Pentecostés. Cuando el Espíritu Santo los llenó, se dieron cuenta de que tenían un nuevo vigor para esparcir el mensaje del Señor al mundo.

Objetivos:
Conocimiento
- Entender el poder del Espíritu Santo en nuestras vidas.
- Saber que todo aquel que invoca el Nombre del Señor será salvo

Actitud
- Creer que el Espíritu Santo puede usar hombre comunes y ordinarios para cumplir los propósitos del Señor.
- Confiar en el Espíritu Santo para Salvación, poder, convicción de pecado y ánimo.
- Creer que nuestras acciones no pueden salvarnos, sino solo el invocar el Nombre del Señor.

Acciones
- Proclamar la Palabra de Dios con confianza, sabiendo que el Espíritu Santo la usará para hablar a las personas.
- Llevar el mensaje de Salvación a todas las naciones debajo del Cielo.

Versículos para Memorizar:
S. Juan 16:13 "Pero cuando venga el Espíritu de verdad, él os guiará a toda la verdad."

Hechos 1:8 "Pero recibiréis poder, cuando haya venido sobre vosotros el Espíritu Santo, y me seréis testigos en Jerusalén, en toda Judea, en Samaria, y hasta lo último de la tierra."

Preguntas acerca de la Historia:
1. ¿Qué fue significativo acerca de este día de Pentecostés? (Hechos 2:1. Que era una fiesta de las cosechas y los creyentes estaban todos reunidos en un solo lugar).
2. ¿Cómo se describe la venida del Espíritu Santo? (Hechos 2:1. Hubo un sonido de un viento recio soplando desde el Cielo el cual llenó toda la casa. El Espíritu vino como lenguas de fuego que se posaron sobre cada uno de los presentes y los llenaron. Este es el único momento en el que la Biblia describe al Espíritu Santo viniendo de esta forma).
3. ¿Qué significa ser lleno del Espíritu Santo y qué pasó como resultado de esta plenitud? (Hechos 2:4. Esta historia describe a las lenguas de fuego posándose en los presentes y entrando en ellos para que así pudieran empezar a hablar en otras lenguas según el Espíritu les permitía. Ver Efesios 5:18; I Corintios 6:19-20; Romanos 8:9-11; Hechos 4:31; Gálatas 5:22-23).
4. ¿Qué significa el hablar en lenguas y qué es lo notorio sobre hablar en otras lenguas en la Jerusalén de este tiempo? (Hechos 2:5. Esta historia describe el hablar en lenguas en referencia a hablar los idiomas de otras naciones. En este tiempo, los judíos temerosos de dios de todas las naciones bajo el cielo estaban en Jerusalén y cada uno de ellos pudo entender el mensaje de salvación de los discípulos).
5. ¿Qué oyeron los judíos temeros de Dios que estaban en Jerusalén con gran asombro? (Hechos 2:6. Oyeron a los creyentes hablándoles en su propios idiomas).
6. ¿Qué notaron los judíos acerca de los creyentes? (Hechos 2:7-11. Los creyentes eran galileos y estaban hablando en muchos idiomas proclamando las maravillas de Dios).
7. ¿Por qué los judíos se burlaban de los creyentes? (Hechos 2:13. Los Judíos estaban asombrados, perplejos y no entendieron lo que estaba pasando).
8. ¿Qué dijo Pedro en su discurso? (Hechos 2:14-15. Dijo que no estaban ebrios sino que la profecía de Dios acerca de los últimos días estaba teniendo lugar).
9. ¿Qué dice la profecía de Joel sobre los últimos días acerca del Espíritu? (Hechos 2:16-17. Que el Espíritu de Dios sería derramado sobre toda persona).

10. ¿Cuál es el rol del Espíritu Santo según este texto? (El Espíritu Santo los llenó. Los capacitó para hablar en varios idiomas. Dio a Pedro las palabras que dijera y el entendimiento de la profecía de Joel. S. Juan 16:7-13 describe el rol del Espíritu como aquel que nos consuela, guía hacia toda verdad y quien nos convence de todo pecado. Ver Hebreos 3:15; I Tesalonicenses 5:19).
11. Según la profecía de Joel. ¿Qué resultará del derramamiento del Espíritu de Dios sobre toda persona? (Hechos 2:21. Dios derramará su espíritu y la gente profetizará, señales ocurrirán y todo aquel que invoque el nombre del Señor será salvo).

Preguntas para Discusión:
1. ¿Por qué el Pentecostés es un día importante para nosotros? (Hechos 2:1. Este es el inicio de la iglesia del Nuevo Testamento. Este fue el día en el que el Espíritu de Dios vino a vivir en nosotros).
2. ¿Qué aprendemos de esta historia acerca de cómo el Espíritu Santo viene a nosotros como creyentes? (Hechos 2:2-3. El Espíritu Santo viene a nosotros personalmente, nos llena, nos da dones y nos revela cosas espirituales. Ver S. Mateo 10:17-20; S. Juan 14:15-27).
3. ¿Qué nos enseña esta manifestación del Espíritu Santo acerca de quién es Él? (Hechos 2:2-4. Él es la esencia del Dios invisible incluyendo el poder de Dios y las maravillas de Dios. En S. Juan 16:7 Jesús dice que Él enviaría al Espíritu el cual convencería al mundo de pecado).
4. ¿De qué formas nos anima que el Espíritu Santo venga y more en nosotros? (Hechos 2:4. Nos anima al darnos cuenta de que ya no es solamente nuestra naturaleza pecadora la que vive, sino también el Espíritu de Dios viviendo y reinando en nuestras vidas. Él es el que guiará nuestras vidas, S. Juan 16:13-15. Por Él somos el Templo de Dios, I Corintios 6:19-20).
5. ¿De qué es capaz de hacer el Espíritu Santo a través de nuestras vidas? (Hechos 2:4. El Espíritu Santo es capaz de tomar nuestras vidas y usarnos según sea su voluntad, incluso sobrenaturalmente, a fin de dar gloria a su Nombre. Él enseña a través de la Palabra de Dios, viene a nosotros en el Bautismo y nos da poder para ser sus testigos. Ver Hechos 1:1-8).
6. ¿A quiénes es capaz de usar el Espíritu Santo? (Hechos 2:7. El Espíritu Santo es capaz de usar a la persona más simple y a la más educada a fin de proclamar su mensaje con toda la verdad, ánimo y unción que su Palabra merece. Incluso esto a menudo da más gloria a Dios porque aquellos a quienes usan son incapaces de tomar el crédito. Él es quien nos da dones espirituales. Ver Gálatas 5:22-23).
7. ¿Qué nos deja este día de Pentecostés para proclamar al mundo que nos rodea? (Hechos 2:11, 17-21. El Espíritu Santo capacitó a los

discípulos para que proclamaran las maravillas de Dios. El Espíritu fue el cumplimiento de la profecía y podemos invitar a la gente a que invoque el nombre del Señor de Salvación. El Espíritu Santo nos llena. Ver Efesios 5:18).

8. ¿Cómo podemos permanecer firmes en aquello que sabemos es cierto y permanecer en nuestras convicciones aún en medio de críticas? (Hechos 2:14-15. Podemos permanecer firmes en aquello que sabemos es verdad si estamos plantados firmemente en la Palabra de Dios, si somos fortalecidos por el Espíritu Santo y si podemos manejar correctamente la Palabra de Verdad).

9. ¿Cómo podemos proclamar la promesa que dice "todo aquel que invocare el Nombre del Señor será salvo"? (Hechos 2:21. Compartiendo activamente nuestra fe, usando cada oportunidad para compartir de Jesucristo con el poder del Espíritu Santo y dejando el resultado a Dios).

46. La Naturaleza del Hombre
Génesis 19:1-26

Génesis 19

¹ Llegaron, pues, los dos ángeles a Sodoma a la caída de la tarde; y Lot estaba sentado a la puerta de Sodoma. Y viéndolos Lot, se levantó a recibirlos, y se inclinó hacia el suelo, ² y dijo: Ahora, mis señores, os ruego que vengáis a casa de vuestro siervo y os hospedéis, y lavaréis vuestros pies; y por la mañana os levantaréis, y seguiréis vuestro camino. Y ellos respondieron: No, que en la calle nos quedaremos esta noche.

³ Mas él porfió con ellos mucho, y fueron con él, y entraron en su casa; y les hizo banquete, y coció panes sin levadura, y comieron. ⁴ Pero antes que se acostasen, rodearon la casa los hombres de la ciudad, los varones de Sodoma, todo el pueblo junto, desde el más joven hasta el más viejo. ⁵ Y llamaron a Lot, y le dijeron: ¿Dónde están los varones que vinieron a ti esta noche? Sácalos, para que los conozcamos.

⁶ Entonces Lot salió a ellos a la puerta, y cerró la puerta tras sí, ⁷ y dijo: Os ruego, hermanos míos, que no hagáis tal maldad. ⁸ He aquí ahora yo tengo dos hijas que no han conocido varón; os las sacaré fuera, y haced de ellas como bien os pareciere; solamente que a estos varones no hagáis nada, pues que vinieron a la sombra de mi tejado.

⁹ Y ellos respondieron: Quita allá; y añadieron: Vino este extraño para habitar entre nosotros, ¿y habrá de erigirse en juez? Ahora te haremos más mal que a ellos. Y hacían gran violencia al varón, a Lot, y se acercaron para romper la puerta.

¹⁰ Entonces los varones alargaron la mano, y metieron a Lot en casa con ellos, y cerraron la puerta. ¹¹ Y a los hombres que estaban a la puerta de la casa hirieron con ceguera desde el menor hasta el mayor, de manera que se fatigaban buscando la puerta.

¹² Y dijeron los varones a Lot: ¿Tienes aquí alguno más? Yernos, y tus hijos y tus hijas, y todo lo que tienes en la ciudad, sácalo de este lugar; ¹³ porque vamos a destruir este lugar, por cuanto el clamor contra ellos ha subido de punto delante de Jehová; por tanto, Jehová nos ha enviado para destruirlo.

¹⁴ Entonces salió Lot y habló a sus yernos, los que habían de tomar sus hijas, y les dijo: Levantaos, salid de este lugar; porque Jehová va a destruir esta ciudad. Mas pareció a sus yernos como que se burlaba.

¹⁵ Y al rayar el alba, los ángeles daban prisa a Lot, diciendo: Levántate, toma tu mujer, y tus dos hijas que se hallan aquí, para que no perezcas en el castigo de la ciudad.

¹⁶ Y deteniéndose él, los varones asieron de su mano, y de la mano de su mujer y de las manos de sus dos hijas, según la misericordia de Jehová para con él; y lo sacaron y lo pusieron fuera de la ciudad. ¹⁷ Y cuando los hubieron llevado fuera, dijeron: Escapa por tu vida; no mires tras ti, ni pares en toda esta llanura; escapa al monte, no sea que perezcas.

¹⁸ Pero Lot les dijo: No, yo os ruego, señores míos. ¹⁹ He aquí ahora ha hallado vuestro siervo gracia en vuestros ojos, y habéis engrandecido vuestra misericordia que habéis hecho conmigo dándome la vida; mas yo no podré escapar al monte, no sea que me alcance el mal, y muera. ²⁰ He aquí ahora esta ciudad está cerca para huir allá, la cual es pequeña; dejadme escapar ahora allá (¿no es ella pequeña?), y salvaré mi vida.

²¹ Y le respondió: He aquí he recibido también tu súplica sobre esto, y no destruiré la ciudad de que has hablado. ²² Date prisa, escápate allá; porque nada podré hacer hasta que hayas llegado allí. Por eso fue llamado el nombre de la ciudad, Zoar.

²³ El sol salía sobre la tierra, cuando Lot llegó a Zoar. ²⁴ Entonces Jehová hizo llover sobre Sodoma y sobre Gomorra azufre y fuego de parte de Jehová desde los cielos; ²⁵ y destruyó las ciudades, y toda aquella llanura, con todos los moradores de aquellas ciudades, y el fruto de la tierra. ²⁶ Entonces la mujer de Lot miró atrás, a espaldas de él, y se volvió estatua de sal.

Preguntas de Estudio: La Naturaleza del Hombre
Génesis 19:1-26

Introducción:
Abraham y su sobrino Lot habían viajado desde la tierra de Ur hasta la tierra que Dios les había mostrado. Abraham quiso instalarse en tiendas en el desierto mientras que Lot quiso morar en la región de Sodoma y Gomorra, ciudades que eran conocidas por su maldad. El pecado de Sodoma y Gomorra creció tanto que Dios decidió destruir las ciudades y le contó a Abraham su plan. Abraham estaba preocupado por sus familiares y rogó a Dios que perdonara a las ciudades si por lo menos diez justos vivieran ahí. Tristemente, no hubieron suficientes justos viviendo en las ciudades y por tanto Dios trajo destrucción. Estas ciudades revelaron la naturaleza pecaminosa del hombre y el Juicio de Dios sobre el pecado. Jesús es quién intercede por nosotros y nos protege de la ira venidera.

Objetivos:
Conocimiento
- Entender que la humanidad es pecadora en pensamiento, palabra y obra.
- Recordar que nuestro Dios Santo juzga el pecado.

Actitud
- Arrepentirnos de nuestro estado caído y perdido.
- Creer que necesitamos la Gracia de nuestro Señor y Salvador Jesucristo.

Acciones
- Hacer un hábito el arrepentirnos y buscar el perdón por nuestros pecados.
- Huir de nuestros pecados y no "mirar atrás" deseando nuestra antigua vida. Sino por el contrario mirar a Dios y su misericordia.

Versículos para Memorizar:
Romanos 3:10 "Como está escrito: No hay justo, ni aún uno.'"

Preguntas acerca de la Historia:
1. ¿Qué notamos acerca de Lot cuando los ángeles llegaron a Sodoma? (Génesis 19:1-3. Lot estaba sentado en la entrada de la ciudad. Se levantó para encontrarlos y se inclinó ante ellos con su rostro en tierra. Les dio la bienvenida e insistió en que se quedaran con él).

2. ¿Por qué lo hombres de toda la ciudad rodearon la casa de Lot cuando era casi hora de dormir? (Génesis 19:4-5. Querían cometer una inmoralidad sexual con los dos hombres, o ángeles, que se estaban quedando en casa de Lot).

3. ¿Cuál fue la respuesta de Lot ante tan inmunda petición? (Génesis 19:6-8. Les dijo "Os ruego hermanos míos, que no hagáis tal maldad" Lot intervino personalmente y propuso que en cambio tomaran a sus hijas. Imploró tal cosa debido a que los hombres estaban bajo la protección de su casa).

4. ¿Cuál fue la respuesta de la multitud ante la negativa de Lot? (Génesis 19:9. Continuaron presionándole tratando de quitarlo a la fuerza para que así pudieran derribar la puerta).

5. ¿Cuál fue la respuesta de los dos hombres (ángeles)? (Génesis 19:10:15. Ellos fueron quienes protegieron a Lot y juzgaron a los hombres de Sodoma cegándolos. Cuidaron de Lot y su familia alertándolos para que salieran de la ciudad ante la destrucción que estaba por llegar, de lo contrario ellos también serían arrasados junto con la ciudad).

6. ¿Qué mostró la respuesta de los yernos de Lot después de que éste los alertó? (Génesis 19:14. Ellos pensaron que estaba bromeando. La naturaleza del hombre es rebelión en contra de los planes de Dios).

7. ¿Qué ilustra la vacilación de Lot ante la advertencia de los ángeles?(Génesis 19:16. La naturaleza del hombre es vacilante y se resiste a seguir a Dios. El dejar la ciudad significaba dejar todo lo que tenían, incluyendo posesiones y animales. El costo era grande).

8. ¿Por qué los ángeles sujetaron las manos de Lot, de su esposa y de sus dos hijas para guiarlos fuera de la ciudad? (Génesis 19:16. El Señor fue misericordioso con ellos y les mostró lo que tenían que hacer para ser salvos. El Señor mismo los salvó de la destrucción venidera).

9. ¿Qué muestra la orden de los ángeles cuando dijeron "Escapa por tu vida; no mires tras de ti…"?(Génesis 19:17. Muestra la misericordia de Dios para salvar a la familia de Lot y proveer un medio de escape. Muestro que el pecado será castigado y que no hay lugar para regresar a él).

10. ¿Por qué el Señor juzgó a Sodoma y Gomorra? (Génesis 19:13. El clamor del Señor contra ellos era grande).

11. ¿Qué muestra el hecho de que la esposa de Lot mirara atrás? (Génesis 19:26. Muestra que hay consecuencias por la desobediencia. La naturaleza del hombre es de volver al pecado. Ella desobedeció al mirar atrás y se convirtió en una estatua de sal).

Preguntas para Discusión:

1. ¿Cómo era la vida moral de la ciudad en donde Lot y su familia vivían? (Génesis 19:4-7. Era una ciudad impía donde la gente amaba la inmoralidad y la depravación sexual. Estas conductas son descritas en Efesios 2:1-3).

2. ¿Quiénes tienen impiedad en su corazón? (Génesis 19:4. Todos. La gente de todas partes, jóvenes y adultos. Lo mismo se dice acerca de la humanidad en Génesis 6:5; Isaías 64:6-7 y Romanos 3:9-24).

3. Como cristianos que vivimos en un mundo impío, ¿Cuál debe ser nuestra reacción al pecado que nos rodea? (Génesis 19:7. Debemos arrepentirnos de nuestro pecado y volvernos a Cristo tal y como lo hizo David en el Salmo 51:1-13. Debemos reaccionar al pecado haciendo morir nuestra naturaleza terrenal y vistiéndonos del nuevo ser. Ver Colosenses 3:5-10).

4. ¿Cuál fue el pecado de Lot y cuáles son las lecciones que podemos aprender acerca de cómo reaccionar cuando somos confrontados por el pecado? (Génesis 19:8. Lot propuso el maltrato sexual de sus dos hijas en lugar del pecado de homosexualidad. La lección que debe ser aprendida es que cuando nos enfrentemos con una decisión relacionada al pecado, a diferencia de Lot nunca debemos tomar parte en ella. En lugar de permitir otro tipo de pecado, debemos decir a otros lo que está bien y confiar en Dios y en su protección. Lot se había acostumbrado al pecado porque vivía en medio de él).

5. Según observamos en la multitud de hombres en esta historia ¿Cuáles son algunas de las características de la forma de ser de las personas? (Génesis 19:9. Vemos que la gente está llena de deseos pecaminosos. Las personas pueden ser contundentes, renuentes a escuchar, acusadores y buscadores de su propia satisfacción).

6. ¿Qué aprendemos a partir de esta historia acerca de las consecuencias del pecado? (Génesis 19:11, 24-26. Vemos que hay un castigo para el pecado. Vemos que la multitud impía fue cegada, las ciudades impías de Sodoma y Gomorra fueron destruidas por el Señor y la esposa de Lot se convirtió en una estatua de sal por desobedecer mirando atrás).

7. ¿De qué maneras nos mostró Dios su misericordia en medio de toda nuestra naturaleza pecadora? (Génesis 19:12-16. El Señor nos alerta del juicio venidero y nos guía a un lugar segura incluso cuando dudamos o nos resistimos a la advertencia. Esto se puede ver también en II Pedro 2:4-9. Nuestra Salvación es su misericordia y su iniciativa. El salmo 40:1-2 nos muestra que sólo Él puede sacarnos del foso de destrucción).

8. ¿Reaccionamos como Lot incluso cuando el Señor nos advierte y nos guía a un lugar seguro? (Génesis 19:16, 18-23. A veces dudamos y le sugerimos a Dios soluciones. En vez de eso, deberíamos confiar en el amor de nuestro Padre y obedecerle inmediatamente).

47. El Poder de la Palabra
Hechos 8:26-40

Hechos 8

²⁶ Un ángel del Señor habló a Felipe, diciendo: Levántate y ve hacia el sur, por el camino que desciende de Jerusalén a Gaza, el cual es desierto. ²⁷ Entonces él se levantó y fue. Y sucedió que un etíope, eunuco, funcionario de Candace reina de los etíopes, el cual estaba sobre todos sus tesoros, y había venido a Jerusalén para adorar, ²⁸ volvía sentado en su carro, y leyendo al profeta Isaías. ²⁹ Y el Espíritu dijo a Felipe: Acércate y júntate a ese carro.

³⁰ Acudiendo Felipe, le oyó que leía al profeta Isaías, y dijo: Pero ¿entiendes lo que lees?

³¹ El dijo: ¿Y cómo podré, si alguno no me enseñare? Y rogó a Felipe que subiese y se sentara con él.

³² El pasaje de la Escritura que leía era este:
Como oveja a la muerte fue llevado;
Y como cordero mudo delante del que lo trasquila,
Así no abrió su boca.
³³ En su humillación no se le hizo justicia;
Mas su generación, ¿quién la contará?
Porque fue quitada de la tierra su vida.

³⁴ Respondiendo el eunuco, dijo a Felipe: Te ruego que me digas: ¿de quién dice el profeta esto; de sí mismo, o de algún otro? ³⁵ Entonces Felipe, abriendo su boca, y comenzando desde esta escritura, le anunció el evangelio de Jesús.

³⁶ Y yendo por el camino, llegaron a cierta agua, y dijo el eunuco: Aquí hay agua; ¿qué impide que yo sea bautizado? ³⁷ Felipe dijo: Si crees de todo corazón, bien puedes. Y respondiendo, dijo: Creo que Jesucristo es el Hijo de Dios. ³⁸ Y mandó parar el carro; y descendieron ambos al agua, Felipe y el eunuco, y le bautizó. ³⁹ Cuando subieron del agua, el Espíritu del Señor arrebató a Felipe; y el eunuco no le vio más, y siguió gozoso su camino. ⁴⁰ Pero Felipe se encontró en Azoto; y pasando, anunciaba el evangelio en todas las ciudades, hasta que llegó a Cesarea.

Preguntas de Estudio: El Poder de la Palabra
Hechos 8:26-40

Introducción:
Una gran persecución estalló en contra de la iglesia de Jerusalén y todos los creyentes, excepto los doce apóstoles, fueron esparcidos por toda Judea y Samaria. Felipe, uno de los siete diáconos escogidos por los apóstoles (Hechos 6:5), había sido enviado a proclamar a Cristo a la gente en Samaria. Mientras estaba ahí, el Señor lo llamó y le dijo que fuera al camino que iba de Jerusalén a Gaza, una ciudad localizada a 96 km al suroeste de Jerusalén. El poder de la Palabra de Dios se puede ver en la manera en la que transformó al eunuco etíope en solo una breve conversación. La Palabra que lo transformó fueron las buenas nuevas de Jesús.

Objetivos:
Conocimiento
- Entender que Dios es capaz de hablar al corazón de cada individuo a través de su Palabra.
- Entender que la Palabra de Dios es capaz de traer convicción a los corazones de las personas que lo oyen.

Actitud
- Creer que la Palabra de Dios es poderosa y puede guiar a su pueblo.
- Confiar en la guía del Espíritu de Dios.

Acciones
- Buscar el consejo de aquellos experimentados en las Escrituras cuando buscamos discernir su significado.
- Obedecer la guía del Espíritu Santo.

Versículos para Memorizar:
Isaías 55:10-11 "Porque como desciende de los cielos la lluvia y la nieve, y no vuelve allá, sino que riega la tierra, y la hace germinar y producir, y da semilla al que siembra, y pan al que come, así será mi palabra que sale de mi boca; no volverá a mí vacía, sino que hará lo que yo quiero, y será prosperada en aquello para que la envié."

Hebreos 4:12 "Porque la palabra de Dios es viva y eficaz, y más cortante que toda espada de dos filos; y penetra hasta partir el alma y el espíritu, las coyunturas y los tuétanos, y discierne los pensamientos y las intenciones del corazón."

Preguntas acerca de la Historia:

1. ¿Por qué el Ángel del Señor le habló a Felipe y lo envió en esta misión? (Hechos 8:26. A Felipe le fue dada esta misión y esta oportunidad para contarle al etíope acerca de las grandezas de Dios y de la Salvación de Jesús).

2. ¿Cómo reaccionó Felipe a esta oportunidad? (Hechos 8:27. Él obedeció sin cuestionar la palabra del Señor por medio del Ángel. Se encontró con el etíope, entabló una conversación sobre la Palabra de Dios y le enseñó sobre Jesús a través de esta misma Palabra).

3. ¿Qué es significativo sobre la posición que tenía el etíope? (Hechos 8:27. El etíope era un oficial importante con una posición de respeto. Era un hombre digno de que se le confiara este mensaje valioso y era una persona que podría influenciar a otros).

4. ¿Qué fue lo importante del hecho de que el etíope estuviera leyendo el libro de Isaías en su camino de regreso a casa después de adorar en Jerusalén? (Hechos 8:27-30. Estaba buscando al Señor y quería conocerle más. Sus ojos estaban abiertos para entender y responder a la Palabra).

5. ¿Qué nos muestra la sincronía entre la llegada de Felipe y la lectura del libro de Isaías? (Hechos 8:30. Era el tiempo que el Espíritu preparó para que el etíope escuchara y respondiera a la Palabra. Era parte del plan de Dios).

6. ¿Qué tanto entendía el etíope sobre el libro de Isaías? (Hechos 8:30-31. Aunque no entendió de quién estaba hablando Isaías, el etíope quiso que Felipe le explicara).

7. ¿Cómo respondió Felipe a las preguntas del eunuco? (Hechos 8:35. "Entonces Felipe…comenzando desde esta escritura…" que el eunuco estaba leyendo, le explicó las buenas nuevas de Jesús).

8. ¿Qué nos dice el deseo que tenía el eunuco de ser bautizado acerca del trabajo que las buenas nuevas de Jesús estaban haciendo en su vida? (Hechos 8:38-39. Él tomó la Palabra en su corazón y la aplicó a su propia vida. Respondió en fe a la Palabra que había oído y siguió su camino como un hombre nuevo).

9. ¿Por qué el Espíritu tomo a Felipe y lo llevó a la región de Azoto? (Hechos 8:40. Allí había más gente que necesitaba oír la Palabra de Dios y su misión anterior ya había sido completada. Viajó predicando el Evangelio en los pueblos vecinos hasta que llegó a Cesarea).

Preguntas para Discusión:

1. ¿Cómo podemos obtener dirección para nuestras vidas? (Hechos 8:26. El Señor dirigirá nuestras vidas a través de su Palabra y de su Espíritu).

2. ¿Cómo debemos responder cuando el Señor nos lleva a hacer algo? (Hechos 8:27, 29-30. Debemos responder en confianza, y aunque no veamos el panorama completo, el Señor está obrando detrás de todo. El tiene encuentros previstos para nosotros para compartir su Palabra. Ver Isaías 55:6-13).

3. ¿Cómo debemos interactuar con la Palabra de Dios? (Hechos 8:30-31. Debemos pasar tiempo leyendo la Biblia buscando entenderla, solo entonces seremos capaces de decir a otros las buenas nuevas de Jesús Ver Romanos 1:16; S. Mateo 4:4).

4. ¿Qué debemos hacer cuando no entendamos alguna parte de la Palabra de Dios cuando estemos leyendo? (Hechos 8:31. Debemos invitar a aquellos que tienen un mayor entendimiento de ello para que nos expliquen)

5. ¿Qué podemos aprender de Felipe que nos pueda ser útil para hablar a otros sobre del Evangelio de Jesucristo? (Hechos 8:35. Felipe comenzó con algo con lo que el eunuco ya estaba pensando y a partir de ahí introdujo el Evangelio de Jesús).

6. ¿De qué maneras obra la Palabra de Dios en nuestras vidas? (Hechos 8:35-38. La Palabra de Dios nos convence de pecado y nos lleva a Jesucristo como la fuente de Salvación. Nos enseña cómo vivir como Cristianos y nos lleva al arrepentimiento y a crecer en madurez como creyentes. Ver Hebreos 4:12, Salmo 19:7-11, 119:9-16).

7. ¿Por qué el eunuco quería ser bautizado? (Hechos 8:36. El había sido enseñado en la Palabra de Dios y las buenas nuevas de Jesús. Quería una nueva vida en Cristo).

8. ¿Cómo cambia nuestras vidas la Palabra de Dios? (Hechos 8:39. La Palabra de Dios cambia nuestros corazones. Este cambio nos trae gozo y nos enseña cómo vivir de la forma en la que Dios quiere que vivamos).

9. ¿Hay algún punto en el que nuestro testimonio termine? (Hechos 8:40. Nuestro testimonio continuará hasta el final de nuestros días. El Espíritu nos llevará a las personas que necesiten del Señor).

10. ¿Quién necesita oír el mensaje del Evangelio? (Hechos 8:40. Toda persona de toda nación o grupo étnico necesita oír el Evangelio. Necesitan venir a la fe salvadora de Jesucristo a través del poder del Evangelio).

11. A partir de este pasaje ¿qué aprendes sobre Dios? ¿Qué sobre Felipe? ¿Qué sobre el eunuco? ¿Qué aprendes sobre la Palabra?

48. La Palabra como Ley
S. Lucas 18:18-27 & Éxodo 20:1-17

S. Lucas 18

[18] Un hombre principal le preguntó, diciendo: Maestro bueno, ¿qué haré para heredar la vida eterna?

[19] Jesús le dijo: ¿Por qué me llamas bueno? Ninguno hay bueno, sino sólo Dios. [20] Los mandamientos sabes: No adulterarás; no matarás; no hurtarás; no dirás falso testimonio; honra a tu padre y a tu madre.

[21] Él dijo: Todo esto lo he guardado desde mi juventud.

[22] Jesús, oyendo esto, le dijo: Aún te falta una cosa: vende todo lo que tienes, y dalo a los pobres, y tendrás tesoro en el cielo; y ven, sígueme.

[23] Entonces él, oyendo esto, se puso muy triste, porque era muy rico. [24] Al ver Jesús que se había entristecido mucho, dijo: !Cuán difícilmente entrarán en el reino de Dios los que tienen riquezas! [25] Porque es más fácil pasar un camello por el ojo de una aguja, que entrar un rico en el reino de Dios.

[26] Y los que oyeron esto dijeron: ¿Quién, pues, podrá ser salvo? [27] Él les dijo: Lo que es imposible para los hombres, es posible para Dios.

Éxodo 20

[1] Y habló Dios todas estas palabras, diciendo: [2] Yo soy Jehová tu Dios, que te saqué de la tierra de Egipto, de casa de servidumbre.

[3] No tendrás dioses ajenos delante de mí.

[4] No te harás imagen, ni ninguna semejanza de lo que esté arriba en el cielo, ni abajo en la tierra, ni en las aguas debajo de la tierra. [5] No te inclinarás a ellas, ni las honrarás; porque yo soy Jehová tu Dios, fuerte, celoso, que visito la maldad de los padres sobre los hijos hasta la tercera y cuarta generación de los que me aborrecen, [6] y hago misericordia a millares, a los que me aman y guardan mis mandamientos.

[7] No tomarás el nombre de Jehová tu Dios en vano; porque no dará por inocente Jehová al que tomare su nombre en vano.

8 Acuérdate del día de reposo para santificarlo. 9 Seis días trabajarás, y harás toda tu obra; 10 mas el séptimo día es reposo para Jehová tu Dios; no hagas en él obra alguna, tú, ni tu hijo, ni tu hija, ni tu siervo, ni tu criada, ni tu bestia, ni tu extranjero que está dentro de tus puertas. 11 Porque en seis días hizo Jehová los cielos y la tierra, el mar, y todas las cosas que en ellos hay, y reposó en el séptimo día; por tanto, Jehová bendijo el día de reposo y lo santificó.

12 Honra a tu padre y a tu madre, para que tus días se alarguen en la tierra que Jehová tu Dios te da.

13 No matarás.

14 No cometerás adulterio.

15 No hurtarás.

16 No hablarás contra tu prójimo falso testimonio.

17 No codiciarás la casa de tu prójimo, no codiciarás la mujer de tu prójimo, ni su siervo, ni su criada, ni su buey, ni su asno, ni cosa alguna de tu prójimo.

Preguntas de Estudio: La Palabra como Ley
S. Lucas 18:18-27 & Éxodo 20:1-17

Introducción:

El hombre busca constantemente cómo alcanzar un cierto nivel de santidad debido a la Ley de Dios que está escrita en su corazón. Esta Ley de Dios que está entrelazada con nuestra naturaleza, pone en nosotros constantemente un ardiente deseo de asegurar nuestra propia justicia por medio de algún mérito personal. Muchos tratan de hacer suficientes cosas buenas por su propia fuerza. Sin embargo, Dios nos ha dado su perfecta Ley que sirve como un espejo para mostrarnos nuestro pecado, un límite para preservarnos de pecado y una guía para llevarnos de regreso a nuestra necesidad de Jesús. Aunque alguien guardara la Ley, una sola caída sería el quebrantamiento de ella y por tanto merecería castigo. Podemos encontrar la Ley de Dios en los Diez Mandamientos, un resumen de las leyes dadas a Moisés para la instrucción del pueblo de Dios. La Ley refleja el carácter de Dios y sus estándares de perfección. La Palabra de Dios nos convence con esas leyes.

Objetivos:

Conocimiento
- Ver en dónde fue que caímos de la Ley Divina de Dios.
- Entender que la Palabra de Dios es clara acerca de cómo deben vivir los seguidores de Dios.
- Entender que la Ley requiere perfección que sólo Jesús puede cumplir en nuestro lugar.

Actitud
- Humillarnos a nosotros mismos delante del Señor y su Palabra.
- Creer que somos incapaces de obedecer perfectamente la Ley en nuestra propia clase, pero Jesús la cumplió en su lugar.

Acciones
- Obedecer la Ley del Señor sabiendo que somos pecadores redimidos creciendo en la perfección de Dios.
- Vivir por fe, limpios de nuestra culpa por la sangre de Jesús y vivir en la fuerza que Dios nos da.
-

Versículos para Memorizar:

Romanos 7:7-8 "¿Qué diremos, pues? ¿La ley es pecado? En ninguna manera. Pero yo no conocí el pecado sino por la ley; porque tampoco conociera la codicia, si la ley no dijera: No codiciarás. Mas el pecado, tomando ocasión por el mandamiento, produjo en mí toda codicia; porque sin la ley el pecado está muerto."

Santiago 2:10-11 "Porque cualquiera que guardare toda la ley, pero ofendiere en un punto, se hace culpable de todos. Porque el que dijo: No cometerás adulterio, también ha dicho: No matarás. Ahora bien, si no cometes adulterio, pero matas, ya te has hecho transgresor de la ley."

Preguntas acerca de la Historia:

1. ¿Por qué el principal llamó a Jesús "maestro bueno"? (S. Lucas 18:18. Veía que Jesús era alguien que podía enseñar y explicar la Ley. Se veía a sí mismo como alguien "lo suficientemente bueno").

2. ¿Qué revela la pregunta del oficial acerca de sí mismo? (S. Lucas 18:18. El que dijera "¿Qué debo **hacer**?" revela que estaba tratando de ganarse la entrada al cielo a través de sus buenas obras).

3. ¿De qué forma la respuesta de Jesús nos muestra un estándar diferente para la definición de lo que es bueno? (S. Lucas 18:19. Jesús dijo: "¿Por qué me llamas bueno? Ninguno hay bueno sino solo Dios" Eso significaba que si Jesús era bueno, era solo porque Él era Dios. No hay nadie que sea bueno, puesto que es Dios con el que nos comparamos).

4. ¿Qué era aquello que falsamente creía el principal respecto a los cinco mandamientos de Dios que Jesús mencionó? (S. Lucas 18:21. Creía que había cumplido todos a la perfección durante toda su vida. Ver Santiago 2:8-11; I Juan 1:8 y Gálatas 2:15-16).

5. ¿El hecho de que oyera los cinco mandamientos hizo que el principal se diera cuenta de su pecado? (S. Lucas 18:20-21. No, solo reveló que él era justo ante sus propios ojos).

6. ¿Qué malentendido le señaló Jesús al hombre rico? (S. Lucas 18:22. Jesús le dio que aún le faltaba una cosa. Cuando le dijo "vende todo lo que tienes y dáselo a los pobres… y sígueme", Jesús estaba sugiriendo que el principal tenía otro "dios" que estaba tomando el lugar del Señor. En S. Lucas 10:27 Jesús dio "ama a tu prójimo como a ti mismo". Ver Romanos 3:20).

7. ¿Por qué se entristeció el principal cuando Jesús le dijo que vendiera sus posesiones? (S. Lucas 18:23. Era un hombre con una gran riqueza y sus posesiones en la tierra le eran más importantes que la vida eterna que el decía querer heredar. Jesús había revelado al verdadero dios en la vida del hombre).

8. ¿Qué significado tuvo la respuesta que dio Jesús a la multitud cuando le preguntaron sobre quién puede ser salvo? (S. Lucas 18:27. Es imposible que un hombre se salve a sí mismo, pero en cambio sí es posible que Dios salve al hombre. Esa fue la razón por la que Jesús vino, y fue por el hombre rico que así mismo murió).

37

9. ¿Por qué es difícil para un hombre rico el entrar al Reino de los Cielos? (S. Lucas 18:24. Es difícil debido a la tentación de adorar al dios del dinero o al dios de las buenas obras. El principal pensó que podría hacer lo suficiente por su cuenta pero aún así no estaba dispuesto a despojarse de sus posesiones temporales).

10. ¿Cuál es el propósito de los Diez Mandamientos? (Éxodo 21:1. Son instrucciones de Dios para la humanidad. Los mandamientos definen al pecado, revelan cuán importante es que Jesús viniera a pagar por el pecado y también nos da dirección en cuanto a cómo vivir. Los mandamientos también se encuentran escritos en Deuteronomio 5:6-21).

Preguntas para Discusión:

1. ¿De qué maneras buscamos títulos o llevarnos el crédito de aquellos que nos rodean y piensan que lucimos bien? (S. Lucas 18:18. Tomamos el crédito al excedernos en algo, al enfocarnos en recibir las mejores promociones, etc.).

2. ¿Qué debemos entender sobre el "ser buenos"? (S. Lucas 18:19. Nadie es bueno excepto Dios. No podemos ganarnos el Reino de los Cielos por nuestras buenas obras. Ver Santiago 2:10-11).

3. ¿Qué debemos entender sobre la pregunta "¿qué debo hacer?" aplicada a nuestras vidas? (S. Lucas 18:27. Es imposible hacer algo bueno con nuestra propia fuerza porque incluso nuestras mejores acciones están mezcladas con motivos egoístas. Al vivir en el poder del Espíritu Santo nosotros podemos tener vidas santas y agradables debido a que Él es quien vive en y a través de nosotros).

4. Normalmente ¿cuál es nuestra respuesta pecadora a la Lew cuando esta nos confronta? (S. Lucas 18:20-21. A veces tratamos de justificarnos a nosotros mismo alegando que guardamos la Ley con nuestra propia fuerza).

5. Aun cuando pensamos que hemos estado guardado la Ley por completo viviendo una vida de acuerdo a los estándares de Dios ¿cómo se vuelven realidad las palabras de Jesus "aún te falta una cosa"? (S. Lucas 18:22. Somos pecadores por naturaleza. Sin importar los deseos que cometamos o lo bueno que no hagamos, aún así seguimos siendo pecadores en nuestros corazones. Ver Romanos 7:7-8).

6. ¿Cuál debe ser nuestra actitud cuando la Ley nos convence? (S. Lucas 18:22. Debemos arrepentirnos y obedecer a Jesús. No podemos hacerlo con nuestra fuerza, pero Él puede ayudarnos).

7. ¿Cómo debemos responder cuando Jesús nos llama a seguirle? (S. Lucas 18:23. Debemos obedecerle rápida y alegremente).

8. Si el seguir y guardar la Ley no puede salvarnos ¿cómo podemos ser salvos? (S. Lucas 18:27. Con el hombre esto es imposible, pero con Dios todas las cosas son posibles. Ver Hebreos 10:1-10).

9. El hecho de que Dios es el autor de su Ley ¿cómo debería de afectar nuestra actitud hacia ella? (Éxodo 20:1. El saber que la Lew viene de dios debería hacernos anhelar obedecerla. La Ley no son simples palabras ordinarias dadas por hombres, sino son las mismísimas palabras del Dios Todopoderoso).

10. ¿Por qué nos dio Dios los Diez Mandamientos? (Éxodo 20:1. El Señor nos los dio para nuestro bien, no para nuestro castigo. Estos diez mandatos nos enseñan la santa voluntad de Dios, nos llevan a Jesús y nos muestran cómo vivir).

11. ¿Por qué debemos obedecer la Ley de Dios? (Éxodo 20:3-17. Primero porque son mandatos de Dios y nos dice que obedezcamos. Segundo porque so la fuente de una vida buena y saludable. Somos los primeros en sufrir al desobedecerle. Ver Romanos 2:14-15).

12. ¿De qué manera obedecemos estos mandamientos? (Los seguimos cuando tememos y amamos a Dios en respuesta a cada uno de los mandamientos por separado. Ver S. Mateo 5:17-20).

13. ¿Has guardado los Diez Mandamientos? Si no, ¿qué debes hacer?

49. La Palabra como Evangelio
S. Juan 3:1-21

Juan 3

1 Había un hombre de los fariseos que se llamaba Nicodemo, un principal entre los judíos. 2 Este vino a Jesús de noche, y le dijo: Rabí, sabemos que has venido de Dios como maestro; porque nadie puede hacer estas señales que tú haces, si no está Dios con él. 3 Respondió Jesús y le dijo: De cierto, de cierto te digo, que el que no naciere de nuevo, no puede ver el reino de Dios. 4 Nicodemo le dijo: ¿Cómo puede un hombre nacer siendo viejo? ¿Puede acaso entrar por segunda vez en el vientre de su madre, y nacer?

5 Respondió Jesús: De cierto, de cierto te digo, que el que no naciere de agua y del Espíritu, no puede entrar en el reino de Dios. 6 Lo que es nacido de la carne, carne es; y lo que es nacido del Espíritu, espíritu es. 7 No te maravilles de que te dije: Os es necesario nacer de nuevo. 8 El viento sopla de donde quiere, y oyes su sonido; mas ni sabes de dónde viene, ni a dónde va; así es todo aquel que es nacido del Espíritu.

9 Respondió Nicodemo y le dijo: ¿Cómo puede hacerse esto? 10 Respondió Jesús y le dijo: ¿Eres tú maestro de Israel, y no sabes esto? 11 De cierto, de cierto te digo, que lo que sabemos hablamos, y lo que hemos visto, testificamos; y no recibís nuestro testimonio. 12 Si os he dicho cosas terrenales, y no creéis, ¿cómo creeréis si os dijere las celestiales? 13 Nadie subió al cielo, sino el que descendió del cielo; el Hijo del Hombre, que está en el cielo. 14 Y como Moisés levantó la serpiente en el desierto, así es necesario que el Hijo del Hombre sea levantado, 15 para que todo aquel que en él cree, no se pierda, mas tenga vida eterna.

16 Porque de tal manera amó Dios al mundo, que ha dado a su Hijo unigénito, para que todo aquel que en él cree, no se pierda, mas tenga vida eterna. 17 Porque no envió Dios a su Hijo al mundo para condenar al mundo, sino para que el mundo sea salvo por él. 18 El que en él cree, no es condenado; pero el que no cree, ya ha sido condenado, porque no ha creído en el nombre del unigénito Hijo de Dios. 19 Y esta es la condenación: que la luz vino al mundo, y los hombres amaron más las tinieblas que la luz, porque sus obras eran malas. 20 Porque todo aquel que hace lo malo, aborrece la luz y no viene a la luz, para que sus obras no sean reprendidas. 21 Mas el que practica la verdad viene a la luz, para que sea manifiesto que sus obras son hechas en Dios.

Preguntas de Estudio: La Palabra como Evangelio
Juan 3:1-21

Introducción:
Los Fariseos eran hombres que estudiaban la Ley de Dios. Ellos conocían cada detalle presente en la Ley y pasaban mucho tiempo memorizándola y examinándola. Estaban confiados de que eran seguidores fieles de la Ley de Dios y asumían que podían obedecerla perfectamente. Sin embargo, estaban tan enfocados obedeciendo los detalles de la Ley que se habían olvidado de las buenas nuevas (el Evangelio) de Jesús. Un Fariseo llamado Nicodemo vino a visitar a Jesús una noche. Jesús le explico que Dios amó tanto al mundo que dio a su único Hijo para que cualquiera que creyese en Él no se pierda, sino que tenga vida eterna. Este regalo se debió a que el mundo no pudo cumplir la Ley y por ello Jesús la cumplió por nosotros.

Objetivos:
    Conocimiento
- Entender que Dios diseñó un modo para que nosotros pudiéramos recibir vida eterna al creer en su Hijo.
- Reconocer que el ganar nuestra salvación no es algo que podamos hacer.

    Actitud
- Confiar en Cristo Jesús como el Hijo de Dios que cumplió perfectamente la Ley.
- Regocijarnos en la esperanza que tenemos en Jesús.

    Acciones
- Amar al Señor y a los demás en respuesta al amor que nos ha sido dado.
- Vivir por fe en el Evangelio de la promesa de Jesucristo y no tratando de ser salvos por obediencia a la Ley.

Versículo para Memorizar:
II Corintios 5:21 "Al que no conoció pecado, por nosotros lo hizo pecado, para que nosotros fuésemos hechos justicia de Dios en él."

Preguntas acerca de la Historia:
1. ¿Qué es notorio sobre el hecho de que Nicodemo, un miembro del consejo judío, viniera a Jesús? (S. Juan 3:2. Nicodemo vino a Jesús en la noche y sin compañía. Quería tener una reunión privada y personal con Jesús, lo cual mostró su sincero interés en Él. Debió haber sido una gran muestra de humildad para un miembro del

concejo dirigente judío el buscar una audiencia con un simple hombre de Galilea.

2. ¿Qué reconoció Nicodemo en Jesús? (S. Juan 3:2. Nicodemo se dio cuenta de que Jesús y su enseñanza venían de Dios. Reconoció los milagros y señales de Jesús como evidencia y reconoció que Jesús tenía respuestas a preguntas que él no entendía).

3. ¿Cómo hizo Jesús para reorientar la conversación de milagros y señales a el Reino de Dios? (S. Juan 3:3. Jesús dirigió a Nicodemo para que en lugar de buscar milagros y señales, comenzara a buscar el Reino de Dios).

4. ¿Por qué Nicodemo respondió preguntando sobre lo que es ser nacido de nuevo? (S. Juan 3:4. Él seguía viendo las cosas desde una perspectiva de hombre y no desde la de Dios. En lugar de pensar sobre el Reino de los Cielos, Nicodemo se seguía preguntando acerca de cómo era posible un segundo nacimiento).

5. ¿Cómo redirigió Jesús a Nicodemo de regreso al Reino de Dios? (S. Juan 3:5-6. En lugar de seguir hablando sobre nacer por segunda vez, Jesús habló sobre entrar al Reino de Dios. Él sabía que el verdadero asunto era el deseo de Nicodemo por entrar en la vida eterna y no las cosas de la tierra).

6. ¿Qué está incluido en la pregunta de Nicodemo "¿Cómo puede hacerse esto?"? (S. Juan 3:9. Como venía de los Fariseos, Nicodemo quería entender qué era lo que tenía que hacer para obtener el Reino de Dios. Jesús lo dirigió a la obra de Dios en lugar que a la obra del hombre).

7. ¿Por qué Jesús refirió el momento cuando Moisés levantó la serpiente en relación con el Hijo de Dios siendo alzado y la manera de obtener la vida eterna? (S. Juan 3:14-16. Moisés y la Ley eran el tema más común para los Fariseos. Ellos sabían que cuando la gente miró a la serpiente ellos fueron sanados. Así sería también con Jesús, pues por fe en Él la gente sería salva y no por sus obras. Ver Números 21:4-9).

8. ¿Por qué envió dios a su único Hijo? (S. Juan 3:16-17. Dios envió a su Hijo porque amó al mundo y quería salvarlo y no condenarlo).

9. ¿Por qué algunas personas son condenadas aún cuando Dios los ama? (S. Juan 3:18-19. Ellos no creen en el Nombre de único Hijo de Dios).

10. Estas personas, ¿a qué decidieron amar en lugar de al único Hijo de Dios? (S. Juan 3:19. Eligieron amar la oscuridad).

11. ¿Por qué viene a la luz el hombre que practica la verdad? (S. Juan 3:21. Viene a la luz para que la gente pueda testificar que lo que ha hecho ha sido solo por Dios y no por su propia fuerza).

Preguntas para Discusión:

1. ¿Cómo podemos ver el Reino de Dios? (S. Juan 3:3-6. Debemos nacer de nuevo por el Espíritu de Dios. Ver Romanos 5:8-9).
2. ¿Cómo es un segundo nacimiento espiritual? (S. Juan 3:5-6. Es un cambio de vida; el brillo del Espíritu de Dios en nosotros; dejar de lado nuestro antiguo ser y el tomar la nueva creación que Dios crea en nosotros. Ver Isaías 61:1,2; II Corintios 5:17; Efesios 2:8-9; Colosenses 1:13-14).
3. ¿Cómo reacciona la gente cuando oyen el Evangelio del nuevo nacimiento y renovación por el Espíritu de Dios? (S. Juan 3:4. A veces la gente reacciona con escepticismo, inseguridad o incredulidad. En nuestro ser natural, es imposible entender el Evangelio. Solo por la Gracia de Dios y con la ayuda de su Espíritu es que podemos entenderlo y aceptarlo. Ver I Corintios 15:1-6).
4. ¿En qué momento es que podemos responder al llamado de Jesús para nacer de nuevo? (S. Juan 3:6. Cuando vemos nuestra gran necesidad de salvación a causa de nuestro pecado. Cunado somos abrumados y quebrantados bajo la Ley y venimos a Jesús en fe buscando su regalo de Salvación).
5. ¿Cómo podemos responder cuando nos damos cuenta de que el único camino para la vida eterna es el creer en el Nombre del Hijo de Dios? (S. Juan 3:14-16. Podemos compartir estas buenas nuevas con la gente que nos rodea, para que así ellos puedan comenzar a caminar en la luz en lugar de en las tinieblas).
6. Cuando entendemos que Dios quiso enviar a su único Hijo por nosotros, ¿qué aprendemos acerca lo importante que somos para Él? (S. Juan 3:16. Dios nos mostró que nos ama mucho pues lo dio todo y nos dio aquello que nosotros más necesitábamos).
7. ¿Cuál es la voluntad de Dios para la humanidad? (S. Juan 3:17. Dios no desea condenar al mundo sino salvarlo. Ver Colosenses 2:13-14; Hebreos 10:10).
8. ¿Cómo afecta el grande amor de Dios por la humanidad la manera en la que reaccionamos a la gente que camina en la oscuridad? (S. Juan 3:17-21. Podemos traerlos a la luz de la Verdad de Dios porque sabemos que Dios los ama mucho).
9. ¿Cuál debería ser nuestra actitud cuando recibimos reconocimiento por lo que hemos hecho? (S. Juan 3:21. Debemos darnos cuenta de que no has sido por nuestro propio poder sino por medio del poder de Dios en nosotros. Toda la gloria debe ser para Él).

50. La Salvación
Hechos 16:23-34

Hechos 16

²³ Después de haberles azotado mucho, los echaron en la cárcel, mandando al carcelero que los guardase con seguridad. ²⁴ El cual, recibido este mandato, los metió en el calabozo de más adentro, y les aseguró los pies en el cepo.

²⁵ Pero a medianoche, orando Pablo y Silas, cantaban himnos a Dios; y los presos los oían. ²⁶ Entonces sobrevino de repente un gran terremoto, de tal manera que los cimientos de la cárcel se sacudían; y al instante se abrieron todas las puertas, y las cadenas de todos se soltaron. ²⁷ Despertando el carcelero, y viendo abiertas las puertas de la cárcel, sacó la espada y se iba a matar, pensando que los presos habían huido. ²⁸ Mas Pablo clamó a gran voz, diciendo: No te hagas ningún mal, pues todos estamos aquí.

²⁹ El entonces, pidiendo luz, se precipitó adentro, y temblando, se postró a los pies de Pablo y de Silas; ³⁰ y sacándolos, les dijo: Señores, ¿qué debo hacer para ser salvo?

³¹ Ellos dijeron: Cree en el Señor Jesucristo, y serás salvo, tú y tu casa. ³² Y le hablaron la palabra del Señor a él y a todos los que estaban en su casa. ³³ Y él, tomándolos en aquella misma hora de la noche, les lavó las heridas; y en seguida se bautizó él con todos los suyos. ³⁴ Y llevándolos a su casa, les puso la mesa; y se regocijó con toda su casa de haber creído a Dios.

Preguntas de Estudio: Salvación
Hechos 16:23-34

Introducción:
En su viaje misionero, Pablo y Silas se detuvieron en muchas ciudades proclamando las buenas nuevas de Jesucristo para la salvación de todos aquellos que creyeran en Él. Aun cuando muchos creyeron, otros estaban molestos y desconcertados por el hecho de que el mensaje de Jesús era tanto para judíos como para gentiles. En un viaje en Filipos, Pablo ordenó a un demonio que saliera de una niña. Como resultado, Pablo y Silas fueron brutalmente golpeados y encerrados en prisión. Sin embargo, aún en prisión Pablo y Silas hallaron la manera de dar a conocer el mensaje de Jesucristo.

Objetivos:
Conocimiento
- Entender que hay un solo medio para ser salvos, solo a través de creer en el Hijo de Dios, Jesucristo.
- Aprender que tal salvación es para todos, jóvenes y ancianos por igual

Actitud
- Encontrar paz y gozo en Jesús sin importar la situación.
- Maravillarnos del cómo Dios usa las situaciones.

Acciones
- Arrepentirnos y creer para ser salvos.
- Buscar oportunidades para compartir de Jesús con las personas con las que el Señor nos relaciona.
- Traer a toda nuestra familia al Señor.

Versículos para Memorizar:
II Timoteo 1:8-9 "Por tanto, no te avergüences de dar testimonio de nuestro Señor, ni de mí, preso suyo, sino participa de las aflicciones por el evangelio según el poder de Dios, quien nos salvó y llamó con llamamiento santo, no conforme a nuestras obras, sino según el propósito suyo y la gracia que nos fue dada en Cristo Jesús antes de los tiempos de los siglos."

Preguntas acerca de la Historia:
1. ¿Por qué Pablo y Silas fueron golpeados y encerrados en prisión? (Hechos 16:23. Habían estado compartiendo con la gente cómo ser salvos y habían expulsado un demonio de una niña que podía predecir el futuro).
2. ¿Qué resulta interesante acerca del cruel trato contra Pablo y Silas? (Hechos 16:23-24. No estaban haciendo nada que mereciera un trato

45

cruel ni representaban un peligro para nadie como para que necesitaran ser custodiados).

3. ¿Qué nos dice la actitud de Pablo y Silas acerca de ellos? (Hechos 16:25. Ellos respondieron con amabilidad aunque habían sido maltratados. Confiaban en el Señor orando y cantando himnos a Dios pese a la manera en la que habían sido tratados. Su actitud demostró su firme fe en Dios y la importancia del mensaje).

4. ¿Qué es lo relevante sobre el tiempo de Pablo y Silas en prisión? (Hechos 16:25-26. Después de haber sido duramente azotados, ellos cantaron himnos y oraron a Dios de modo que otros prisioneros estaban oyéndoles. Hubo un fuerte terremoto, las puertas se abrieron y todas las cadenas de los prisioneros se rompieron, pero aun así, ¡ellos se quedaron en prisión!).

5. ¿Por qué el carcelero quiso suicidarse cuando lo despertó el terremoto? (Hechos 16:27. Pensó que los prisioneros habían escapado y él era responsable de ellos).

6. Por qué Pablo lo llamó diciendo "No te hagas ningún mal, pues todos estamos aquí."? (Hechos 16:28. Tuvo compasión del carcelero aun cuando habían sido tratados cruelmente).

7. ¿Por qué el carcelero vino a Pablo y Silas tembloroso y preguntando qué debía hacer para ser Salvo? (Hechos 16:29-30. Él había encarado un poder que era más grande que los golpes, las cadenas y la misma prisión. Pudo ver que él y toda su familia necesitaban aquello que Pablo y Silas tenían).

8. ¿Qué significan las palabras "Cree en el Señor Jesucristo y serás salvo"? (Hechos 16:31. Significa ser salvo de la ira de Dios, Romanos 5:9, de la muerte, Romanos 5:20-21, y de la esclavitud del pecado. Romanos 6:14, 17-18).

9. ¿Qué hicieron entonces Pablo y Silas por el carcelero y qué hizo el carcelero por ellos? (Hechos 16:32-33. Pablo y Silas le hablaron la Palabra del Señor y bautizaron a toda su familia. El carcelero lavó sus heridas, los llevó a su casa y preparó una cena para ellos).

10. ¿Qué dio grande gozo al carcelero? (Hechos 16:34. Él y toda su familia habían creído en Dios).

Preguntas para Discusión:

1. ¿En qué vemos que el seguir a Cristo puede no siempre ser fácil y puede ser muchas veces ser difícil y doloroso? (Hechos 16:23-24. Cuando seguimos a Cristo, a veces experimentamos bulas, persecución, dolor y sufrimiento. Ver II Timoteo 1:8-9).

2. ¿Cuáles son las opciones que aparecen frente a nosotros cuando enfrentamos dolor, sufrimiento y dificultades? (Hechos 16:25. Podemos responder con enojo, amargura y venganza, o podemos mostrar la fe en el Señor ante un mundo que observa. Podemos

volvernos al Señor en oración sabiendo que Él tiene el control y también podemos continuar alabándole y glorificándole en cada situación).

3. Al igual que Pablo y Silas ¿cómo podemos testificar de Jesucristo en donde sea que estemos? (Hechos 16:25. En cualquier circunstancia podemos llevar a la gente a Jesús con nuestras palabras y acciones. Ambas son parte de nuestro testimonio).

4. ¿Cómo es la vida de aquellos que no siguen a Jesús como su Señor y Salvador? (Hechos 16:27. En su vida hay temor. Puede parecer que no vale la pena el seguir viviendo y como resultado, el morir resulta más fácil que enfrentar la vida).

5. ¿Qué le podemos ofrecer a la gente que se encuentra perdida, sin esperanza y confundidos en su pensamiento? (Hechos 16:28. Podemos alcanzarlos en amor, alertarlos del peligro en el que están y compartir con ellos la esperanza que sobrepasa las pruebas. Ver Romanos 3:20-24).

6. ¿Por qué es importante el estar preparados para compartir el mensaje de Salvación con la gente que está espiritualmente perdida? (Hechos 16:29-30. A veces la gente que está perdida vendrá a los cristianos con temor y temblor buscando la manera de ser salvos. Debemos estar preparados para ayudarlos a clamar al Señor para que los salve. Ver Hechos 4:12).

7. ¿Hacia dónde debería un cristiano dirigir a un incrédulo a fin de que sea salvo? (Hechos 16:31. Debemos dirigirlos a creer en el Señor Jesucristo y clamar a su Nombre para Salvación. Ver Romanos 10:8-13; Efesios 2:1-10).

8. ¿Qué más se necesita para traer salvación a un incrédulo según se ilustra en esta historia? (Hechos 16:32-33. Anunciando la Palabra de Dios se ofrece una nueva vida. La familia del carcelero fue también bautizada a una nueva fe de inmediato. Ver Tito 3:3-7).

9. Qué aprendemos a partir de esta historia acerca de quién puede ser salvo? (Hechos 16:34. Aprendemos que esa Salvación es para todos los que creen. Puede ser para los jóvenes y para los ancianos, individuos y familias. Es para todos. Ver I Timoteo 2:3-4; S. Marcos 16:15-16).

10. ¿Qué trae consigo la Salvación por fe en Jesucristo para la persona que la recibe? (Hechos 16:34. La Salvación en Jesucristo trae consigo gran gozo a la persona cuya vida ha sido cambiada).

51. El Bautismo
Hechos 2:22-41

Hechos 2

²² Varones israelitas, oíd estas palabras: Jesús nazareno, varón aprobado por Dios entre vosotros con las maravillas, prodigios y señales que Dios hizo entre vosotros por medio de él, como vosotros mismos sabéis; ²³ a éste, entregado por el determinado consejo y anticipado conocimiento de Dios, prendisteis y matasteis por manos de inicuos, crucificándole; ²⁴ al cual Dios levantó, sueltos los dolores de la muerte, por cuanto era imposible que fuese retenido por ella. ²⁵ Porque David dice de él:

Veía al Señor siempre delante de mí;
Porque está a mi diestra, no seré conmovido.
²⁶ Por lo cual mi corazón se alegró, y se gozó mi lengua,
Y aun mi carne descansará en esperanza;
²⁷ Porque no dejarás mi alma en el Hades,
Ni permitirás que tu Santo vea corrupción.
²⁸ Me hiciste conocer los caminos de la vida;
Me llenarás de gozo con tu presencia.

²⁹ Varones hermanos, se os puede decir libremente del patriarca David, que murió y fue sepultado, y su sepulcro está con nosotros hasta el día de hoy. ³⁰ Pero siendo profeta, y sabiendo que con juramento Dios le había jurado que de su descendencia, en cuanto a la carne, levantaría al Cristo para que se sentase en su trono, ³¹ viéndolo antes, habló de la resurrección de Cristo, que su alma no fue dejada en el Hades, ni su carne vio corrupción. ³² A este Jesús resucitó Dios, de lo cual todos nosotros somos testigos. ³³ Así que, exaltado por la diestra de Dios, y habiendo recibido del Padre la promesa del Espíritu Santo, ha derramado esto que vosotros veis y oís. ³⁴ Porque David no subió a los cielos; pero él mismo dice:

Dijo el Señor a mi Señor:
Siéntate a mi diestra,
³⁵ Hasta que ponga a tus enemigos por estrado de tus pies.

³⁶ Sepa, pues, ciertísimamente toda la casa de Israel, que a este Jesús a quien vosotros crucificasteis, Dios le ha hecho Señor y Cristo. ³⁷ Al oír esto, se compungieron de corazón, y dijeron a Pedro y a los otros apóstoles: Varones hermanos, ¿qué haremos? ³⁸ Pedro les dijo: Arrepentíos, y bautícese cada uno de vosotros en el nombre de Jesucristo para perdón de los pecados; y recibiréis el don del Espíritu Santo. ³⁹ Porque para vosotros es la promesa, y para vuestros hijos, y para todos los que están lejos; para cuantos el Señor nuestro Dios

llamare. [40] Y con otras muchas palabras testificaba y les exhortaba, diciendo: Sed salvos de esta perversa generación. [41] Así que, los que recibieron su palabra fueron bautizados; y se añadieron aquel día como tres mil personas.

Preguntas de Estudio: El Bautismo
Hechos 2:22-41

Introducción:
Después de que Jesús había resucitado de los muertos y pasado cuarenta días con sus discípulos, Él ascendió a los Cielos con la promesa de que les enviaría al Espíritu Santo. Después de pasar tiempo en Jerusalén esperando, el Espíritu Santo vino sobre los discípulos en lenguas de fuego y ellos hablaron con valentía las buenas noticias de Jesús. El Espíritu Santo irá delante de los discípulos de una nueva forma, no solo estando con ellos sino también morando en ellos. En esta ocasión en Jerusalén había mucha gente venida de muchas naciones. Pedro se levantó ante una gran multitud y les explicó quién era Jesucristo y cómo podían ser salvos.

Objetivos:
Conocimiento
- Entender la promesa y la bendición del bautismo.
- Reconocer que somos traídos a nueva vida a través del bautismo.

Actitud
- Recibir alegremente al Espíritu Santo en nuestras vidas.
- Ser convencidos de nuestros pecados.

Acciones
- Predicar la buenas nuevas de Jesucristo a la gente a nuestro alrededor, enseñándoles y bautizándoles.
- Obedecer al Jesús de todo corazón y vivir por el poder del Espíritu Santo que obra en nosotros.

Versículos para Memorizar:
Gálatas 3:26-27 "Pues todos sois hijos de Dios por la fe en Cristo Jesús; porque todos los que habéis sido bautizados en Cristo, de Cristo estáis revestidos."
I Pedro 3:21 "El bautismo que corresponde a esto ahora nos salva (no quitando las inmundicias de la carne, sino como la aspiración de una buena conciencia hacia Dios) por la resurrección de Jesucristo."

Preguntas acerca de la Historia:
1. ¿Qué estaba tratando de señalar Pedro acerca de Jesús? (Hechos 2:22-24. Pedro estaba tratando de señalar que ellos habían matado a Jesús y que eran tan culpables de su muerte como aquellos que lo clavaron en la Cruz. Aun así Dios lo levantó de los muertos pues era imposible para la muerte el mantener su dominio sobre Jesús).

2. ¿Por qué fue importante para la multitud el ver su relación con la muerte de Jesús? (Hechos 2:23. Era esencial para ellos el ver su propio pecado y culpa o de lo contrario no habrían podido ver su necesidad de una nueva vida).

3. ¿Por qué Pedro mencionó la cita que hizo el rey David en el Salmo 16? (Hechos 2:25-28. David estaba profetizando acerca de su Señor y la vida prometida más allá de la tumba. Aunque David murió y fue dejado en la tumba, el Santo prometido sería levantado a vida. Él sería el camino de vida y no sería dejado en la tumba).

4. Pedro dijo que Jesús no fue dejado en la tumba y que su cuerpo no vio corrupción y que Dios lo levantó de nuevo a vida ¿Cómo es que Pedro hizo tan osadas declaraciones? (Hechos 2:31-32. La crucifixión y la Resurrección habían tenido lugar tan solo cincuenta años atrás y esa gente fue testigo de todo).

5. ¿Cuál era el punto de reiterar que la gente de Israel crucificó a Jesús y que aun así Dios lo hizo Señor y Cristo? (Hechos 2:36. Esto señaló el pecado del pueblo y su necesidad de perdón).

6. ¿Cuál fue la reacción ante la exposición del mensaje de Pedro? (Hechos 2:37. La gente fue convencida de su pecado y reaccionaron queriendo saber más).

7. ¿Cuál es la evidencia de la obra del Espíritu Santo en sus vidas? (Hechos 2:37. Sus corazones habían sido traspasados y preguntaron qué debían hacer).

8. ¿Por qué Pedro les dijo que se arrepintieran y fueran bautizados? (Hechos 2:38. Para que así pudieran ser perdonados por sus pecados y pudieran recibir el regalo del Espíritu Santo. Ver Hechos 22:16).

9. ¿De qué manera debía ser bautizada la gente según dijo Pedro? (Hechos 2:38. En el Nombre de Jesucristo. Ver S. Mateo 28:19-20; S. Marcos 16:16).

10. ¿Para quién es la promesa según dijo Pedro? (Hechos 2:39. Dijo que era para cada uno de ellos, incluyendo los niños y aquellos que estaban lejos, pues esta era la promesa para todos a los que el Señor llamara. Ver Hecho 16:33; S. Mateo 18:1-6, 19:13-15; Colosenses 2:11-12).

11. ¿Cuál fue el resultado del mensaje de Pedro? (Hechos 2:40-41. Tres mil personas aceptaron su mensaje. Fueron bautizados y añadidos al número de los discípulos y fueron salvos).

Preguntas para Discusión:

1. ¿Quién mató a Jesús? ¿Fue la multitud a quienes Pedro confrontó? ¿Fueron aquellos que lo clavaron en la Cruz, o somos nosotros responsables puesto que Él murió por nuestros pecados?

2. ¿Por qué es importante que veamos nuestro propio pecado? (Hechos 2:22-24. Es necesario que todos vean su pecado antes de que quieran ver o entender su necesidad de un Salvador).

3. ¿Qué diferencia hace para nosotros la resurrección de Jesús de los muertos? (Hechos 2:24, 31-32. La resurrección es el cumplimiento de la profecía. La evidencia del poder de Dios y la esperanza del futuro. En la vida morimos, pero en el bautismo somos resucitados a una nueva vida en Cristo).

4. ¿Cómo podemos estar seguros de que el mensaje que predicamos es verdad? (Hechos 2:32. En tiempos bíblicos, hubieron muchos testigos del hecho de que Jesús resucito de entre los muertos y de que Él vive hoy).

5. Sabemos que Dios fue capaz de levantar a Jesús de entre los muertos y lo hizo Señor y Cristo. ¿Qué nos dice esto acerca de su poder para salvarnos? (Hechos 2:32,36. Dios es capaz de hacernos nueva creación en Cristo Jesús. Nos reclama como suyos y nos da vida eterna).

6. ¿Cómo debemos instruir a la gente que está bajo la convicción de sus pecados? (Hechos 2:38. Debemos invitarlos a arrepentirse de sus pecados, ser unidos con Cristo y ser bautizados. Ezequiel 36:24-26 apunta a la obra de Dios en nuestro lugar).

7. ¿A quiénes deberíamos prohibirles el arrepentirse y ser unidos con Cristo? (Hechos 2:38. A nadie, este regalo es para todos, tanto para los jóvenes como para los ancianos, para todos aquellos a quien el Señor llama. Ver S. Mateo 18:1-4).

8. Cuando bautizamos a la gente en el Nombre de Jesucristo ¿qué pasa con ellos? (Hechos 2:38. Ellos son unidos con Él en su muerte y son resucitados con Él a nueva vida. Ellos reciben el perdón de sus pecados y el regalo del Espíritu Santo. Ver I Pedro 3:21; Gálatas 3:26-27; Romanos 6:3-4; Tito 3:4-7).

9. ¿Cómo debemos bautizar a las personas? (La Biblia presenta diferentes modos en los que el agua puede ser usada. El agua en el camino, Hechos 8:36-38; abundante agua, S. Juan 3:23; aspersión de agua, Ezequiel 36:25; con agua en la mano, Hechos 16:33).

10. ¿De qué manera nuestra generación está corrompida y cómo podemos salvarla de ello? (Hechos 2:39. Nuestra generación, como la de Pedro, ha hecho los mismo con Jesús. Debemos arrepentirnos también y ser bautizados en el Nombre de Jesucristo para Salvación).

52. La Cena del Señor
I Corintios 11:20-30

I Corintios 11

20 Cuando, pues, os reunís vosotros, esto no es comer la cena del Señor. 21 Porque al comer, cada uno se adelanta a tomar su propia cena; y uno tiene hambre, y otro se embriaga. 22 Pues qué, ¿no tenéis casas en que comáis y bebáis? ¿O menospreciáis la iglesia de Dios, y avergonzáis a los que no tienen nada? ¿Qué os diré? ¿Os alabaré? En esto no os alabo.

23 Porque yo recibí del Señor lo que también os he enseñado: Que el Señor Jesús, la noche que fue entregado, tomó pan; 24 y habiendo dado gracias, lo partió, y dijo: Tomad, comed; esto es mi cuerpo que por vosotros es partido; haced esto en memoria de mí. 25 Asimismo tomó también la copa, después de haber cenado, diciendo: Esta copa es el nuevo pacto en mi sangre; haced esto todas las veces que la bebiereis, en memoria de mí. 26 Así, pues, todas las veces que comiereis este pan, y bebiereis esta copa, la muerte del Señor anunciáis hasta que él venga.

27 De manera que cualquiera que comiere este pan o bebiere esta copa del Señor indignamente, será culpado del cuerpo y de la sangre del Señor. 28 Por tanto, pruébese cada uno a sí mismo, y coma así del pan, y beba de la copa. 29 Porque el que come y bebe indignamente, sin discernir el cuerpo del Señor, juicio come y bebe para sí. 30 Por lo cual hay muchos enfermos y debilitados entre vosotros, y muchos duermen.

Preguntas de Estudio: La Cena del Señor
I Corintios 11:20-30

Introducción:
La noche en la que fue entregado, el Señor Jesucristo instituyó el Sacramento de la Santa Cena, la Santa Comunión. Esta cena es paralela a la cena de la Pascua en Egipto cuando la sangre del cordero fue puesta en las puertas para salvar a los primogénitos del Ángel de la Muerte. Cuando los creyentes toman la Comunión, ellos toman parte de la presencia real del cuerpo y la sangre de Cristo y son salvos de la muerte y el pecado. Jesús dijo a sus discípulos que practicaran este Sacramento en memoria de Él. Esta indicación de Jesús no era solo para los discípulos, sino también para el alimento espiritual de los creyentes de hoy. Este Sacramento es diferente al Sacramento del Bautismo en cuanto a que somos exhortados a examinarnos a nosotros mismos antes de participar en él. Esto es para que nos demos cuenta del pecado en nuestras vidas y pensemos seriamente acerca del precio que fue pagado por nuestro perdón aun siendo indignos. La sangre de Cristo derramada por nosotros es la que nos hace aceptables ante Dios.

Objetivos:
Conocimiento
- Entender que el Sacramento de la Santa Cena y su lugar en la vida del creyente.
- Recordar el paralelo entre esta cena y el sacrificio ofrecido en la Pascua en Egipto para salvar a los primogénitos.

Actitud
- Creer que Jesucristo está personalmente presente con nosotros cuando tomamos el pan y el vino.
- Ser fortalecidos, renovados y restaurados recordando el precio que pagó por nuestros pecados cuando murió en la Cruz.

Acciones
- Celebrar la Cena del Señor con otros creyentes recordando lo que Cristo ha hecho por nosotros.

Versículos para Memorizar:
I Corintios 10:16 "La copa de bendición que bendecimos, ¿no es la comunión de la sangre de Cristo? El pan que partimos, ¿no es la comunión del cuerpo de Cristo?"
I Corintios 11:23-25 "Porque yo recibí del Señor lo que también os he enseñado: Que el Señor Jesús, la noche que fue entregado, tomó pan; y habiendo dado gracias, lo partió, y dijo: Tomad, comed; esto es mi

cuerpo que por vosotros es partido; haced esto en memoria de mí. Asimismo tomó también la copa, después de haber cenado, diciendo: Esta copa es el nuevo pacto en mi sangre; haced esto todas las veces que la bebiereis, en memoria de mí."

Preguntas acerca de la Historia:

1. ¿Cuál era la principal preocupación de Pablo respecto a los creyentes en Corinto cuando tomaban la cena del Señor? (I Corintios 11:21. No estaban mostrando respeto por esta santa cena que el Señor había instituido. Degustaban este alimento como si fuera cualquier otro y no tomaban en cuenta a otros).
2. ¿Cuándo estableció el Señor Jesús la Santa Cena? (I Corintios 11:23. En la noche en la que fue entregado, la cual era su celebración de la Pascua la noche antes de su crucifixión).
3. ¿Cuáles son los elementos físicos de la Cena del Señor usados por Jesús? (I Corintios 11:23,25. El pan, el vino y la copa).
4. ¿Por qué cuando partió el pan Jesús dijo "esto es mi cuerpo? (I Corintios 11:24. El pan no era solo pan, sino que era su cuerpo debido a su Palabra).
5. ¿Por qué cuando tomó la copa Jesús dijo "esta copa es el nuevo pacto en mi sangre"? (I Corintios 11:25. El antiguo pacto de los sacrificios de sangre animal se cumplía en el perfecto sacrificio de Jesús una vez y para siempre. Ver Hebreos 9:18-28).
6. ¿Qué quiso decir cuando dijo "haced esto en memoria de mí"? (I Corintios 11:24-25. La instrucción es recordar el sacrificio que se hizo y el precio de pago por nuestros pecados).
7. ¿Quién habría de recibir tanto su cuerpo como su sangre según dijo Jesús? (I Corintios 11:24-25. "Ustedes" Se refirió en un primer momento a los discípulos que estaban con Él, pero después también a todos los creyentes que le seguirían. Ver S. Mateo 26:27-28).
8. ¿Cómo proclaman los creyentes la muerte del Señor cuando comen del pan y beben de la copa hasta su regreso? (I Corintios 11:26. Ellos recuerdan lo que Jesús hizo y el perdón que nos fue dado).
9. ¿Cuáles son los riesgos cuando los creyentes participan de la cena del Señor? (I Corintios 11:27. Pueden participar de forma indigna. Pueden pecar al deshonrar el cuerpo y la sangre del Señor. Pueden comer y beber juicio para sí mismos. Ver I Corintios 10:21).
10. ¿Qué significa el no reconocer el cuerpo de Cristo? (I Corintios 11:29. Significa tomar el pan y el vino por casualidad, sin considerar nuestra participación con Él. Ver I Corintios 10:15-16).
11. ¿Qué debe hacer una persona antes de comer del pan y beber de la copa? (I Corintios 11:28. Debe examinarse a sí misma y buscar el perdón de sus pecados. Ver Salmo 139:23-24).

12. ¿Cuáles son los paralelismos entre la cena de la Pascua y la Cena del Señor? (I Corintios 11:26-29. En la cena de la Pascua, el sacrificio fue lo que salvó a los primogénitos del Ángel de la Muerte. De la misma forma, en la Cena del Señor es el sacrificio de Jesús el que nos salva de la muerte y el pecado. Ver I Pedro 2:24).

Preguntas para Discusión:
1. ¿Cómo podemos mostrar respeto cuando tomamos la Cena del Señor? (I Corintios 11:21. Podemos tomar la Cena del Señor con reverencia santa ante el regalo que se ofrece, el sacrificio hecho y el precio pagado por nuestros pecados).
2. ¿Qué fue lo importante del momento que Jesús eligió para instituir la Santa Cena en la noche en que fue entregado? (I Corintios 11:23. Al enseñar en la noche en la que fue entregado, Jesús mostró el alcance de su misericordia incluso a aquel que habría de volverse contra Él).
3. ¿Qué valor tienen para nosotros como creyentes el pan y el vino? (I Corintios 11:23-25. Son elementos físicos que nos recuerdan de una forma tangible la forma la forma en la que el Señor Jesús murió por nuestros pecados. La Cena del Señor une a los creyentes con Cristo mismo en la comida y la bebida).
4. ¿Por qué como seguidores de Jesús creemos que el pan y el vino son verdaderamente el cuerpo y la sangre de Jesús? (I Corintios 11:23-25. Como seguidores lo creemos porque Cristo claramente dijo: "esto es mi cuerpo" y "esto es mi sangre." Por tanto tomamos sus palabras literalmente).
5. ¿Qué tan seguido debemos celebrar la Cena del Señor en memoria de Él? (I Corintios 11:23-25. No solo debemos tomar la Cena del Señor una sola vez sino frecuentemente para recordar así lo que Cristo hizo por nosotros).
6. ¿Por qué es importante que los creyentes con mayor experiencia enseñen a los nuevos creyentes sobre lo que la Cena del Señor es en realidad? (I Corintios 11:27. Es muy importante enseñar cuidadosamente a los nuevos creyentes porque el tomar la Cena del Señor de forma indigna es un pecado y trae consigo juicio).
7. ¿Qué significa escudriñarnos a nosotros mismos? (I Corintios 11:28. Cuando un creyente se examina a sí mismo antes de tomar la comunión, éste se da cuenta de que es un pecador y que necesita desesperadamente de Jesús. Todo esto es con el fin de ser renovado y restaurado y en unión con Cristo).
8. ¿Quién debe participar en la Cena del Señor? (I Corintios 11:23-29. La celebración de la Cena del Señor es para todo creyente que se ha examinado a sí mismo completamente. La participación se reserva

para aquellos que entienden por completo sus pecados y que verdaderamente se examinan a sí mismos).

9. ¿Qué debe ser servido en la Cena del Señor? (I Corintios 11:23-25. Así como Cristo instituyó la Santa Cena usando pan y la copa del fruto de la viña, así también los creyentes deben celebrar este sacramento usando tales elementos en la práctica del Sacramento. Ver S. Mateo 26:26-29).

10. ¿Qué estilos o prácticas tiene usa la gente de hoy?

Promesas de Perdón en las Escrituras:

Isaías 1:18	Isaías 53:5	I Juan 1:8-9
Salmo 103:11-12	Efesios 1:7	Salmo 32:1-2
Salmo 130:3-4	Romanos 8:1	

53. La Ascensión y la Segunda Venida
Hechos 1:3-12 & S. Mateo 24:27-44

Hechos 1

3 a quienes también, después de haber padecido, se presentó vivo con muchas pruebas indubitables, apareciéndoseles durante cuarenta días y hablándoles acerca del reino de Dios. 4 Y estando juntos, les mandó que no se fueran de Jerusalén, sino que esperasen la promesa del Padre, la cual, les dijo, oísteis de mí. 5 Porque Juan ciertamente bautizó con agua, mas vosotros seréis bautizados con el Espíritu Santo dentro de no muchos días.

6 Entonces los que se habían reunido le preguntaron, diciendo: Señor, ¿restaurarás el reino a Israel en este tiempo?

7 Y les dijo: No os toca a vosotros saber los tiempos o las sazones, que el Padre puso en su sola potestad; 8 pero recibiréis poder, cuando haya venido sobre vosotros el Espíritu Santo, y me seréis testigos en Jerusalén, en toda Judea, en Samaria, y hasta lo último de la tierra.

9 Y habiendo dicho estas cosas, viéndolo ellos, fue alzado, y le recibió una nube que le ocultó de sus ojos.

10 Y estando ellos con los ojos puestos en el cielo, entre tanto que él se iba, he aquí se pusieron junto a ellos dos varones con vestiduras blancas, 11 los cuales también les dijeron: Varones galileos, ¿por qué estáis mirando al cielo? Este mismo Jesús, que ha sido tomado de vosotros al cielo, así vendrá como le habéis visto ir al cielo.

12 Entonces volvieron a Jerusalén desde el monte que se llama del Olivar, el cual está cerca de Jerusalén, camino de un día de reposo.

S. Mateo 24

27 Porque como el relámpago que sale del oriente y se muestra hasta el occidente, así será también la venida del Hijo del Hombre. 28 Porque dondequiera que estuviere el cuerpo muerto, allí se juntarán las águilas.

29 E inmediatamente después de la tribulación de aquellos días, el sol se oscurecerá, y la luna no dará su resplandor, y las estrellas caerán del cielo, y las potencias de los cielos serán conmovidas.

30 Entonces aparecerá la señal del Hijo del Hombre en el cielo; y entonces lamentarán todas las tribus de la tierra, y verán al Hijo del Hombre viniendo sobre las nubes del cielo, con poder y gran gloria.

[31] Y enviará sus ángeles con gran voz de trompeta, y juntarán a sus escogidos, de los cuatro vientos, desde un extremo del cielo hasta el otro.

[32] De la higuera aprended la parábola: Cuando ya su rama está tierna, y brotan las hojas, sabéis que el verano está cerca. [33] Así también vosotros, cuando veáis todas estas cosas, conoced que está cerca, a las puertas. [34] De cierto os digo, que no pasará esta generación hasta que todo esto acontezca. [35] El cielo y la tierra pasarán, pero mis palabras no pasarán.

[36] Pero del día y la hora nadie sabe, ni aun los ángeles de los cielos, sino sólo mi Padre. [37] Mas como en los días de Noé, así será la venida del Hijo del Hombre. [38] Porque como en los días antes del diluvio estaban comiendo y bebiendo, casándose y dando en casamiento, hasta el día en que Noé entró en el arca, [39] y no entendieron hasta que vino el diluvio y se los llevó a todos, así será también la venida del Hijo del Hombre. [40] Entonces estarán dos en el campo; el uno será tomado, y el otro será dejado. [41] Dos mujeres estarán moliendo en un molino; la una será tomada, y la otra será dejada.

[42] Velad, pues, porque no sabéis a qué hora ha de venir vuestro Señor. [43] Pero sabed esto, que si el padre de familia supiese a qué hora el ladrón habría de venir, velaría, y no dejaría minar su casa. [44] Por tanto, también vosotros estad preparados; porque el Hijo del Hombre vendrá a la hora que no pensáis.

Preguntas de Estudio: La Ascensión
y la Segunda Venida
Hechos 1:3-12 & S. Mateo 24:27-44

Introducción:
Jesús vivió en la tierra durante treinta y tres años. Después de que se levantó de los muertos, permaneció otros cuarenta días. Durante este tiempo, Él mostró su cuerpo resucitado a más de quinientas personas. Le prometió a sus discípulos que regresaría a la tierra pero no les dijo en qué momento o en qué fecha pasaría. Jesús prometió que cuando regresara al Padre, Él enviaría al Espíritu Santo para guiar, confortar y asistir a sus discípulos. Les dijo que no se desanimaran por su partida. Entonces el ascendió (subió) con su Padre en el Cielo. Algunos ángeles de Dios estaban ahí y le prometieron a los discípulos que Jesús volvería de la mima manera en la que se había ido. Podemos vivir con esta expectativa sabiendo que Jesús vendrá otra vez.

Objetivos:
Conocimiento
- Saber que Jesús vive y que tiene autoridad en el Cielo y en la tierra.
- Darse cuenta de que el Padre a determinado el tiempo y el día para el regreso de Jesús.
- Recordar que nuestros días aquí en la tierra están contados y que Cristo regresará para llevarnos al Cielo.

Actitud
- Tener esperanza sabiendo que nuestro Señor y Salvador Jesús regresará para tomar a sus seguidores para que estén con Él.
- Estar a la expectativa del inminente regreso del Señor.

Acciones
- En el poder del Espíritu Santo, ser testigos de Jesús en todo el mundo hasta su regreso.
- Estar listos y atentos, cuidando de la casa del Padre.

Versículos para Memorizar:
S. Mateo 24:27 "Porque como el relámpago que sale del oriente y se muestra hasta el occidente, así será también la venida del Hijo del Hombre."
S. Juan 14:3 "Y si me fuere y os preparare lugar, vendré otra vez, y os tomaré a mí mismo, para que donde yo estoy, vosotros también estéis."

Preguntas acerca de la Historia:

1. ¿Cuál fue el propósito de que Jesús permaneciera alrededor de cuarenta días después de su resurrección? (Hechos 1:3. Se mostró a sus discípulos y les dio muchas pruebas convincentes de que estaba vivo, hablándoles también sobre el Reino de Dios).

2. ¿Qué es resaltable sobre el regalo que el Padre prometió a los discípulos después del regreso de Cristo al Cielo? (Hechos 1:4-5. Era el regalo del Espíritu Santo, era un regalo de poder y les permitió ser testigos hasta los confines de la tierra).

3. ¿Qué se puede aprender sobre el tiempo de la venida del Reino a Israel? (Hechos 1:7. A los discípulos no les correspondía saber el tiempo que el Padre estableció en su sola autoridad. El regreso de Jesús hizo mantuvo a sus discípulos atentos y siempre listos).

4. Qué responsabilidad estaba dando Jesús a sus discípulos cuando regresó al Padre? (Hechos 1:8. Les confió el ser testigos suyos y divulgar su Palabra a todos los pueblos).

5. ¿En qué sentido fue única la partida de Jesús? (Hechos 1:9-11. Fue alzado ante sus propios ojos hasta que una nube lo cubrió de sus ojos. Dos ángeles vinieron y les hablaron de Jesús y del Cielo a donde se dirigía y de donde volvería).

6. ¿Cómo describe S. Mateo 24:27 la segunda venida de Jesús? (S. Mateo 24:27. Está será muy visible y será vista en todas partes, así como un rayo en el Este es visto desde el Oeste).

7. ¿Cómo será el regreso de Cristo Jesús del Cielo? (S. Mateo 24:30. Regresará viniendo entre nubes del cielo con poder y gran gloria y todas las naciones lo verán y se lamentarán).

8. ¿Qué sucederá cando Cristo aparezca? (S. Mateo 24:31. Él enviará a sus ángeles para que reúnan a su pueblo escogido de todos os confines de la tierra. La resurrección de los muertos, S. Juan 6:39-40. El rapto, I Tesalonicenses 4:13-18; y el juicio S. Juan 5:28-29).

9. ¿Qué se sabe sobre la fecha en la que Cristo regresará a la tierra? (S. Mateo 24:36. Nadie sabe sobre el día o la hora, ni siquiera los ángeles o el Hijo, sino solo el Padre. Será obvio cuando el tiempo se acerque, pero aun así será una gran sorpresa. Será inesperado).

10. ¿Cuál es será la condición espiritual de las personas en el mundo cuando Cristo regrese? (S. Mateo 24:38-39. Estarán viviendo sus vidas de manera normal, sin saber lo que viene).

11. ¿Cómo debemos prepararnos para la venida del Señor? (S. Mateo 24:42-44. Debemos estar atentos y estar preparados pues no sabemos ni el día ni la hora del regreso de Cristo).

Preguntas para Discusión:

1. ¿Nos dan algún ánimo las pruebas de la Resurrección de Cristo? (Hechos 1:3. La Resurrección de Jesús es cuestionada incluso en nuestros días. Los testimonios o pruebas de aquellos que vieron a Jesús pueden dar confianza a los creyentes de que su fe es basada en una realidad).

2. ¿Cómo afecta nuestra vida cómo creyentes en este tiempo el regreso de Jesús desde el Cielo? (Hechos 1:4-5. Como resultado del regreso de Jesús al Cielo, el prometido Espíritu Santo vive ahora en los creyentes y los guía hacia Jesús. Romanos 8:34 dice que Jesús también intercede por nosotros).

3. ¿Qué debemos recordar sobre los tiempos de Dios y los eventos en nuestra vida? (Hechos 1:7. Los tiempos de Dios a veces no coinciden con lo que esperamos o deseamos. Él es el Señor soberano y solo a Él le corresponde saber los detalles de lo que está por venir. Debemos confiar en Él. Ver S. Mateo 24:36).

4. ¿Qué debemos hacer mientras esperamos el regreso de Cristo? (Hechos 1:8. Debemos ser testigos hasta los confines de la tierra de que Él vive y que vendrá otra vez).

5. Sabemos que Cristo ascendió a los Cielos y prometió regresar para llevarnos a donde Él está. ¿Qué nos dice esto acerca de nuestra futura morada? (Hechos 1:11. Como seguidores de Cristo nuestra futura morada será con Él en la eternidad).

6. Han pasado cerca de dos mil años desde que Jesús ascendió al Cielo ¿cómo podemos saber cuándo regresará o si siquiera regresará? (S. Mateo 24:30-33. Podemos saber que Jesús regresará porque Él lo dijo y las señales de su regreso serán obvias, como los frutos de la higuera).

7. ¿Debemos preocuparnos por recibir alguna pista por parte de Cristo a su regreso o preocuparnos por la posibilidad de perdernos el momento? (S. Mateo 24:27. No. No hay motivo para preocuparnos por perdernos el momento pues Él será visto en todo lugar tal y como un rayo en el Oriente es visto en el Occidente).

8. ¿Cómo sabremos si Cristo nos reunirá para consigo o a quiénes reunirá? (S. Mateo 24:31. Él enviará a sus ángeles para reunir para consigo a los elegidos, o al pueblo escogido de Dios. Si obedecemos la verdad, nuestra elección está asegurada y podemos estar confiados de que estaremos con Cristo cuando nos reúna con Él. Ver S. Juan 6:29-40, 14:1-6 y II Timoteo 4:8).

9. ¿Cómo podemos estar listos para la venida del Señor Jesucristo? ¿cómo podemos estar vigilantes ante su regreso? (S. Mateo 24:42-

44. El regreso del Señor será como un ladrón que viene por la noche, una hora en la que no se lo espera. Estamos listos para su regreso cuando le buscamos, cuando confiamos en Él y cuando vivimos para Él. Ver I Tesalonicenses 5:1-11; II Pedro 3:10-13; S. Lucas 21:12-19).

10. ¿Cómo será el fin del mundo? (1. Angustia en el mundo –S. Mateo 24:6-8. 2. Persecución de los cristianos –S. Mateo 24:9-14; S. Lucas 21:12-19. 3. Falsos profetas –S. Mateo 24:23-26. 4. El regreso de Cristo –S. Mateo 24:27, 29:31; S. Lucas 17:26-30; I Tesalonicenses 4:16-18, 5:1-11; Apocalipsis 19:11-16).

54. El Juicio
S. Lucas 16:19-31

S. Lucas 16

[19] Había un hombre rico, que se vestía de púrpura y de lino fino, y hacía cada día banquete con esplendidez. [20] Había también un mendigo llamado Lázaro, que estaba echado a la puerta de aquél, lleno de llagas, [21] y ansiaba saciarse de las migajas que caían de la mesa del rico; y aun los perros venían y le lamían las llagas.

[22] Aconteció que murió el mendigo, y fue llevado por los ángeles al seno de Abraham; y murió también el rico, y fue sepultado. [23] Y en el Hades alzó sus ojos, estando en tormentos, y vio de lejos a Abraham, y a Lázaro en su seno. [24] Entonces él, dando voces, dijo: Padre Abraham, ten misericordia de mí, y envía a Lázaro para que moje la punta de su dedo en agua, y refresque mi lengua; porque estoy atormentado en esta llama.

[25] Pero Abraham le dijo: Hijo, acuérdate que recibiste tus bienes en tu vida, y Lázaro también males; pero ahora éste es consolado aquí, y tú atormentado. [26] Además de todo esto, una gran sima está puesta entre nosotros y vosotros, de manera que los que quisieren pasar de aquí a vosotros, no pueden, ni de allá pasar acá.

[27] Entonces le dijo: Te ruego, pues, padre, que le envíes a la casa de mi padre, [28] porque tengo cinco hermanos, para que les testifique, a fin de que no vengan ellos también a este lugar de tormento.

[29] Y Abraham le dijo: A Moisés y a los profetas tienen; óiganlos.

[30] Él entonces dijo: No, padre Abraham; pero si alguno fuere a ellos de entre los muertos, se arrepentirán.

[31] Mas Abraham le dijo: Si no oyen a Moisés y a los profetas, tampoco se persuadirán aunque alguno se levantare de los muertos.

Preguntas de Estudio: El Juicio Final
S. Lucas 16:19-31

Introducción:
Jesús refirió muchas parábolas al pueblo de Israel para enseñarles cosas espirituales. A menudo enseñó sobre el Cielo y el infierno y la llegada del juicio final. Este tema es importante porque, así como todos moriremos físicamente, cada uno de nosotros vivirá espiritualmente por la eternidad. Lo que elegimos hacer durante nuestra vida en la tierra determina dónde pasaremos nuestra vida espiritual en la eternidad.

Objetivos:
Conocimiento
- Reconocer que nuestras almas son eternas y que el día del juicio llegará.
- Recordar que cada persona vivirá por siempre ya sea en el Cielo o en el infierno.

Actitud
- Creer que hay Cielo e infierno.
- Considerar la seriedad de nuestro destino eterno.

Acciones
- Considerar cuidadosamente nuestra fe en Jesús y el impacto futuro de una vida de fe o de incredulidad.
- Advertir urgentemente a los que nos rodean y que están pereciendo.

Versículos para Memorizar:
Apocalipsis 3:20 "He aquí, yo estoy a la puerta y llamo; si alguno oye mi voz y abre la puerta, entraré a él, y cenaré con él, y él conmigo."

Preguntas acerca de la Historia:
1. ¿Qué nos muestran las vidas terrenales del hombre rico y Lázaro sobre su vida espiritual? (S. Lucas 16:19-21. La riqueza del hombre rico, la comida y las ropas finas muestran un hombre con abundancia en lo físico pero con un interés pequeño o nulo sobre el mendigo en su propia puerta. La falta de cuidado del hombre rico hacia Lázaro muestra que nunca vio su responsabilidad para con Dios ni tampoco lo reconoció).
2. Después de que el hombre rico y Lázaro murieron ¿a qué se enfrentaron en la eternidad? (S. Lucas 16:22-25. El hombre rico que había vivido para sí mismo enfrentó el tormento del infierno y del fuego. Lázaro estuvo lado de Abraham en un lugar de paz en donde también fue confortado).

65

3. ¿Qué muestra la lista de peticiones que el hombre rico hizo a Abraham? (S. Lucas 16:24-30. Éste estaba en agonía. Solo podía pedir piedad puesto que estaba recibiendo lo que merecía. Ahora él era un mendigo pidiendo la ayuda de Abraham).

4. ¿Qué más nos muestra la conversación entre el hombre rico y Abraham? (S. Lucas 16:24-31. El hombre rico se arrepentía de su estilo de vida de auto-justificación. Deseaba incluso un poco de descanso. Finalmente se preocupaba por otros, es decir, sus hermanos. No obstante, seguía considerando a Lázaro bajo su autoridad. Admitió que no había escuchado a Moisés y a los Profetas y alegaba que una advertencia por parte de alguno de los muertos lo habría convencido. Vio que él y sus hermanos necesitaban arrepentimiento).

5. ¿Qué hay de Lázaro y su condición). (S. Lucas 16:23. Lázaro estaba en un lugar placentero al lado de Abraham y lejos del tormento).

6. ¿Qué explicó Abraham sobre el cruzar de donde él estaba hacia el infierno? (S. Lucas 16:26. Abraham dijo que había un gran abismo, un profundo y escarpado valle, que no podía ser cruzado desde ninguno de los lados).

7. ¿Qué significaron las palabras de Abraham cuando dijo "Si no oyen a Moisés y a los profetas, tampoco se persuadirán aunque alguno se levantare de los muertos" (S. Lucas 16:29,31. Muestra cuán duros eran sus corazones. Muestra que no escucharían nada de lo que Dios dijera o hiciera).

8. ¿Por qué el hecho de que Jesús dijera esta historia la hace más cercana a la vida real? (S. Lucas 16:31. Jesús mismo verdaderamente resucitó de entre los muertos, y aun así la gente siguió sin creer en Él).

Preguntas para Discusión:

1. ¿El tener posesiones materiales, riqueza o salud en esta vida nos da un "mejor lugar" en el mundo venidero? (S. Lucas 16:19-23. No. Puedes ser la persona más adinerada y aun así estar muerto espiritualmente. La pregunta para nosotros se centra en cómo vivimos nuestras vidas hacia los demás, respecto a Moisés y los Profetas, en arrepentimiento hacia aquel que levanta de entre los muertos).

2. ¿Qué le pasa a una persona antes de enfrentar el juicio y la vida venidera? (S. Lucas 16:22. La muerte física lleva a la morada espiritual eterna).

3. ¿Por qué no te gustaría pasar la eternidad en el infierno? (S. Lucas 16:23-24. El tormento y la agonía de vivir en fuego eterno muestra el horror de ese lugar. Pero incluso más terrible es la separación de Dios).

4. En la parábola, el hombre rico alzó su vista y vio a Abraham y le llamó. ¿hacia dónde y hacia quién debemos mirar mientras podamos? (S. Lucas 16:23. En tanto que estemos vivos en esta tierra, aún podemos clamar al Señor por misericordia. Él escuchará nuestras oraciones y nos confortará en nuestra agonía. Nos enseñará su Palabra y nos responderá cuando nos arrepintamos).

5. ¿Qué aprendemos sobre el Cielo a partir de este texto? (S. Lucas 16:23. El Cielo es el lugar al lado de otros creyentes, un lugar apartado del dolor y el tormento que otros experimentan en el infierno. Ver S. Mateo 22:2-14).

6. ¿Qué aprendemos sobre la capacidad de una persona para ir y venir de entre el Cielo y el infierno? (S. Lucas 16:26. Aunque una persona quisiera cruzar de un lado a otro, esto sería imposible debido al gran abismo del medio que no puede ser cruzado. Ver S. Mateo 13:24-30, 36-43).

7. ¿Cuándo es que una persona toma la decisión respecto a si pasará la eternidad en el cielo o en el infierno? (S. Lucas 16:27-31. Sólo podemos tomar esta decisión mientras que sigamos viviendo en esta tierra. Ver Hebreos 9:27).

8. Para aquellos de nosotros en la tierra ¿a qué debemos escuchar para ser advertidos de lo que viene después de la muerte? (S. Lucas 16:29, 31- A Moisés y a los Profetas. A aquellos que proclaman la Palabra de Dios).

9. ¿Qué responsabilidad tenemos para compartir el mensaje del Evangelio a los no creyentes? (S. Lucas 16:29,31. Necesitamos compartir urgentemente el mensaje que hemos recibido con las demás personas, todo antes de que mueran y no tengan entonces oportunidad de ser salvos).

10. ¿Qué es "el juicio"? (Apocalipsis 20:11-15 lo describe como un gran trono blanco de juicio. Apocalipsis 14:14-20 lo describe como una reunión de los pueblos. Para los impíos Romanos 2:5-11 habla acerca de la ira de Dios, Apocalipsis16:1-11 describe las copas de la ira de Dios. Para los justos Romanos 5:8-9 describe cómo somos salvos de la ira de Dios, Apocalipsis 21:1-8 describe nuestro futuro hogar en el Cielo y I Pedro 1:3-5 habla de nuestra herencia como creyentes).

55. Los Ángeles
Hechos 12:1-19

Hechos 12

¹ En aquel mismo tiempo el rey Herodes echó mano a algunos de la iglesia para maltratarles. ² Y mató a espada a Jacobo, hermano de Juan. ³ Y viendo que esto había agradado a los judíos, procedió a prender también a Pedro. Eran entonces los días de los panes sin levadura. ⁴ Y habiéndole tomado preso, le puso en la cárcel, entregándole a cuatro grupos de cuatro soldados cada uno, para que le custodiasen; y se proponía sacarle al pueblo después de la pascua.

⁵ Así que Pedro estaba custodiado en la cárcel; pero la iglesia hacía sin cesar oración a Dios por él.

⁶ Y cuando Herodes le iba a sacar, aquella misma noche estaba Pedro durmiendo entre dos soldados, sujeto con dos cadenas, y los guardas delante de la puerta custodiaban la cárcel. ⁷ Y he aquí que se presentó un ángel del Señor, y una luz resplandeció en la cárcel; y tocando a Pedro en el costado, le despertó, diciendo: Levántate pronto. Y las cadenas se le cayeron de las manos.

⁸ Le dijo el ángel: Cíñete, y átate las sandalias. Y lo hizo así. Y le dijo: Envuélvete en tu manto, y sígueme. ⁹ Y saliendo, le seguía; pero no sabía que era verdad lo que hacía el ángel, sino que pensaba que veía una visión. ¹⁰ Habiendo pasado la primera y la segunda guardia, llegaron a la puerta de hierro que daba a la ciudad, la cual se les abrió por sí misma; y salidos, pasaron una calle, y luego el ángel se apartó de él.

¹¹ Entonces Pedro, volviendo en sí, dijo: Ahora entiendo verdaderamente que el Señor ha enviado su ángel, y me ha librado de la mano de Herodes, y de todo lo que el pueblo de los judíos esperaba.

¹² Y habiendo considerado esto, llegó a casa de María la madre de Juan, el que tenía por sobrenombre Marcos, donde muchos estaban reunidos orando. ¹³ Cuando llamó Pedro a la puerta del patio, salió a escuchar una muchacha llamada Rode, ¹⁴ la cual, cuando reconoció la voz de Pedro, de gozo no abrió la puerta, sino que corriendo adentro, dio la nueva de que Pedro estaba a la puerta.

¹⁵ Y ellos le dijeron: Estás loca. Pero ella aseguraba que así era. Entonces ellos decían: !!Es su ángel!

[16] Mas Pedro persistía en llamar; y cuando abrieron y le vieron, se quedaron atónitos. [17] Pero él, haciéndoles con la mano señal de que callasen, les contó cómo el Señor le había sacado de la cárcel. Y dijo: Haced saber esto a Jacobo y a los hermanos. Y salió, y se fue a otro lugar.

[18] Luego que fue de día, hubo no poco alboroto entre los soldados sobre qué había sido de Pedro. [19] Mas Herodes, habiéndole buscado sin hallarle, después de interrogar a los guardas, ordenó llevarlos a la muerte. Después descendió de Judea a Cesarea y se quedó allí.

Preguntas de Estudio: Los Ángeles
Hechos 12:1-19

Introducción:
Así como Dios creo a las personas, también creo a otros seres a quienes llamamos ángeles. Los ángeles son seres espirituales que sirven como mensajeros de Dios. Fueron creados con el propósito de alabar al Señor Dios Todopoderoso y para hacer su voluntad. Los ángeles son seres perfectos y eternos, y tienen la libertad de escoger seguir a Dios. Tristemente, un tercio de los ángeles decidió rebelarse contra Dios y seguir a Satanás (el Maligno). Al hacer esto perdieron su lugar en el Cielo y fueron echados a la tierra. Estos ángeles caídos son conocidos como demonios. En lugar de alabar al Señor Dios Todopoderoso como lo hacían en el Cielo, ellos gastan su energía tentando a las personas para que pequen y se alíen con Satanás. Puesto que estos demonios se rebelaron contra el Señor, Él prometió su destrucción en el día final. En esto vemos que ellos siguen sujetos a la soberana autoridad de Dios en tanto que esperan por su juicio final.

Objetivos:
  Conocimiento
  - Entender que los seres angelicales son mensajeros espirituales eternos creados por Dios.
  - Saber que tienen un lugar en nuestras vidas como espíritus ministrantes.
  - Reconocer la realidad de la esfera espiritual y las fuerzas demoniacas que batallan contra el alma.

  Actitud
  - Tener confianza en el poder de Dios y su Palabra en contra de las fuerzas espirituales y los principados que luchan contra nosotros.
  - Tener ánimo sabiendo que el ejército angélico de Dios nos protege.

  Acciones
  - Ser valientes como hijos de Dios sabiendo que servimos al Soberano Señor y Regidor de todo.
  - Ser fuertes en aquel que tiene control de todas las cosas sin temor de aquellos seres que no podemos ver.

Versículos para Memorizar:
Efesios 6:10-13 "Por lo demás, hermanos míos, fortaleceos en el Señor, y en el poder de su fuerza. Vestíos de toda la armadura de Dios, para que podáis estar firmes contra las asechanzas del diablo. Porque no tenemos lucha contra sangre y carne, sino contra principados, contra

potestades, contra los gobernadores de las tinieblas de este siglo, contra huestes espirituales de maldad en las regiones celestes. Por tanto, tomad toda la armadura de Dios, para que podáis resistir en el día malo, y habiendo acabado todo, estar firmes."

Preguntas acerca de la Historia:

1. ¿Qué estaba pasando físicamente durante el tiempo del arresto de Pedro? (Hechos 12:1-4. Herodes estaba arrestando a los miembros de la iglesia y los perseguía. Había matado a Jacobo y también había arrestado a Pedro. Herodes estaba siendo persuadido por los Judíos que también querían ver a la iglesia perjudicada).

2. ¿De qué manera estaba Pedro siendo custodiado por fuerza de hombre después de su arresto? (Hechos 12:4,6-10. Él estaba en prisión, custodiado por un total de dieciséis soldados, cuatro escuadrones de cuatro soldados cada uno. Pedro estaba encadenado a dos de ellos y dos cuidaban la celda. Habían otros dos grupos de guardias más una puerta de metal).

3. ¿Qué más sucedía durante el tiempo en que Herodes quería que Pedro fuera llevado a un juicio público? (Hechos 12:3-5. La fiesta de los panes sin levadura y la Pascua. Los judíos querían detener a la iglesia primitiva, mas la Iglesia oraba fervientemente por Pedro).

4. ¿Cómo es que un grupo pequeño de gente en oración tendría esperanza de liberar a alguien de una prisión tan fuertemente asegurada? (Hechos 12:5,12. Ellos estaban orando a Dios, tenían el poder de la oración).

5. ¿Qué estaba pasando espiritualmente durante el tiempo del arresto de Pedro? (Hechos 12:7. Las fuerzas del maligno, es decir Herodes, los judíos y los soldados, estaban luchando contra las fuerzas del bien, es decir la iglesia en oración, el Señor y sus ángeles).

6. Describe al ángel y qué es lo que este provocó. (Hechos 12:7-10. El ángel del Señor apareció y una luz resplandeció en la celda. El ángel hizo que las cadenas de las manos de Pedro cayeran. Evitó que los guardias notaran que Pedro le seguía y abrió la puerta si siquiera tocarla).

7. ¿Qué pensaba Pedro mientras seguía al ángel hacia fuera? (Hechos 12:9. Pensó que estaba teniendo una visión. No tenía idea de que lo que el ángel estaba haciendo en realidad estaba pasando).

8. ¿Qué pasó después de que Pedro y el ángel caminaron la distancia de una calle? (Hechos 12:10. El ángel dejó a Pedro y éste volvió a sus sentidos y se dio cuenta de que el Señor lo había rescatado de Herodes y los judíos).

9. ¿Quién envió al ángel según dijo Pedro? (Hechos 12:11. Pedro dijo que había sido el Señor quien había hecho esto).

10. ¿Cuál fue la reacción la mañana siguiente? (Hechos 12:18-19. Hubo una gran conmoción entre los soldados tratando de descubrir qué había pasado con Pedro. Herodes no pudo encontrarlo y ordenó que los soldados fueran ejecutados).

Preguntas para Discusión

1. ¿Cuál es el impacto de una iglesia que ora intensamente a Dios por sus hermanos creyentes? (Hechos 12:5, 12. Cuando los cristianos son devotos en la oración, Dios responde según su voluntad a favor de aquellos que le aman).
2. ¿Qué elementos físicos pueden obstaculizar la obra del Señor y los mensajeros angélicos? (Hechos 12:6-7. El Señor y sus mensajeros angelicales son espíritu. No están sujetos a límites u obstáculos físicos).
3. ¿Con qué rapidez puede el señor enviar ángeles ara ayudarnos en nuestro tiempo de necesidad? (Hechos 12:7. Los ángeles pueden aparecer repentina e inesperadamente. Ellos pueden venir en ayuda de los creyentes de inmediato).
4. ¿Qué poder tienen los ángeles sobre el mundo físico? (Hechos 12:7-10. Pueden causar ceguera y pueden ir a través de obstáculos a voluntad).
5. ¿Qué batallas enfrentamos en el ámbito espiritual que tienen también una dimensión física? (Hay muchas cosas que nos encarcelan y nos mantienen cautivos: situaciones, personas, obstáculos físicos).
6. ¿Cuál es a menudo nuestra respuesta cuando Dios opta por obrar en nuestras vidas? (Hechos 12:9. Nuestra respuesta es muchas veces surrealista, concluyendo que la acción solo pudo haber sido realizada por Dios y no por nuestra propia reacción o voluntad).
7. ¿Por qué el Señor nos envía ángeles? (Hechos 12:11. Para rescatarnos y darnos su mensaje).
8. ¿Por qué los creyentes estaban perplejos cuando recibieron aquello por lo que habían estado pidiendo? (Hechos 12:16. Los creyentes dudaban).
9. ¿Cuál es la respuesta de los incrédulos a las cosas que los ángeles hacen? (Hechos 12:18-19. Ellos no pueden explicar lo que sucede).

Versículos sobre los ángeles: Génesis 19:13; Salmo 148:2-5; S. Mateo 1:20; Colosenses 1:16; Hebreos 1:3-14; Apocalipsis 12:7-9, 22:8-9.

Versículos sobre los demonios: S. Mateo 25:41; S. Marcos 9:20; S. Lucas 10:17; Efesios 6:12; Filipenses 2:8-11; I Timoteo 4:1; Santiago 2:19; II Pedro 2:4; Judas 1:6.

56. Satanás
Job 1:1-22

Job 1

¹ Hubo en tierra de Uz un varón llamado Job; y era este hombre perfecto y recto, temeroso de Dios y apartado del mal. ² Y le nacieron siete hijos y tres hijas. ³ Su hacienda era siete mil ovejas, tres mil camellos, quinientas yuntas de bueyes, quinientas asnas, y muchísimos criados; y era aquel varón más grande que todos los orientales.

⁴ E iban sus hijos y hacían banquetes en sus casas, cada uno en su día; y enviaban a llamar a sus tres hermanas para que comiesen y bebiesen con ellos. ⁵ Y acontecía que habiendo pasado en turno los días del convite, Job enviaba y los santificaba, y se levantaba de mañana y ofrecía holocaustos conforme al número de todos ellos. Porque decía Job: Quizá habrán pecado mis hijos, y habrán blasfemado contra Dios en sus corazones. De esta manera hacía todos los días.

⁶ Un día vinieron a presentarse delante de Jehová los hijos de Dios, entre los cuales vino también Satanás. ⁷ Y dijo Jehová a Satanás: ¿De dónde vienes? Respondiendo Satanás a Jehová, dijo: De rodear la tierra y de andar por ella.

⁸ Y Jehová dijo a Satanás: ¿No has considerado a mi siervo Job, que no hay otro como él en la tierra, varón perfecto y recto, temeroso de Dios y apartado del mal?

⁹ Respondiendo Satanás a Jehová, dijo: ¿Acaso teme Job a Dios de balde? ¹⁰ ¿No le has cercado alrededor a él y a su casa y a todo lo que tiene? Al trabajo de sus manos has dado bendición; por tanto, sus bienes han aumentado sobre la tierra. ¹¹ Pero extiende ahora tu mano y toca todo lo que tiene, y verás si no blasfema contra ti en tu misma presencia.

¹² Dijo Jehová a Satanás: He aquí, todo lo que tiene está en tu mano; solamente no pongas tu mano sobre él. Y salió Satanás de delante de Jehová.

¹³ Y un día aconteció que sus hijos e hijas comían y bebían vino en casa de su hermano el primogénito, ¹⁴ y vino un mensajero a Job, y le dijo: Estaban arando los bueyes, y las asnas paciendo cerca de ellos, ¹⁵ y acometieron los sabeos y los tomaron, y mataron a los criados a filo de espada; solamente escapé yo para darte la noticia.

¹⁶ Aún estaba éste hablando, cuando vino otro que dijo: Fuego de Dios cayó del cielo, que quemó las ovejas y a los pastores, y los consumió; solamente escapé yo para darte la noticia.

¹⁷ Todavía estaba éste hablando, y vino otro que dijo: Los caldeos hicieron tres escuadrones, y arremetieron contra los camellos y se los llevaron, y mataron a los criados a filo de espada; y solamente escapé yo para darte la noticia.

¹⁸ Entre tanto que éste hablaba, vino otro que dijo: Tus hijos y tus hijas estaban comiendo y bebiendo vino en casa de su hermano el primogénito; ¹⁹ y un gran viento vino del lado del desierto y azotó las cuatro esquinas de la casa, la cual cayó sobre los jóvenes, y murieron; y solamente escapé yo para darte la noticia.

²⁰ Entonces Job se levantó, y rasgó su manto, y rasuró su cabeza, y se postró en tierra y adoró, ²¹ y dijo:
Desnudo salí del vientre de mi madre, y desnudo volveré allá. Jehová dio, y Jehová quitó; sea el nombre de Jehová bendito.

²² En todo esto no pecó Job, ni atribuyó a Dios despropósito alguno.

Preguntas de Estudio: Satanás
Job 1:1-22

Introducción:
No hay mayor placer para Satanás que acusar a aquellos que buscan el rostro del Señor. Él es el gran engañador y padre de mentiras. Está decidido a engañar y destruir a aquellos que siguen al Señor. Job es un ejemplo de hombre a quien Satanás trató de destruir. Job fue un hombre justo que amó al Señor y obedeció sus mandamientos. No obstante, Satanás acusó a Job diciendo que éste era justo debido a la protección y bendición de Dios. Dios permitió que Satanás le quitara a Job todo lo que poseía para ver si se olvidaba de Dios. Job era un hombre muy rico pero en un solo día Satanás destruyó todo lo que Job tenía y mató a todos sus hijos.

Objetivos:
Conocimiento
- Reconocer las maquinaciones de Satanás contra nosotros.
- Entender las limitaciones de Satanás y su sujeción a Dios.

Actitud
- Creer que Satanás es un ser espiritual real y una fuerza para pecado y tentación en la vida de cada creyente.
- Confiar en la protección de Dios contra Satanás y sus mentiras.

Acciones
- Resistir al Maligno en todas sus obras y todos sus caminos.
- Mirar a Jesús para la victoria sobre Satanás.

Versículos para Memorizar:
I Pedro 5:8-9 "Sed sobrios, y velad; porque vuestro adversario el diablo, como león rugiente, anda alrededor buscando a quien devorar; al cual resistid firmes en la fe, sabiendo que los mismos padecimientos se van cumpliendo en vuestros hermanos en todo el mundo."

Preguntas acerca de la Historia:
1. ¿Por qué el carácter de Job es descrito como "grande"? (Job 1:1,5. Su temor por el Señor y su resistencia al Maligno fueron el principio de lo que lo hicieron grande. Sus sacrificios a Dios mostraron su verdadera prioridad).

2. ¿Qué hizo a Job el hombre más grande de entre todos los hombres del Este? (Job 1:2-3. Job tenía una familia muy grande y mucho ganado, pero fue su fe y honor a Dios lo que lo hicieron grande).
3. ¿Qué muestra la costumbre de Job de ofrecer sacrificios por sus hijos? (Job 1:4-5. El Señor tenía el primer lugar en su vida. Él sabía que el pecado de sus corazones podía separarlos de Dios).
4. ¿Qué nos muestra el diálogo entre el Señor y Satanás? (Job 1:7-12. Satanás tuvo que aparecer ante el Señor. Tuvo que responderle al Señor y solo pudo ir tan lejos como el Señor le dio permiso. Su dominio está en la tierra).
5. ¿Por qué el Señor preguntó a Satanás "No has considerado a mi siervo Job..."? (Job 1:8. Dios sabía que Job era un hombre de fe y que su justicia venía de su respeto y temor a Dios).
6. ¿Cuál es la diferencia entre una justicia que viene de las bendiciones, riqueza y protección, y una que viene de la fe y el temor de Dios? (Job 1:9-11. Una justicia que viene de las bendiciones, la riqueza y la protección está centrada en un interés propio. Una justicia que viene de la fe y el respeto por Dios está centrada únicamente en el Señor).
7. ¿Qué muestra el desafío que Satanás hizo al Señor? (Job 1:11. Muestra dos visiones sobre Dios. La primera se refiere a que si hacemos cosas buenas, entonces seremos bendecidos por Dios. La otra es que solo creemos y confiamos en Dios cuando Él nos da cosas buenas y nos bendice y nos protege).
8. ¿Por qué Dios puso todo en las manos de Satanás? (Job 1:12. El Señor puso todo lo que era de Job en las manos de Satanás para mostrar que la verdadera Justicia es solo por fe y no se basa en las bendiciones o nuestras acciones).
9. ¿Qué le quitó Satanás a Job? (Job 1:13-19. Le quitó sus bueyes, asnos, ovejas, siervos, camellos y sus hijos).
10. ¿Cuál fue la reacción de Job ante la enorme pérdida que sufrió? (Job 1:20. Se levantó, rasgó sus vestidos y rasuró su cabeza. Entonces, se postró en tierra y adoró).
11. ¿Cómo pudo Job adorar al Señor después de perder todo lo que tenía? (Job 1:21. Él sabía que había venido a este mundo sin nada y que se iría sin nada. Todo es del Señor y nada hay que podamos acumular o poseer).
12. ¿Cuál fue la actitud de Job en su reacción? (Job 1:22. Job no pecó acusando a Dios de hacerle mal).

Preguntas para Discusión:
1. Si alguien mirara a tu vida como Cristiano, ¿cómo te describiría? ¿recto? ¿justo? ¿temeroso de Dios? ¿apartado del mal? (Job 1:1. Para respuesta personal).

2. Como cristianos ¿cuál debería ser nuestra respuesta al pecado? (Job 1:5. Incluso ante la más pequeña pista de pecado, debemos corregirnos y examinarnos a nosotros mismos).

3. ¿Qué aprendemos sobre satanás y el hecho de que es capaz de aparecer ante Dios y salir de su presencia? (Job 1:6,12. Él es un ser espiritual capaz de subir al Cielo. Él obra en las esferas que nosotros somos incapaces de ver o imaginar. Para referencias sobre cómo se convirtió en lo que es ver Isaías 14:13-15 y Ezequiel 28:12-17).

4. ¿Qué aprendemos acerca de dónde obra Satanás? (Job 1:7. Él deambula por la tierra, yendo y viniendo en ella. Ver S. Juan 10:10, Efesios 6:10-18; I Pedro 5:8-9).

5. ¿Qué aprendemos sobre Satanás a partir del hecho de que conocía a Job desde antes de hablar de él ante Dios? (Job 1:9-10. Satanás conoce nuestra condición, sobre cómo estamos físicamente y qué tipo de relación tenemos con Dios).

6. ¿De qué formas busca la gente a Dios como fuente de bendiciones, riquezas y protección? (Job 1:9-11. En este tiempo hay muchas enseñanzas sobre salud, riqueza y prosperidad. En un sentido esto es tratar de controlar a Dios tanto como Satanás lo está).

7. Como cristianos ¿debemos tener temor de Satanás? ¿por qué si o por qué no? (Job 1:9-10. No. Debemos temer a Dios. Satanás debe responderle a Dios y solo puede hacer aquello que se le permite. El Señor puede protegernos también de Satanás y bendecirnos en muchas maneras. Ver Apocalipsis 12:7-12).

8. ¿Cuál es el deseo de Satanás para nuestras vidas? (Job 1:11. Satanás nos acusa delante de Dios y quiere que nos olvidemos de Dios, lo maldigamos y nos apartemos de Él).

9. ¿Cómo es que podemos mirar a Dios en fe incluso en medio de grandes pruebas? (Satanás no tiene la última palabra en nuestra vida. El Señor sigue sentado en su trono y sigue en control de nuestras vidas. Venimos al mundo sin nada y sin nada nos iremos, pero desde el principio hasta el final el Señor ha de ser alabado).

10. ¿Qué tanto poder reconocemos en Satanás? (Job 1:12. Satanás tiene tanto poder como Dios le permite).

11. Como cristianos, ¿qué reacción que debemos tener cuando Satanás nos ataque? (Job 1:21. Es necesario que nos volvamos a Dios para nuestra ayuda y seguridad. Ya sea que el Señor dé o quite, debemos alabar su nombre).

12. ¿Qué es lo más importante que un cristiano debe recordar respecto a la posibilidad de que Dios haga algo malo? (Job 1:22. Dios no es el que causa lo malo, sino simplemente lo permite en su voluntad y para su propósito).

Quinto Periodo

INTERNATIONAL
ORALITY INSTITUTE

Desarrollo del Carácter

57. No un Amante del Dinero
La Lepra de Naamán
II Reyes 5:1-27

II Reyes 5

¹ Naamán, general del ejército del rey de Siria, era varón grande delante de su señor, y lo tenía en alta estima, porque por medio de él había dado Jehová salvación a Siria. Era este hombre valeroso en extremo, pero leproso.

² Y de Siria habían salido bandas armadas, y habían llevado cautiva de la tierra de Israel a una muchacha, la cual servía a la mujer de Naamán. ³ Esta dijo a su señora: Si rogase mi señor al profeta que está en Samaria, él lo sanaría de su lepra.

⁴ Entrando Naamán a su señor, le relató diciendo: Así y así ha dicho una muchacha que es de la tierra de Israel. ⁵ Y le dijo el rey de Siria: Anda, ve, y yo enviaré cartas al rey de Israel. Salió, pues, él, llevando consigo diez talentos de plata, y seis mil piezas de oro, y diez mudas de vestidos. ⁶ Tomó también cartas para el rey de Israel, que decían así: Cuando lleguen a ti estas cartas, sabe por ellas que yo envío a ti mi siervo Naamán, para que lo sanes de su lepra.

⁷ Luego que el rey de Israel leyó las cartas, rasgó sus vestidos, y dijo: ¿Soy yo Dios, que mate y dé vida, para que éste envíe a mí a que sane un hombre de su lepra? Considerad ahora, y ved cómo busca ocasión contra mí.

⁸ Cuando Eliseo el varón de Dios oyó que el rey de Israel había rasgado sus vestidos, envió a decir al rey: ¿Por qué has rasgado tus vestidos? Venga ahora a mí, y sabrá que hay profeta en Israel. ⁹ Y vino Naamán con sus caballos y con su carro, y se paró a las puertas de la casa de Eliseo. ¹⁰ Entonces Eliseo le envió un mensajero, diciendo: Ve y lávate siete veces en el Jordán, y tu carne se te restaurará, y serás limpio.

¹¹ Y Naamán se fue enojado, diciendo: He aquí yo decía para mí: Saldrá él luego, y estando en pie invocará el nombre de Jehová su Dios, y alzará su mano y tocará el lugar, y sanará la lepra. ¹² Abana y Farfar, ríos de Damasco, ¿no son mejores que todas las aguas de Israel? Si me lavare en ellos, ¿no seré también limpio? Y se volvió, y se fue enojado.

¹³ Mas sus criados se le acercaron y le hablaron diciendo: Padre mío, si el profeta te mandara alguna gran cosa, ¿no la harías? ¿Cuánto más, diciéndote: Lávate, y serás limpio? ¹⁴ El entonces descendió, y se

zambulló siete veces en el Jordán, conforme a la palabra del varón de Dios; y su carne se volvió como la carne de un niño, y quedó limpio.

¹⁵ Y volvió al varón de Dios, él y toda su compañía, y se puso delante de él, y dijo: He aquí ahora conozco que no hay Dios en toda la tierra, sino en Israel. Te ruego que recibas algún presente de tu siervo. ¹⁶ Mas él dijo: Vive Jehová, en cuya presencia estoy, que no lo aceptaré. Y le instaba que aceptara alguna cosa, pero él no quiso.

¹⁷ Entonces Naamán dijo: Te ruego, pues, ¿de esta tierra no se dará a tu siervo la carga de un par de mulas? Porque de aquí en adelante tu siervo no sacrificará holocausto ni ofrecerá sacrificio a otros dioses, sino a Jehová. ¹⁸ En esto perdone Jehová a tu siervo: que cuando mi señor el rey entrare en el templo de Rimón para adorar en él, y se apoyare sobre mi brazo, si yo también me inclinare en el templo de Rimón; cuando haga tal, Jehová perdone en esto a tu siervo.

¹⁹ Y él le dijo: Ve en paz.
Se fue, pues, y caminó como media legua de tierra. ²⁰ Entonces Giezi, criado de Eliseo el varón de Dios, dijo entre sí: He aquí mi señor estorbó a este sirio Naamán, no tomando de su mano las cosas que había traído. Vive Jehová, que correré yo tras él y tomaré de él alguna cosa.

²¹ Y siguió Giezi a Naamán; y cuando vio Naamán que venía corriendo tras él, se bajó del carro para recibirle, y dijo: ¿Va todo bien?
²² Y él dijo: Bien. Mi señor me envía a decirte: He aquí vinieron a mí en esta hora del monte de Efraín dos jóvenes de los hijos de los profetas; te ruego que les des un talento de plata, y dos vestidos nuevos.

²³ Dijo Naamán: Te ruego que tomes dos talentos. Y le insistió, y ató dos talentos de plata en dos bolsas, y dos vestidos nuevos, y lo puso todo a cuestas a dos de sus criados para que lo llevasen delante de él.
²⁴ Y así que llegó a un lugar secreto, él lo tomó de mano de ellos, y lo guardó en la casa; luego mandó a los hombres que se fuesen. ²⁵ Y él entró, y se puso delante de su señor.
Y Eliseo le dijo: ¿De dónde vienes, Giezi?
Y él dijo: Tu siervo no ha ido a ninguna parte.

²⁶ El entonces le dijo: ¿No estaba también allí mi corazón, cuando el hombre volvió de su carro a recibirte? ¿Es tiempo de tomar plata, y de tomar vestidos, olivares, viñas, ovejas, bueyes, siervos y siervas? ²⁷ Por tanto, la lepra de Naamán se te pegará a ti y a tu descendencia para siempre. Y salió de delante de él leproso, blanco como la nieve.

Preguntas de Estudio: No un Amante del Dinero
II Reyes 5:1-27

Introducción:
El dinero en sí mismo no es pecaminoso o malo. Simplemente es parte de los bienes materiales que Dios creó para que los cuidáramos. Sin embargo, el amor al dinero el enfocarse en ello puede controlar nuestras vidas. Esto le permite convertirse en un "dios" que nos lleva a una amplio camino de maldad y perversión. En esta historia vemos la Gracia de Dios mostrada a Naamán a través del don de la salud. Eliseo no aceptaría dinero por algo que Dios hizo, lo cual fue contrario a la codicia del siervo de Eliseo. En fe Naamán fue sanado, y por su egoísmo el siervo de Eliseo fue castigado. La enfermedad del pecado lleva consigo una deuda que no puede ser pagada sino solo por la sangre de Jesús. Él voluntariamente dio su vida en lugar de nuestro pecado.

Objetivos:
Conocimiento
- Entender el destructivo camino de la codicia y la egoísta ambición.
- Saber que cuando ponemos algo antes que a Dios, estamos descansando en cosas terrenales y temporales en vez de confiar en el eterno y Todopoderoso Dios.
- Darse cuenta de que todo lo que tenemos es meramente algo que el Señor nos ha confiado por poco tiempo.

Actitud
- Confiar en que Dios conoce nuestras necesidades y suplirá para ellas a su tiempo y a su manera.
- Estar agradecidos con lo que el Señor nos da

Acciones
- Ser generosos con lo que el Señor nos da libremente
- Quitar nuestra atención de las cosas que deseamos para que así podamos anhelar las cosas de Dios.

Versículos para Memorizar:
S. Lucas 16:13 "Ningún siervo puede servir a dos señores; porque o aborrecerá al uno y amará al otro, o estimará al uno y menospreciará al otro. No podéis servir a Dios y a las riquezas."
I Timoteo 6:10 "Porque raíz de todos los males es el amor al dinero, el cual codiciando algunos, se extraviaron de la fe, y fueron traspasados de muchos dolores."

Preguntas acerca de la Historia:
1. ¿Qué sabemos sobre Naamán? (II Reyes 5:1. Naamán era un comandante de la armada del rey de Aram. Era un gran hombre altamente respetado que servía como un soldado valiente y el Señor había estado usándolo, sin embargo, él tenía lepra).
2. ¿Qué tenía la joven sierva y qué dio gratuitamente? (II Reyes 5:3 La joven sierva tenía fe en Dios y la manifestó a Naamán cuando le dijo sobre el Profeta de Samaria. Como prisionera de guerra, ello pudo haber tenido un espíritu amargo e incluso haber deseado el mal para Naamán).
3. ¿Cómo esperaba Naamán ser sanado? (II Reyes 5:5-6. Esperaba pagar mucho dinero, traer una carta recomendación e ir con la persona en autoridad para ser sanado).
4. ¿Qué resultados tuvo Naamán de tales esfuerzos para ser sano? (II Reyes 5:7,9,16. El rey de Israel sabía que no podía curar la lepra, la carta de recomendación lo confundió y Eliseo no aceptaría dinero).
5. ¿Qué propósito reconoció Eliseo en esta lepra? (II Reyes 5:8. Eliseo se dio cuenta de que todo era para la gloria de Dios, por tanto Naamán reconocería que en Israel había un profeta del Señor).
6. ¿Cómo se contrastan la manera en la que Naamán abordó a Eliseo y la forma en la que éste le respondió? (II Reyes 5:9-10. Naamán vino de forma suntuosa y esperando respeto. Eliseo no lo saludó personalmente sino que envió a un mensajero con instrucciones para Naamán. El Señor no reconoce la grandeza basada en títulos o posiciones).
7. ¿Por qué Naamán se enojó con las instrucciones de Eliseo decían que se lavara en el río Jordán? (II Reyes 5:10-12. Naamán se enojó porque Eliseo no salió ni hizo nada. Las instrucciones parecían simples e insignificantes y la respuesta que recibió era diferente a lo que él esperaba).
8. ¿Qué nos muestra la obediencia de Naamán? (II Reyes 5:13-14. Muestra que Dios estaba obrando en su corazón. Naamán de humilló y tuvo que confiar únicamente en Dios, esto mostró su fe).
9. ¿Cuál fue la reacción de Naamán después de que fue sanado? (II Reyes 5:15. Naamán se dio cuenta de que Dios había hecho un milagro. Humildemente regresó con Eliseo y le agradeció, lo animó para que recibiera un regalo y prometió que jamás ofrecería sacrificios a ningún otro dios sino solo al Señor).
10. ¿Por qué Eliseo no aceptó el regalo? (II Reyes 5:16. Eliseo rechazó el regalo porque había sido el Señor quien había sanado a Naamán. Eliseo era solo un siervo del Señor).

11. ¿Qué dio Eliseo a Naamán como regalo? (II Reyes 5:17-19. Eliseo envió a casa a Naamán con nos mulas y una bendición de paz).

12. ¿Qué pensó Giezi, siervo de Eliseo, después de que vio el milagro que ocurrió y la manera en la que su amo rechazó el regalo? (II Reyes 5:20. Giezi se dijo a sí mismo que su maestro había sido demasiado condescendiente con Naamán al no aceptar el regalo que trajo. Sus pensamientos revelaron su falta de respeto hacia Eliseo, su egoísmo y su codicia, cosas que produjeron mentiras y lepra).

13. ¿Cómo se comparan la manera en la que Eliseo prometió no aceptar nada a la forma en la que Giezi quiso recibir algo? (II Reyes 5:16, 19. Giezi juró por el Señor Dios Todopoderoso que correría tras Naamán para recibir algo, juramento que fue del mismo tipo que hizo al que hizo Eliseo cuando dijo que no recibiría ningún regalo de Naamán).

14. ¿Qué se puede ver de Giezi a partir de su afán por el dinero? (II Reyes 5:21-25. Él estaba pensando en sí mismo en primer lugar estando dispuesto a sacrificar la verdad por dinero. Pensó que podría ocultarse de Eliseo y de Dios mismo, y que tales bienes lo bendecirían. Se olvidó del hecho de que el Señor es quien bendice).

15. ¿Cuál fue el resultado del pecado de codicia y mentira de Giezi? (II Reyes 5:26-27. Eliseo predijo que Giezi y sus descendientes heredarían la lepra que había sido quitada de Naamán. Como resultado de esto, Giezi fue también echado de la presencia de Eliseo de la casa del "Hombre de Dios". Ver Santiago 5:1-6).

Preguntas para Discusión:

1. ¿De qué maneras dependemos de nuestro estatus, de las personas que conocemos o de las cosas que tenemos tal y como Naamán hizo? (II Reyes 5:1).

2. ¿De qué formas podemos compartir nuestra fe con otros aún estando en esclavitud o en un estatus bajo? (II Reyes 5:3. Como la sierva, podemos decir confiadamente a las personas sobre el Señor Dios Todopoderoso y su capacidad de hacer lo que sea. Sin importar nuestra posición nosotros podemos ser mensajeros de la gloria de Dios).

3. ¿Cómo debemos reaccionar cuando enfrentamos problemas y dilemas en nuestra vida? (II Reyes 5:3. Como cristianos, debemos poner continuamente nuestra vista en el Señor Dios Todopoderoso, dándonos cuenta que solo Él puede librarnos en tiempos de necesidad).

4. Como Naamán ¿en qué momentos miramos a nuestras riquezas, contactos o influencia antes de mirar al Señor? (II Reyes 5:5-6. Confiamos primeramente en nosotros en lugar de en el Señor cuando pensamos en la oración como un último recurso. Cuando

confiamos en la gente antes que en Dios o cuando pensamos más en nosotros mismos que en el Señor).

5. Al igual que el rey de Israel ¿de qué maneras nos desanimamos y rasgamos nuestros vestidos ante los problemas que enfrentamos? (II Reyes 5:7. Cuando cargamos las responsabilidades de otros y nos preocupamos de cosas que no nos corresponde a nosotros arreglar).

6. ¿Cuántas de las situaciones que enfrentamos tienen lugar para la gloria de Dios? (II Reyes 5:8. Todas las situaciones en nuestras vidas son oportunidades para mirar a Dios y ver su respuesta).

7. Como cristianos, ¿cómo deberíamos reaccionar cuando los no creyentes vienen a nosotros buscando ayuda o apoyo? (II Reyes 5:9-10. Debemos ayudarlos y llevarlos al Señor en vez a nosotros para nuestro propio beneficio. Ellos necesitan ver el poder de Dios y no el poder del hombre).

8. ¿Qué aprendemos sobre cómo el Señor obra cuando miramos a la forma en la que Naamán fue sanado? (II Reyes 5:10-14. Vemos que el Señor salva de maneras sencillas. No hay gran cosa que nosotros debamos hacer de nosotros mismos. Simplemente debemos lavarnos y ser limpios. Lo mismo es verdad para nosotros como cristianos en cuanto al bautismo y el arrepentimiento).

9. ¿Qué aprendemos sobre el amor y la paciencia de Dios cuando miramos a la curación de Naamán? (II Reyes 5:10-14. Vemos el amor de Dios por la humanidad, el amor por aquellos que no están relacionados con su pueblo y el amor por sus enemigos. También vemos la paciencia de Dìos respecto a la ira de Naamán y su intención de irse en un principio).

10. ¿Qué aprendemos de la reacción de Eliseo ante la oferta de regalos y tesoros de Naamán? (II Reyes 5:15-16. Nuestro enfoque debe estar en llevar a la gente hacia la gloria y majestad de Dios y abrir sus ojos a la verdad de Dios y no a nosotros).

11. ¿Qué significa ser amante del dinero? (Ver Eclesiastés 5:10; S. Mateo 6:19 y Hechos 5:1-11).

12. ¿Cómo reaccionamos cuando enfrentamos tentaciones como riquezas y posesiones materiales? (Ver Santiago 5:1-6).

13. ¿Cómo podemos guardarnos de las tentaciones de codicia y egoísmo en nuestras vidas? (Ver Hebreos 13:5).

14. ¿Qué podemos aprender de la reacción y actitud de Giezi hacia su amo Eliseo? (II Reyes 5:20. Debemos mostrar respeto y honra hacia aquellos en autoridad no siendo rebeldes).

15. ¿Cómo se multiplica el pecado en nuestras vidas como ocurrió con Giezi? (II Reyes 5:19-25. Podemos ser irrespetuosos con nuestros líderes, velar por nuestros intereses, tratar de ocultar nuestros verdaderos motivos hasta el punto de dejar a Dios).

16. ¿Qué nos pasa cuando dejamos que el pecado gobierne en nuestras vidas? (II Reyes 5:26-27. Vemos que siempre habrán consecuencias y que el efecto del pecado es la destrucción. Para Giezi la consecuencia fue la lepra y la separación de la presencia de Eliseo. Para nosotros como cristianos vemos que del mismo modo nuestros pecados tienen consecuencias terrenales. La destrucción del pecado es la muerte y la separación de la presencia de Dios por toda la eternidad).

17. ¿Por qué no hay que preocuparnos por la riqueza y las finanzas? (No necesitamos preocuparnos por las ganancias financieras porque el Señor conoce nuestras necesidades y es capaz de suplir para ellas si le buscamos. Ver Filipenses 4:10-19 y I Timoteo 6:3-10).

18. ¿En dónde vemos a Jesús en esta historia? (Jesús es el que quita de nosotros la enfermedad del pecado. Él es quien sana a los leprosos y quien los sana por medio de su Cruz. El lavado en el Jordán es paralelo al mensaje de Pedro en Hechos 2:38 "Arrepentíos, y bautícese cada uno de vosotros en el nombre de Jesucristo para perdón de los pecados").

58. Asido de la Verdad
Ananías y Safira
Hechos 4:32 – 5:10

Hechos 4

[32] Y la multitud de los que habían creído era de un corazón y un alma; y ninguno decía ser suyo propio nada de lo que poseía, sino que tenían todas las cosas en común.[33] Y con gran poder los apóstoles daban testimonio de la resurrección del Señor Jesús, y abundante gracia era sobre todos ellos. [34] Así que no había entre ellos ningún necesitado; porque todos los que poseían heredades o casas, las vendían, y traían el precio de lo vendido, [35] y lo ponían a los pies de los apóstoles; y se repartía a cada uno según su necesidad.

[36] Entonces José, a quien los apóstoles pusieron por sobrenombre Bernabé (que traducido es, Hijo de consolación), levita, natural de Chipre, [37] como tenía una heredad, la vendió y trajo el precio y lo puso a los pies de los apóstoles.

Hechos 5

[1] Pero cierto hombre llamado Ananías, con Safira su mujer, vendió una heredad, [2] y sustrajo del precio, sabiéndolo también su mujer; y trayendo sólo una parte, la puso a los pies de los apóstoles.

[3] Y dijo Pedro: Ananías, ¿por qué llenó Satanás tu corazón para que mintieses al Espíritu Santo, y sustrajeses del precio de la heredad? [4] Reteniéndola, ¿no se te quedaba a ti? y vendida, ¿no estaba en tu poder? ¿Por qué pusiste esto en tu corazón? No has mentido a los hombres, sino a Dios.

[5] Al oír Ananías estas palabras, cayó y expiró. Y vino un gran temor sobre todos los que lo oyeron. [6] Y levantándose los jóvenes, lo envolvieron, y sacándolo, lo sepultaron. [7] Pasado un lapso como de tres horas, sucedió que entró su mujer, no sabiendo lo que había acontecido. [8] Entonces Pedro le dijo: Dime, ¿vendisteis en tanto la heredad? Y ella dijo: Sí, en tanto. [9] Y Pedro le dijo: ¿Por qué convinisteis en tentar al Espíritu del Señor? He aquí a la puerta los pies de los que han sepultado a tu marido, y te sacarán a ti. [10] Al instante ella cayó a los pies de él, y expiró; y cuando entraron los jóvenes, la hallaron muerta; y la sacaron, y la sepultaron junto a su marido.

Preguntas de Estudio: Asido de la Verdad
Hechos 4:32 – 5:10

Introducción:
Como cristianos, es esencial para nosotros el aferrarnos a la verdad porque esta es el carácter de Dios y la descripción de su Palabra. Jesús dijo a sus discípulos "Yo Soy la Verdad" (S. Juan 14:6), y oró al Padre diciendo "tu Palabra es verdad" (S. Juan 17:17). Jesús también describió a Satanás como el "padre de mentira" (S. Juan 8:44) y a aquellos que engañan como "hijos de Satanás". Cuando nuestro estilo de vida es consumido por mentiras, nos estamos uniendo con el carácter de este mundo y de nuestra carne y el maligno. El aferrarnos a la verdad es esencialmente el estar sujetos a Jesús y a su Palabra.

Objetivos:
Conocimiento
- Saber que la naturaleza, el carácter y la Palabra de Dios son verdad.
- Darnos cuenta que es un pecado el mentir, el desencaminar y el tergiversar pues es contrario al carácter de Dios.
- Reconocer que cuando no nos aferramos a la verdad en nuestra vida, todo se desmorona porque no hay una base firme.

Actitud
- Confiar humildemente en la verdad absoluta de la Palabra de Dios aun cuando no la entendamos por completo.
- Arrepentirnos de las mentiras en las que creemos y en las que vivimos.

Acciones
- Cuidar nuestras palabras.
- Hablar con la verdad en lo que decimos y en lo que hacemos.
- Exponer las mentiras en nuestra vida, en la de otros y en la de nuestra cultura en la que vivimos.

Versículos para Memorizar:
S. Juan 17:17 "Santifícalos en tu verdad; tu palabra es verdad."
Efesios 6:13-14 "Por tanto, tomad toda la armadura de Dios, para que podáis resistir en el día malo, y habiendo acabado todo, estar firmes. Estad, pues, firmes, ceñidos vuestros lomos con la verdad, y vestidos con la coraza de justicia."

Preguntas acerca de la Historia:

1. ¿Cómo mostraron los creyentes de la iglesia primitiva un sentido de comunidad en su comunión? (Hechos 4:32. Eran uno en corazón y pensamiento. Ninguno reclamaba las posesiones como propias sino que compartían todo lo que tenían).

2. ¿Qué diferencia hizo la verdad en aquella comunión de creyentes? (Hechos 4:32-36. Ésta reforzó la unidad del grupo, las necesidades del grupo fueron atendidas, todos fueron animados y hubo un gran poder obrando entre ellos).

3. ¿Qué es subrayable sobre que se compartía en la entre los primeros creyentes? (Hechos 4:32-35. Todos compartían lo que tenían).

4. ¿Cuál fue la diferencia entre cómo compartió José (Bernabé) y cómo compartieron Ananías y Safira? (Hechos 4:36 – 5:2. Bernabé dio de su corazón y fue enriquecido. Ananías y Safira se quedaron con una parte del dinero para sí mismo. Ellos mintieron sobre la cantidad de dinero que recibieron por la tierra. Sus planes ocultos eran destructivos para el grupo).

5. ¿De quién era la propiedad que Ananías y Safira vendieron? (Hechos 5:1. Aunque eran los dueños de la propiedad, ellos eran simplemente cuidadores de la tierra que Dios había creado y dado a los israelitas).

6. ¿Por qué la "pequeña mentira" de Ananías y Safira fue un gran problema? (Hechos 5:3. Mostró la verdadera condición de sus corazones y la obra de Satanás en sus vidas. No solo estaban mintiendo a los hombres, sino que también le mintieron a Dios).

7. ¿Cómo luce un corazón que ha sido lleno por Satanás? (Hechos 5:3. Este es egocéntrico, orgulloso, deseoso de reconocimiento, codicioso y no confía en el Señor).

8. ¿Por qué Ananías y Safira mintieron al Espíritu Santo? (Hechos 5:3-4. Le mintieron a Dios puesto que el Señor ve y sabe todo. El señor sabía que estaban pretendiendo ser amables, generosos y cuidadosos con otros).

9. ¿Cuál fue el resultado de que Pedro revelara la verdad sobre la mentira de Ananías y Safira? (Hechos 5:5,10. Cuando Ananías y Safira oyeron la verdad, ellos cayeron y murieron. Su muerte física en realidad mostró la muerte que viene del pecado. Es fácil pensar que el pecado es pequeño y que tiene consecuencias reales pequeñas, pero en realidad este nos separa de Dios).

10. ¿Qué es significativo sobre el temor que invadió a la gente? (Hechos 5:5. Les recordó la seriedad del pecado).

11. ¿Qué es significativo sobre la prueba que el Espíritu de Dios hizo en Safira? (Hechos 5:9-10. Ella no murió por los pecados de su esposo sino que admitió su participación en el complot).

Preguntas para Discusión:

1. ¿Cuál es nuestra respuesta cuando vemos las necesidades de aquellos en torno al cuerpo de Cristo? (Hechos 4:32-35).
2. ¿Nos sacrificamos para dar aquello que tenemos para ayudar a los que están en necesidad? (Hechos 4:32-35. A veces damos generosamente como la iglesia primitiva, pero también es fácil tener otros motivos).
3. ¿Quién es el dueño de lo que tenemos? (Hechos 4:32. De hecho, ninguna de nuestras posesiones son nuestras. No tenemos nada que no nos haya sido confiada por Dios. Ver I Corintios 4:7).
4. Cuando miramos a nuestras posesiones como si fueran nuestras ¿qué estamos haciendo en realidad? (Hechos 5:2. Estamos creando un ídolo y estamos poniéndolo primero que Dios. Confiamos en nosotros mismos en lugar de confiar en Jesús y le negamos a otros el regalo que el Señor planeó darles a través de nosotros. Ver S. Mateo 6:24).
5. Así como hizo Ananías ¿de qué maneras nos damos a nosotros mismos a medias a aquellos que están en necesidad, o a aquellos en comunión como nosotros? (Hechos 5:2. Podemos dar esperando recibir reconocimiento personal. Podemos dar aquello que no nos cuesta dar con motivos no sinceros).
6. ¿Por qué es difícil querer decir la verdad? (Esto señala nuestro pecado y nuestra culpa. Podemos ver la posibilidad de un beneficio a corto plazo en nuestras vidas, popularidad, ganancias temporales, etc. Pero nos olvidamos del hecho de que cada mentira será revelada cuando estemos ante Dios. Ver Santiago 3:5-6).
7. Cuando mentimos ¿con quién nos estamos igualando? (Hechos 5:3. Cuando mentimos nos igualamos con Satanás, quien es el "padre de mentira". Ver Génesis 3:4; S. Mateo 4:1; S. Juan 8:42-47).
8. ¿Por qué el mentir es una cosa tan seria ante los ojos de Dios? (Hechos 5:3-9. El mentir es una cosa muy seria ante los ojos de Dios porque es contraria a su naturaleza y opuesta a si mismo).
9. ¿Hay siempre una consecuencia del pecado? (Hechos 5:5-9. Siempre hay consecuencias del pecado. A veces hay consecuencias presentes. Sin embargo, para todos los que están sin Cristo, hay una consecuencia eterna, la separación de Dios).
10. ¿Cuál es nuestra defensa contra las mentiras de Satanás? (Hechos 4:33. La verdad de la Palabra de Dios, la resurrección de Jesús y la Gracia de Dios que "estaba sobre ellos". S. Juan 14:6 dice que Jesús es el camino la verdad y la vida. Él también oró por nosotros en S.

Juan 17:17. En Efesios 6:14 nos dice que nos ciñamos con la verdad).

59. Lento para Airarse
Nabal y Abigail
I Samuel 25:2-39

I Samuel 25

² Y en Maón había un hombre que tenía su hacienda en Carmel, el cual era muy rico, y tenía tres mil ovejas y mil cabras. Y aconteció que estaba esquilando sus ovejas en Carmel. ³ Y aquel varón se llamaba Nabal, y su mujer, Abigail. Era aquella mujer de buen entendimiento y de hermosa apariencia, pero el hombre era duro y de malas obras; y era del linaje de Caleb.

⁴ Y oyó David en el desierto que Nabal esquilaba sus ovejas. ⁵ Entonces envió David diez jóvenes y les dijo: Subid a Carmel e id a Nabal, y saludadle en mi nombre, ⁶ y decidle así: Sea paz a ti, y paz a tu familia, y paz a todo cuanto tienes.

⁷ He sabido que tienes esquiladores. Ahora, tus pastores han estado con nosotros; no les tratamos mal, ni les faltó nada en todo el tiempo que han estado en Carmel. ⁸ Pregunta a tus criados, y ellos te lo dirán. Hallen, por tanto, estos jóvenes gracia en tus ojos, porque hemos venido en buen día; te ruego que des lo que tuvieres a mano a tus siervos, y a tu hijo David.

⁹ Cuando llegaron los jóvenes enviados por David, dijeron a Nabal todas estas palabras en nombre de David, y callaron.

¹⁰ Y Nabal respondió a los jóvenes enviados por David, y dijo: ¿Quién es David, y quién es el hijo de Isaí? Muchos siervos hay hoy que huyen de sus señores. ¹¹ ¿He de tomar yo ahora mi pan, mi agua, y la carne que he preparado para mis esquiladores, y darla a hombres que no sé de dónde son?

¹² Y los jóvenes que había enviado David se volvieron por su camino, y vinieron y dijeron a David todas estas palabras. ¹³ Entonces David dijo a sus hombres: Cíñase cada uno su espada. Y se ciñó cada uno su espada y también David se ciñó su espada; y subieron tras David como cuatrocientos hombres, y dejaron doscientos con el bagaje.

¹⁴ Pero uno de los criados dio aviso a Abigail mujer de Nabal, diciendo: He aquí David envió mensajeros del desierto que saludasen a nuestro amo, y él los ha zaherido. ¹⁵ Y aquellos hombres han sido muy buenos con nosotros, y nunca nos trataron mal, ni nos faltó nada en todo el tiempo que anduvimos con ellos, cuando estábamos en el campo.

[16] Muro fueron para nosotros de día y de noche, todos los días que hemos estado con ellos apacentando las ovejas. [17] Ahora, pues, reflexiona y ve lo que has de hacer, porque el mal está ya resuelto contra nuestro amo y contra toda su casa; pues él es un hombre tan perverso, que no hay quien pueda hablarle. [18] Entonces Abigail tomó luego doscientos panes, dos cueros de vino, cinco ovejas guisadas, cinco medidas de grano tostado, cien racimos de uvas pasas, y doscientos panes de higos secos, y lo cargó todo en asnos. [19] Y dijo a sus criados: Id delante de mí, y yo os seguiré luego; y nada declaró a su marido Nabal.

[20] Y montando un asno, descendió por una parte secreta del monte; y he aquí David y sus hombres venían frente a ella, y ella les salió al encuentro. [21] Y David había dicho: Ciertamente en vano he guardado todo lo que éste tiene en el desierto, sin que nada le haya faltado de todo cuanto es suyo; y él me ha vuelto mal por bien. [22] Así haga Dios a los enemigos de David y aun les añada, que de aquí a mañana, de todo lo que fuere suyo no he de dejar con vida ni un varón. [23] Y cuando Abigail vio a David, se bajó prontamente del asno, y postrándose sobre su rostro delante de David, se inclinó a tierra; [24] y se echó a sus pies, y dijo: Señor mío, sobre mí sea el pecado; mas te ruego que permitas que tu sierva hable a tus oídos, y escucha las palabras de tu sierva. [25] No haga caso ahora mi señor de ese hombre perverso, de Nabal; porque conforme a su nombre, así es. El se llama Nabal, y la insensatez está con él; mas yo tu sierva no vi a los jóvenes que tú enviaste.

[26] Ahora pues, señor mío, vive Jehová, y vive tu alma, que Jehová te ha impedido el venir a derramar sangre y vengarte por tu propia mano. Sean, pues, como Nabal tus enemigos, y todos los que procuran mal contra mi señor. [27] Y ahora este presente que tu sierva ha traído a mi señor, sea dado a los hombres que siguen a mi señor. [28] Y yo te ruego que perdones a tu sierva esta ofensa; pues Jehová de cierto hará casa estable a mi señor, por cuanto mi señor pelea las batallas de Jehová, y mal no se ha hallado en ti en tus días. [29] Aunque alguien se haya levantado para perseguirte y atentar contra tu vida, con todo, la vida de mi señor será ligada en el haz de los que viven delante de Jehová tu Dios, y él arrojará la vida de tus enemigos como de en medio de la palma de una honda. [30] Y acontecerá que cuando Jehová haga con mi señor conforme a todo el bien que ha hablado de ti, y te establezca por príncipe sobre Israel, [31] entonces, señor mío, no tendrás motivo de pena ni remordimientos por haber derramado sangre sin causa, o por haberte vengado por ti mismo. Guárdese, pues, mi señor, y cuando Jehová haga bien a mi señor, acuérdate de tu sierva.

³² Y dijo David a Abigail: Bendito sea Jehová Dios de Israel, que te envió para que hoy me encontrases. ³³ Y bendito sea tu razonamiento, y bendita tú, que me has estorbado hoy de ir a derramar sangre, y a vengarme por mi propia mano. ³⁴ Porque vive Jehová Dios de Israel que me ha defendido de hacerte mal, que si no te hubieras dado prisa en venir a mi encuentro, de aquí a mañana no le hubiera quedado con vida a Nabal ni un varón.

³⁵ Y recibió David de su mano lo que le había traído, y le dijo: Sube en paz a tu casa, y mira que he oído tu voz, y te he tenido respeto.

³⁶ Y Abigail volvió a Nabal, y he aquí que él tenía banquete en su casa como banquete de rey; y el corazón de Nabal estaba alegre, y estaba completamente ebrio, por lo cual ella no le declaró cosa alguna hasta el día siguiente. ³⁷ Pero por la mañana, cuando ya a Nabal se le habían pasado los efectos del vino, le refirió su mujer estas cosas; y desmayó su corazón en él, y se quedó como una piedra. ³⁸ Y diez días después, Jehová hirió a Nabal, y murió.

³⁹ Luego que David oyó que Nabal había muerto, dijo: Bendito sea Jehová, que juzgó la causa de mi afrenta recibida de mano de Nabal, y ha preservado del mal a su siervo; y Jehová ha vuelto la maldad de Nabal sobre su propia cabeza. Después envió David a hablar con Abigail, para tomarla por su mujer.

Preguntas de Estudio: Lento para Airarse
I Samuel 25:2-39

Introducción:
La ira es una emoción que pude rápidamente controlar y capturar las acciones de cualquiera, y al mismo tiempo puede guiar por malos caminos. Cuando estamos enojados respondemos de manera irracional y pecaminosa, sin el amor y la paz de Dios en nuestras vidas. El enojo en sí no es pecaminoso. Es posible enojarse en justicia (S. Juan 2:12-17). Sin embargo, a menudo no somos capaces de hacer diferencia por nosotros mismos a menos de que vayamos al Señor y su Palabra. No debemos ser prontos para la ira sino responder lenta y gentilmente para que el amor pueda irradiar de nuestras vidas.

Objetivos:
Conocimiento
- Entender cuán destructiva es la ira tanto para nosotros como para aquellos que nos rodean.
- Someterse al Señor y descansar nuestra esperanza en Él.
- Darse cuenta de la efectividad de abordar las situaciones difíciles calmada y humildemente.

Actitud
- Ser humildes y respetuosos hacia aquellos a nuestro alrededor aun cuando no estemos de acuerdo o cuando ellos sean provocativos y arrogantes.

Acciones
- Vivir nuestras vidas en paz y quietud con el mundo que nos rodea, pero siguiendo firmes y fuertes en nuestras convicciones.
- Vivir en temor y respeto por Dios, sabiendo que habremos de responderle con nuestras acciones.

Versículos para Memorizar:
Salmo 4:4 "Temblad, y no pequéis; Meditad en vuestro corazón estando en vuestra cama, y callad."
Santiago 1:19-20 "Por esto, mis amados hermanos, todo hombre sea pronto para oír, tardo para hablar, tardo para airarse; porque la ira del hombre no obra la justicia de Dios."

Preguntas acerca de la Historia:
1. ¿Por qué era conocido Nabal? (I Samuel 25:3, 14, 17, 25. Nabal era gruñón, de mal corazón, grosero, impío e insensato).

2. ¿Cómo se describe a Abigail? (I Samuel 25:3,18,23. Ella era hermosa, inteligente, ávida, humilde y sagaz).
3. ¿Qué es lo sobresaliente sobre la manera en la que David lidió con Nabal? (I Samuel 25:6-8. David y sus hombres mostraron respeto cuando llegaron a sus campos. David saludó a Nabal con honor y bendiciones. David pidió a Nabal aquello que éste voluntariamente quisiera darle).
4. ¿De qué manera la respuesta de Nabal hizo que David reaccionara con enojo? (I Samuel 25:10-11. La respuesta arrogante orgullosa y ofensiva de Nabal hizo que David se sitiera engañado, ofendido y deshonrado).
5. ¿Respondió David basándose en su enojo o en un juicio de parte de Dios? (I Samuel 25:22, 26-32. Aunque David reaccionó teniendo en mente la voluntad de Dios, fue el Señor quien lo protegió de un innecesario derramamiento de sangre provocado por una respuesta áspera. Ver Romanos 12:17-21).
6. ¿Qué efecto tuvieron las acciones de Abigail en esta situación? (I Samuel 25:18-19, 23. Su reacción fue dulce, generosa, amorosa y humilde de modo que detuvo a David y a sus hombres cuando pensaban atacar. La respuesta de Abigail disipó la ira de David y compensó la impiedad de Nabal).
7. ¿De qué forma las palabras de Abigail cambiaron la respuesta de David? (I Samuel 25:24-30. Ella tomó la responsabilidad y se disculpó por Nabal, enfatizó que el Señor estaba a cargo. Ella honró a David como señor, reconoció sus buenas acciones y honró su nombre. Apeló a lo que estaba por venir para David y a su conciencia, y lo contrasto con la insignificancia de esta situación).
8. ¿Cómo respondió David a Abigail? (I Samuel 25:36-37. Él adoró al Señor y reconoció que Abigail había sido enviada para evitar que se vengara. La escuchó y aceptó su regalo y la envió a casa en paz).
9. ¿Qué le mostró a Nabal la respuesta de Abigail? (I Samuel 25:36-37. Ella siguió mostrando respeto a Nabal cuando le dijo lo que había pasado el día anterior. Siguió confiando en el Señor como su juez y su defensor).
10. ¿Por qué David alabó al Señor cuando oyó de la muerte de Nabal? (I Samuel 25:39. David vio al Señor como el que había defendido su causa puesto que Nabal lo había tratado con afrenta. Dios había tenido en mente las malas acciones de Nabal).

Preguntas para Discusión:
1. ¿Cómo deberíamos ser descritos por aquellos a nuestro alrededor? (I Samuel 25:2-3. La gente debe conocernos por nuestro carácter. Este va delante de nosotros como testigo de cómo somos en el interior).

2. ¿Qué dice de nosotros la forma en la que reaccionamos con otros? (I Samuel 25:4-11. La manera en la que reaccionamos con la gente externamente es un reflejo de lo que está en nuestro corazón dentro de nosotros. En este texto podemos una amplia gama de reacciones y emociones. Fue la obra del Señor en el interior de Abigail y David lo que al final resplandeció. Ver Eclesiastés 7:9).

3. ¿Cómo podemos parecemos a Nabal cuando respondemos a la gente? (I Samuel 25:10-11. Podemos responder con codicia, interés propio y desinterés hacia los demás. Ver Eclesiastés 7:9).

4. ¿En qué formas podemos responder abruptamente en enojo al igual que David? (I Samuel 25:13. Podemos tratar de tomar venganza cuando hemos sido dañados. Podemos justificar nuestras acciones e incluso usar a Dios como razón para nuestra "justa ira". Ver Santiago 1:19-20; Efesios 2:26,31).

5. ¿Cómo luciría nuestra vida si respondiéramos como Abigail? (I Samuel 25:18-31. Consideraríamos cuidadosamente lo que sucede a nuestro alrededor y buscaríamos intervenir. Seríamos generosos y humildes, aceptando la responsabilidad de los problemas en lugar de culpar a otros. Mostraríamos respeto y honor cuando interactuáramos con otros).

6. Cuando respondemos con enojo ¿a quién terminamos afectando? (I Samuel 25:17. El desastre de nuestro pecado, especialmente la ira, termina afectando no solo a nosotros, sino también a quienes nos rodean).

7. ¿Cuál era la fuente del enojo de Nabal y David? (I Samuel 25:10-13. Esperaban algo diferente el uno del otro. David esperaba recibir comida a cambio de la protección que ofreció a los hombres de Nabal. Nabal decía que todo lo que tenía era suyo nada más y que no tenía por qué compartirlo).

8. ¿Qué tipo de vida quiere Dios que tengamos a fin de reflejar mejor a Cristo? (I Samuel 25:17-18. Dios no quiere que estemos llenos de ira sino que seamos lentos para la ira y llenos con el amor y la paz que sobrepasa todo entendimiento. Esto a fin de que cuando la gente mire a nuestras vidas ellos vean a Cristo reflejado. Ver Santiago 1:19-21; Éxodo 34:6).

9. ¿Cómo deberíamos reaccionar cuando vemos que quienes nos rodean comiencen a enojarse? (I Samuel 25:17-18. Al igual que Abigail, no debemos perder tiempo al reaccionar en amor y paz, enmendando incluso cuando no seamos directamente responsables por las acciones negativas que iniciaron el enojo. Ver Romanos 12:17-20; Efesios 4:26,31).

10. ¿Cuáles son algunas de las características de un pacificador? (I Samuel 25:18-28. Los pacificadores son sabios y humildes, mediadores, dadores, y animadores).

11. ¿De qué maneras podemos actuar como pacificadores entre aquellos que nos rodean? (I Samuel 25:18-31; podemos caminar en el Espíritu de Dios. Ver Gálatas 5:16-26).
12. ¿Cómo actuó Jesús cuando fue maltratado aún con todo el bien que dio? (Jesús siguió amando a aquellos que lo rodaban y no abrió su boca ni mostró enojo. Dejó que Dios fuera el Juez al final).
13. ¿Qué aprendemos sobre la Justicia de Dios en cuanto a los pecados de este pasaje? (I Samuel 25:38. El Señor siempre tendrá la última palabra respecto a cómo vivimos nuestras vidas. El único que puede salvarnos del juicio en ese día es Jesús. Jesús es aquel que, como Abigail, tomó la responsabilidad por nuestra insensatez. Él es quien nos remueve de la culpa por derramamiento de sangre y Él es quien hace paz para con Dios en nuestro lugar).

60. Buen Administrador del Hogar
María, José y Jesús – S. Lucas 2:39-52
Elí y Sus Hijos- I Samuel 2:12-26

S. Lucas 2

³⁹ Después de haber cumplido con todo lo prescrito en la ley del Señor, volvieron a Galilea, a su ciudad de Nazaret. ⁴⁰ Y el niño crecía y se fortalecía, y se llenaba de sabiduría; y la gracia de Dios era sobre él.

⁴¹ Iban sus padres todos los años a Jerusalén en la fiesta de la pascua; ⁴² y cuando tuvo doce años, subieron a Jerusalén conforme a la costumbre de la fiesta. ⁴³ Al regresar ellos, acabada la fiesta, se quedó el niño Jesús en Jerusalén, sin que lo supiesen José y su madre. ⁴⁴ Y pensando que estaba entre la compañía, anduvieron camino de un día; y le buscaban entre los parientes y los conocidos; ⁴⁵ pero como no le hallaron, volvieron a Jerusalén buscándole. ⁴⁶ Y aconteció que tres días después le hallaron en el templo, sentado en medio de los doctores de la ley, oyéndoles y preguntándoles. ⁴⁷ Y todos los que le oían, se maravillaban de su inteligencia y de sus respuestas. ⁴⁸ Cuando le vieron, se sorprendieron; y le dijo su madre: Hijo, ¿por qué nos has hecho así? He aquí, tu padre y yo te hemos buscado con angustia.

⁴⁹ Entonces él les dijo: ¿Por qué me buscabais? ¿No sabíais que en los negocios de mi Padre me es necesario estar? ⁵⁰ Mas ellos no entendieron las palabras que les habló.

⁵¹ Y descendió con ellos, y volvió a Nazaret, y estaba sujeto a ellos. Y su madre guardaba todas estas cosas en su corazón. ⁵² Y Jesús crecía en *sabiduría y en estatura, y en gracia para con Dios y los hombres*.

I Samuel 2

¹² Los hijos de Elí eran hombres impíos, y no tenían conocimiento de Jehová. ¹³ Y era costumbre de los sacerdotes con el pueblo, que cuando alguno ofrecía sacrificio, venía el criado del sacerdote mientras se cocía la carne, trayendo en su mano un garfio de tres dientes, ¹⁴ y lo metía en el perol, en la olla, en el caldero o en la marmita; y todo lo que sacaba el garfio, el sacerdote lo tomaba para sí. De esta manera hacían con todo israelita que venía a Silo. ¹⁵ Asimismo, antes de quemar la grosura, venía el criado del sacerdote, y decía al que sacrificaba: Da carne que asar para el sacerdote; porque no tomará de ti carne cocida, sino cruda.

¹⁶ Y si el hombre le respondía: Quemen la grosura primero, y después toma tanto como quieras; él respondía: No, sino dámela ahora mismo; de otra manera yo la tomaré por la fuerza.

¹⁷ Era, pues, muy grande delante de Jehová el pecado de los jóvenes; porque los hombres menospreciaban las ofrendas de Jehová.

¹⁸ Y el joven Samuel ministraba en la presencia de Jehová, vestido de un efod de lino. ¹⁹ Y le hacía su madre una túnica pequeña y se la traía cada año, cuando subía con su marido para ofrecer el sacrificio acostumbrado. ²⁰ Y Elí bendijo a Elcana y a su mujer, diciendo: Jehová te dé hijos de esta mujer en lugar del que pidió a Jehová. Y se volvieron a su casa. ²¹ Y visitó Jehová a Ana, y ella concibió, y dio a luz tres hijos y dos hijas. Y el joven Samuel crecía delante de Jehová.

²² Pero Elí era muy viejo; y oía de todo lo que sus hijos hacían con todo Israel, y cómo dormían con las mujeres que velaban a la puerta del tabernáculo de reunión. ²³ Y les dijo: ¿Por qué hacéis cosas semejantes? Porque yo oigo de todo este pueblo vuestros malos procederes. ²⁴ No, hijos míos, porque no es buena fama la que yo oigo; pues hacéis pecar al pueblo de Jehová. ²⁵ Si pecare el hombre contra el hombre, los jueces le juzgarán; mas si alguno pecare contra Jehová, ¿quién rogará por él? Pero ellos no oyeron la voz de su padre, porque Jehová había resuelto hacerlos morir.

²⁶ Y el joven Samuel iba creciendo, y era acepto delante de Dios y delante de los hombres.

Preguntas de Estudio: Buen Administrador del Hogar
S. Lucas 2:39-52 & I Samuel 2:12-26

Introducción:
Cuando se administra el hogar, es poco lo que un padre puede hacer para controlar el corazón de los otros miembros de su familia (esposa o hijos). Sin embargo, cuando la Palabra de dios es honrada en casa, el Señor nos cambia desde adentro. Cuando la Palabra de Dios es enseñada en el hogar, cuando la adoración es parte de la vida familiar y cuando el fruto del Espíritu de Dios está presente en nuestras vidas hay una gran diferencia en el hogar. El administrar bien el hogar significa poner a la Palabra de Dios en el centro y al Señor como el jefe de familia. Sin Dios como el Señor del casa, ésta se volverá una dictadura dirigida por el temor hacia el líder o una anarquía en donde cada uno hace lo que parece bien ante sus ojos. La Palabra de Dios es el instructivo para dirigir nuestra casa y para tener a Jesús como la cabeza.

Objetivos:
Conocimiento
- Entender la importancia de formar a la familia de acuerdo a la Palabra de Dios y educarlos en ella.
- Reconocer que solo Dios es la cabeza y administrador del hogar y que sólo Él puede cambiar nuestras vidas.

Actitud
- Confiar en el Señor con todo nuestro corazón y no depender en nuestro propio entendimiento.

Acciones
- Tener un balance entre amor y disciplina en el hogar.
- Buscar personalmente al Señor en primer lugar y entonces dirigir y guiar a la familia a centrarse en Él.

Versículos para Memorizar:
Salmo 127:1 "Si Jehová no edificare la casa, En vano trabajan los que la edifican; Si Jehová no guardare la ciudad, En vano vela la guardia."

Preguntas acerca de la Historia:
1. ¿Por qué se dice que José y María hicieron todo lo requerido por la Ley? (S. Lucas 2:39. Muestra que el Señor estaba obrando en sus corazones. Ellos obedecieron la Ley porque era un requisito, pero también porque Dios había puesto el deseo de hacerlo en sus corazones. En S. Lucas 1:38 María dijo "He aquí la sierva del Señor").

2. ¿Qué es lo subrayable sobre las referencias a José y María como padres? (S. Lucas 2:39-48. José y María trabajaban juntos para criar a Jesús. En repetidas ocasiones se les describe estando juntos).

3. ¿Cómo es descrito Jesús en el texto y qué lo hizo único? (S. Lucas 2:40. Él creció y se hizo fuerte. Fue lleno de sabiduría y la gracia de Dios estaba sobre Él. La sabiduría del Señor y su gracia hicieron la diferencia).

4. ¿Por qué es importante el hecho de que María y José iban a la fiesta de la Pascua en Jerusalén todos los años? (S. Lucas 2:41-42. La adoración al Señor era una prioridad en sus vidas para su familia. El ir a Jerusalén era recorrer un largo camino caminando desde Nazaret, no obstante, el celebrar la Pascua significaba recordar lo que el Señor había hecho para sacar a su pueblo de la esclavitud y para salvarlos de la muerte).

5. ¿Qué es lo subrayable sobre el hecho de que Jesús se quedó en el Templo en Jerusalén? (S. Lucas 2:43-49. Él quería estar ahí, sabía que ese era la casa de su Padre y escuchó y aprendió de los maestros ahí).

6. ¿Por qué la gente se maravilló de su entendimiento y sus respuestas? (S. Lucas 2:47. La sabiduría y la gracia de parte de Dios se mostró en su vida).

7. ¿Qué es lo significativo sobre el hecho de que Jesús fue con María y José de regreso a Nazaret? (S. Lucas 2:51. Él obedeció y se sometió a la autoridad de sus padres. Siguió creciendo en sabiduría, estatura y en gracia delante de Dios y de los hombres).

8. ¿Cómo se describe a los hijos de Elí? (I Samuel 2:12. Los hijos de Elí fueron descritos como hombres impíos que no tenían interés en el Señor. Aun cuando Elí era el sacerdote del Señor, sus hijos menospreciaron las ofrendas al Señor y se acostaban con las mujeres que servían al Señor).

9. ¿Qué demuestra el trato que le dieron a las ofrendas del Señor? (I Samuel 2:13-17. No las trataban como ofrendas a Dios sino como algo a lo que tenían derecho. Muestra que sus corazones eran duros e incrédulos. No se interesaron en Dios ni en darle honra).

10. ¿Qué demuestra el trato que dieron a las mujeres al servicio e la casa de Dios? (I Samuel 2:22. Su pecado y menosprecio por el Señor también estaba corrompiendo a otros).

11. ¿Por qué lo hijos del sacerdote Eli actuaban tan mal? ¿Qué faltaba? (I Samuel 2:22-25. Aunque Elí los confrontó, lo que ellos necesitaban era disciplina. Debieron haber sido removidos de su ministerio y ser castigados por su pecado mucho antes de que Elí se enterara por voz de la gente. La obra del Señor faltaba en sus vidas).

12. ¿Qué se hace evidente a partir de la respuesta de los hijos a la confrontación de su padre? (I Samuel 2:25. Ellos no lo escuchaban y el Señor les impedía ahora oír pues su voluntad era que murieran).

13. ¿Por qué hay un gran contraste entre el niño Samuel y los hijos de Elí? (I Samuel 2:18-21,26. Samuel ministraba, escuchaba y crecía en la presencia del Señor. Fue el Señor en su vida el que hizo toda la diferencia).

14. ¿Qué notamos de las últimas palabras que describen a Samuel y a Jesús? (I Samuel 2:25, S. Lucas 1:52. Ambos crecían en el Señor. Esto describe la diferencia que el Señor hace en el interior).

Preguntas para Discusión:

1. ¿Cómo debería lucir nuestra casa si estuviera bien administrada? (S. Lucas 2:39-40. Así como María y José, anhelar seguir la Palabra del Señor, sería nuestra costumbre ir a la casa del Señor para adorar, y nuestro hogar estaría lleno de la Gracia de Dios. Ver Efesios 6:1-4).

2. ¿Por qué es importante administrar nuestro hogar correctamente? (Ver I Timoteo 3:4-5).

3. ¿Cómo podemos trabajar junto con nuestro cónyuge para administrar nuestra casa? (S. Lucas 2:39,48. Debemos apoyarnos el uno al otro, orar juntos y estar unidos como familia. Ver Colosenses 3:17-21).

4. ¿Cuál es nuestro papel como padres al formar a nuestra familia o al administrarla correctamente? (S. Lucas 1:39-42. Nuestro papel comienza al pasar tiempo en la Palabra de Dios, en adoración y en ferviente oración con nuestros hijos. Continúa cuando amamos y disciplinamos correctamente. La disciplina sin amor provoca rebelión. El amor sin disciplina lleva a que los hijos hagan lo que quieran. Ver Deuteronomio 5:4-9).

5. ¿Cuál es el papel del Señor en el crecimiento de nuestros hijos? (S. Lucas 2:40. Es la gracia de Dios, un regalo, la que nos mueve, a nosotros o nuestros hijos, a seguirle. La evidencia de la obra de Dios en el corazón de una persona es el anhelo por el Señor y por crecer en Él. Es nuestra naturaleza pecadora la que se revela contra Dios y la que lo menosprecia. Ver Salmo 127:1).

6. El saber que es Dios el que debe obrar en nuestras vidas y nutrirnos con su gracia ¿Cómo debería afectar nuestra perspectiva de la paternidad? (S. Lucas 2:40. Debemos tratar de dar un ejemplo santo a nuestros hijos, pero al final debemos llevarlos a su verdadero Padre Celestial, nuestro Dios Todopoderoso, quien puede hacer mucho más que nosotros).

7. ¿Está nuestra familia centrada en la Palabra de Dios?

8. Mirando a la vida de Jesús como niño, ¿cuál debería ser el objetivo último que deberíamos tener para nuestros hijos mientras crecen?

(S. Lucas 2:51-52. Nuestro objetivo como padres es que nuestros hijos vivan en obediencia y que crezcan en conocimiento, estatura y gracia para con Dios y para con los hombres. Ver Proverbios 22:6)

9. Así como vimos en los hijos de Elí, ¿es suficiente el rodear a nuestros hijos con las cosas de Dios a fin de cambiar sus vidas? (El llevar a nuestros hijos a la iglesia y el rodearlos con cosas de Dios no es suficiente para cambiar sus vidas. vimos que los hijos de Elí cumplían con sus obligaciones como sacerdotes. Por el contrario, debemos estar en constante oración al Señor pidiendo que obre y ministre en las vidas de nuestros hijos. También debe haber intervención por parte de los padres en las vidas de sus hijos para ver cómo van en su caminar con el Señor. Ver Efesios 6:1-4; Proverbios 13:24).

10. ¿Qué tanto se involucró Eli en las vidas de sus hijos viendo que no sabía de sus acciones sino hasta que lo escuchó de los demás? (I Samuel 2:22-25. Puesto que fue solo hasta que Elí escuchó acerca de sus hijos que entonces los confrontó, es claro que Elí no estaba involucrado en sus vidas y que nos los responsabilizaba de su posición como sacerdotes).

11. Como Elí, si oímos que nuestros hijos viven o andan en pecado ¿cuál debería ser nuestra reacción? (I Samuel 2:22-25. Debemos confrontar a aquellos en el hogar, a quienes viven en pecado, y disciplinarlos con amor. Ellos necesitan de la Palabra, de la oración y de Jesús para que sus vidas se transformen. Ver Hebreos 2:5-11).

12. ¿Qué tanto tiempo y esfuerzo dedicamos a nuestra familia? ¿Saben nuestras esposas e hijos que los amamos?

61. No Pendenciero
Roboam
I Reyes 12:1-16

I Reyes 12

¹ Roboam fue a Siquem, porque todo Israel había venido a Siquem para hacerle rey.

² Y aconteció que cuando lo oyó Jeroboam hijo de Nabat, que aún estaba en Egipto, adonde había huido de delante del rey Salomón, y habitaba en Egipto, ³ enviaron a llamarle. Vino, pues, Jeroboam, y toda la congregación de Israel, y hablaron a Roboam, diciendo: ⁴ Tu padre agravó nuestro yugo, mas ahora disminuye tú algo de la dura servidumbre de tu padre, y del yugo pesado que puso sobre nosotros, y te serviremos. ⁵ Y él les dijo: Idos, y de aquí a tres días volved a mí. Y el pueblo se fue.

⁶ Entonces el rey Roboam pidió consejo de los ancianos que habían estado delante de Salomón su padre cuando vivía, y dijo: ¿Cómo aconsejáis vosotros que responda a este pueblo? ⁷ Y ellos le hablaron diciendo: Si tú fueres hoy siervo de este pueblo y lo sirvieres, y respondiéndoles buenas palabras les hablares, ellos te servirán para siempre.

⁸ Pero él dejó el consejo que los ancianos le habían dado, y pidió consejo de los jóvenes que se habían criado con él, y estaban delante de él. ⁹ Y les dijo: ¿Cómo aconsejáis vosotros que respondamos a este pueblo, que me ha hablado diciendo: Disminuye algo del yugo que tu padre puso sobre nosotros? ¹⁰ Entonces los jóvenes que se habían criado con él le respondieron diciendo: Así hablarás a este pueblo que te ha dicho estas palabras: Tu padre agravó nuestro yugo, mas tú disminúyenos algo; así les hablarás: El menor dedo de los míos es más grueso que los lomos de mi padre. ¹¹ Ahora, pues, mi padre os cargó de pesado yugo, mas yo añadiré a vuestro yugo; mi padre os castigó con azotes, mas yo os castigaré con escorpiones.

¹² Al tercer día vino Jeroboam con todo el pueblo a Roboam, según el rey lo había mandado, diciendo: Volved a mí al tercer día. ¹³ Y el rey respondió al pueblo duramente, dejando el consejo que los ancianos le habían dado; ¹⁴ y les habló conforme al consejo de los jóvenes, diciendo: Mi padre agravó vuestro yugo, pero yo añadiré a vuestro yugo; mi padre os castigó con azotes, mas yo os castigaré con escorpiones.

[15] Y no oyó el rey al pueblo; porque era designio de Jehová para confirmar la palabra que Jehová había hablado por medio de Ahías silonita a Jeroboam hijo de Nabat. [16] Cuando todo el pueblo vio que el rey no les había oído, le respondió estas palabras, diciendo:

¿Qué parte tenemos nosotros con David? No tenemos heredad en el hijo de Isaí. !!Israel, a tus tiendas! ¡Provee ahora en tu casa, David! Entonces Israel se fue a sus tiendas.

Preguntas de Estudio: No Contencioso
II Reyes 12:1-16

Introducción:
Muchas veces en nuestras vidas queremos que todo se haga a nuestro modo y para nuestro propio placer. Esta actitud pecadora muchas veces muestra por sí misma, egoísmo, pleito y agresión. Vemos esta misma actitud en la vida de Roboam cuando se apoderó de la posición de rey por sobre Israel. Roboam era el hijo del rey Salomón, quien había usado a la gente para construir muchos edificios grandiosos. En vez de escuchar al pueblo y trabajar con ellos, él se levantó contra ellos. Prefirió escuchar al concejo y trajo con ello conflicto en vez de reconciliación entre él y el pueblo. Jesús también fue Rey del linaje del rey David, pero a diferencia de Roboam, Él no abrió su boca cuando estuvo en problemas. Jesús el Rey se hizo siervo del pueblo hasta morir por ellos. Tres días después, Jesús se levantó como el Eterno Rey de paz y espera la oportunidad para reinar en nuestras vidas.

Objetivos:
    Conocimiento
- Entender la profundidad de nuestra naturaleza pecadora y egoísta.
- Darse cuenta de que el apoyar y servir a otros nos traerá éxito. Al estorbarlos, perderemos su respeto.

    Actitud
- Tener amor, compasión y misericordia por aquellos que nos apoyan, sabiendo que todos juntos formamos un cuerpo en el que cada parte es importante.

    Acciones
- Trabajar con la gente y no contra ellos.
- Servir a aquellos por sobre nosotros y bajo nosotros.
- Tratar a otros de la misma manera en la que nos gustaría ser tratados.

Versículo para Memorizar:
II Timoteo 2:24 "Porque el siervo del Señor no debe ser contencioso, sino amable para con todos, apto para enseñar, sufrido."

Preguntas acerca de la Historia:
1. ¿Qué parte del título "rey" nos causa problemas? (I Reyes 12:1. Es un título que sugiere que una persona tiene control o dominio sobre otros. Un rey tiene un reino y súbditos, lo que significa posesión y obediencia. Este es un título que da la idea de orgullo y arrogancia de parte del rey).

2. ¿Qué sugiere el hecho de que todos los israelitas fueran a Siquem para hacer rey a Roboam? (I Reyes 12:1. Sugiere que se veían a sí mismos como si estuvieran a cargo, como aquellos que debían elegir a la persona que los gobernaría o elegir a aquellos que lo elegirían).
3. ¿Cómo causó conflicto esta situación? (I Reyes 12:1-5. Ambos lados trataban de controlar la situación en lugar de servir y prestar atención los unos a los otros).
4. ¿Eran correctas las peticiones de la gente? ¿Porqué? (I Reyes 12:4. Es razonable que el pueblo sintiera la necesidad de aligerar su pesada labor. También es cierto que cuando a la gente se le da libertad, ellos tienden a abusar de ella).
5. ¿Qué nos muestra la búsqueda de consejo de Roboam? (I Reyes 12:6-10. Muestra su necesidad de consejo de parte de los demás, su madurez como líder al escuchar a los jóvenes, y su egoísmo como persona al querer controlarlos).
6. ¿Por qué Roboam rechazó el consejo de los ancianos? (I Reyes 12:7-8. El título de "rey" implica que las personas son siervos. Roboam quería que la gente lo sirviera en vez de él servirlos. El orgullo puede estorbar el camino de un sabio consejo).
7. ¿De qué manera fue divisorio el consejo de los jóvenes? (I Reyes 12:8. Roboam habría tenido que forzar a los israelitas a seguirlo. No había consideración hacia los israelitas. No hubo consideración con las consecuencias).
8. ¿De qué maneras el liderazgo de Roboam produjo disputas? (Él consultó a los ancianos pero ignoró completamente lo que le dijeron. Falló en escuchar a la gente cuando decidió satisfacer sus propios intereses. Entonces, cuando al fin se dirigió a la gente, les habló con mucha aspereza).
9. ¿De qué manera habría podido Roboam traer paz en este conflicto en lugar de división? (Pudo haber escuchado el consejo de los ancianos. Pudo haber preguntado al pueblo cómo podría ayudarles en lugar de añadirles cargas. Pudo haber respondido con gentileza y con compasión).
10. ¿Cuál fue el resultado de la áspera respuesta de Roboam hacia el pueblo de Israel? (I Reyes 12:16. El pueblo regresó a sus tiendas y la fuerza del pueblo de Israel se dividió).

Preguntas para Discusión:
1. ¿de qué maneras nos ponemos a nosotros mismo por sobre los demás? (I Reyes 12:1. Podemos usar títulos para elevarnos a nosotros mismos. Nuestra actitud hacia los demás puede ser arrogante. Podemos hacer que la gente venga a nosotros o espere por nosotros).

2. ¿En qué momentos tratamos de controlar las situaciones? (I Reyes 12:1-5. Lo hacemos cuando tratamos de resistir a las autoridades que el Señor ha puesto sobre nosotros y cuando decimos a otros qué hacer. Incluso cuando tratamos de decirle a Dios qué hacer).

3. ¿Cómo podemos traer paz a las situaciones en lugar de ser contenciosos? (I Reyes 12:7. Podemos ser siervos de la gente en lugar de exigir o esperar que las cosas se hagan a nuestro modo. Podemos responder gentilmente y no esperar tanto de las personas. Podemos escuchar consejos santos y buscar al Señor).

4. ¿Cómo podemos mostrar nuestro respeto hacia aquellos que nos rodean? ¿cómo podemos servirlos?

5. Como líderes ¿qué podemos hacer para motivar a aquellos bajo nuestra autoridad en el trabajo para ir a un objetivo común?

6. ¿Qué tipo de consejo debería buscar un Cristiano? (I Reyes 12:7-11. Primero, deberíamos buscar el consejo que va de acuerdo a la Palabra de Dios. En segundo lugar, debemos escuchar a aquellos que Dios ha bendecido en algún área específica y con algún antecedente especial. Ver II Timoteo 2:23-24).

7. ¿De qué forma alimentamos una confrontación o una discusión cuando no escuchamos?

8. ¿Cuál es la consecuencia última de un liderazgo áspero, impulsivo y conflictivo? (I Reyes 12:16. Vemos que la gente bajo tal liderazgo pierden su sentido de pertenencia y empeño a la organización como un todo. Quienes se quedan, no se esfuerzan por hacer lo mejor sino que buscan hacer lo mínimo. El resultado es un reino dividido).

9. ¿Cómo podemos derrotar a un espíritu contencioso? (Confiando en el Señor, orando, arrepintiéndonos, y por el fruto del Espíritu. Ver Gálatas 5:14, 22-23; S. Mateo 7:12; S. Lucas 10:27; Santiago 1:19).

10. ¿De qué forma la muerte de Jesús en la Cruz reconcilia y reúne a aquellos que están divididos? (Estamos separados de Dios por nuestro pecado y solo Cristo hace posible el re-unirnos con Él).

Proverbios sobre la contienda: 15:18; 17:14; 2:23; 26:20-21.
Proverbios sobre una esposa contenciosa: 21:9,19; 27:15-16.

62. Fidelidad en el Matrimonio
David y Betsabé
II Samuel 11:1-17, 26-27; 12:1-14

II Samuel 11

¹ Aconteció al año siguiente, en el tiempo que salen los reyes a la guerra, que David envió a Joab, y con él a sus siervos y a todo Israel, y destruyeron a los amonitas, y sitiaron a Rabá; pero David se quedó en Jerusalén.

² Y sucedió un día, al caer la tarde, que se levantó David de su lecho y se paseaba sobre el terrado de la casa real; y vio desde el terrado a una mujer que se estaba bañando, la cual era muy hermosa. ³ Envió David a preguntar por aquella mujer, y le dijeron: Aquella es Betsabé hija de Eliam, mujer de Urías heteo. ⁴ Y envió David mensajeros, y la tomó; y vino a él, y él durmió con ella. Luego ella se purificó de su inmundicia, y se volvió a su casa. ⁵ Y concibió la mujer, y envió a hacerlo saber a David, diciendo: Estoy encinta.

⁶ Entonces David envió a decir a Joab: Envíame a Urías heteo. Y Joab envió a Urías a David. ⁷ Cuando Urías vino a él, David le preguntó por la salud de Joab, y por la salud del pueblo, y por el estado de la guerra. ⁸ Después dijo David a Urías: Desciende a tu casa, y lava tus pies. Y saliendo Urías de la casa del rey, le fue enviado presente de la mesa real. ⁹ Mas Urías durmió a la puerta de la casa del rey con todos los siervos de su señor, y no descendió a su casa.

¹⁰ E hicieron saber esto a David, diciendo: Urías no ha descendido a su casa. Y dijo David a Urías: ¿No has venido de camino? ¿Por qué, pues, no descendiste a tu casa? ¹¹ Y Urías respondió a David: El arca e Israel y Judá están bajo tiendas, y mi señor Joab, y los siervos de mi señor, en el campo; ¿y había yo de entrar en mi casa para comer y beber, y a dormir con mi mujer? Por vida tuya, y por vida de tu alma, que yo no haré tal cosa.

¹² Y David dijo a Urías: Quédate aquí aún hoy, y mañana te despacharé. Y se quedó Urías en Jerusalén aquel día y el siguiente. ¹³ Y David lo convidó a comer y a beber con él, hasta embriagarlo. Y él salió a la tarde a dormir en su cama con los siervos de su señor; mas no descendió a su casa.

¹⁴ Venida la mañana, escribió David a Joab una carta, la cual envió por mano de Urías. ¹⁵ Y escribió en la carta, diciendo: Poned a Urías al frente, en lo más recio de la batalla, y retiraos de él, para que sea herido

y muera. [16] Así fue que cuando Joab sitió la ciudad, puso a Urías en el lugar donde sabía que estaban los hombres más valientes. [17] Y saliendo luego los de la ciudad, pelearon contra Joab, y cayeron algunos del ejército de los siervos de David; y murió también Urías heteo.[26] Oyendo la mujer de Urías que su marido Urías era muerto, hizo duelo por su marido. [27] Y pasado el luto, envió David y la trajo a su casa; y fue ella su mujer, y le dio a luz un hijo. Mas esto que David había hecho, fue desagradable ante los ojos de Jehová.

II Samuel 12

[1] Jehová envió a Natán a David; y viniendo a él, le dijo: Había dos hombres en una ciudad, el uno rico, y el otro pobre. [2] El rico tenía numerosas ovejas y vacas; [3] pero el pobre no tenía más que una sola corderita, que él había comprado y criado, y que había crecido con él y con sus hijos juntamente, comiendo de su bocado y bebiendo de su vaso, y durmiendo en su seno; y la tenía como a una hija.

[4] Y vino uno de camino al hombre rico; y éste no quiso tomar de sus ovejas y de sus vacas, para guisar para el caminante que había venido a él, sino que tomó la oveja de aquel hombre pobre, y la preparó para aquel que había venido a él. [5] Entonces se encendió el furor de David en gran manera contra aquel hombre, y dijo a Natán: Vive Jehová, que el que tal hizo es digno de muerte. [6] Y debe pagar la cordera con cuatro tantos, porque hizo tal cosa, y no tuvo misericordia.

[7] Entonces dijo Natán a David: Tú eres aquel hombre. Así ha dicho Jehová, Dios de Israel: Yo te ungí por rey sobre Israel, y te libré de la mano de Saúl, [8] y te di la casa de tu señor, y las mujeres de tu señor en tu seno; además te di la casa de Israel y de Judá; y si esto fuera poco, te habría añadido mucho más. [9] ¿Por qué, pues, tuviste en poco la palabra de Jehová, haciendo lo malo delante de sus ojos? A Urías heteo heriste a espada, y tomaste por mujer a su mujer, y a él lo mataste con la espada de los hijos de Amón. [10] Por lo cual ahora no se apartará jamás de tu casa la espada, por cuanto me menospreciaste, y tomaste la mujer de Urías heteo para que fuese tu mujer.

[11] Así ha dicho Jehová: He aquí yo haré levantar el mal sobre ti de tu misma casa, y tomaré tus mujeres delante de tus ojos, y las daré a tu prójimo, el cual yacerá con tus mujeres a la vista del sol. [12] Porque tú lo hiciste en secreto; mas yo haré esto delante de todo Israel y a pleno sol. [13] Entonces dijo David a Natán: Pequé contra Jehová. Y Natán dijo a David: También Jehová ha remitido tu pecado; no morirás. [14] Mas por cuanto con este asunto hiciste blasfemar a los enemigos de Jehová, el hijo que te ha nacido ciertamente morirá.

Preguntas de Estudio: Fidelidad en el Matrimonio
II Samuel 11:1-17, 26-27; 12:1-14

Introducción:

El matrimonio es una institución sagrada comisionada por Dios para que un hombre y una mujer se unan y se vuelvan una sola carne. El matrimonio nos es dado también como ejemplo de la relación del creyente con Jesús. Tristemente, los matrimonios están bajo ataque en nuestro mundo. El mundo, nuestra propia carne, y Satanás están contra nosotros y desean destruir nuestros matrimonios. Aun así, nosotros nos convertimos en nuestros propios enemigos si permitimos que la tentación rompa promesas, o que el enojo entre a nuestras vidas y destruya nuestros matrimonios. Debemos proteger nuestros matrimonios a través de una buena comunicación, con responsabilidad y teniendo a Cristo como centro.

Objetivos:

Conocimiento
- Entender que Dios detesta el divorcio. Que lo que Dios ha unido, no lo separe el hombre.
- Entender que romper nuestros votos matrimoniales es una violación en contra nuestro cónyuge y contra Dios, quien nos unió.

Actitud
- Amar a nuestras esposas como Cristo amó a la Iglesia hasta el punto de morir por ella.
- Respetar a nuestro esposo como al Señor.

Acciones
- Tener buena comunicación con nuestro cónyuge y compromiso con algún amigo cercano.
- Sujetarse el uno al otro en reverencia a Cristo.
- Tener integridad en nuestro matrimonio y permanecer fieles hasta la muerte.

Versículo para Memorizar:

Efesios 5:33 "Por lo demás, cada uno de vosotros ame también a su mujer como a sí mismo; y la mujer respete a su marido."

Preguntas acerca de la Historia:

1. ¿Dónde comenzaron los errores de David y cómo se multiplicaron? (II Samuel 11:1-4. David envió a Joab junto con los hombres del rey y con toda la armada mientras que el permaneció en Jerusalén. Entonces, cuando vio a una mujer tomando un baño, el continuó mirando, admirando especialmente su belleza. El vistazo se

convirtió en una contemplación, y después una indagación, después una petición y finalmente una acción).

2. ¿Qué demuestra la caída en pecado de David? (II Samuel 11:1-4. David pensaba solo en él y no en el Señor, la guerra, el arca, sus fieles soldados, o siquiera las consecuencias de sus acciones).

3. ¿Cuál fue la actitud de David hacia Betsabé cuando ella se enteró de que estaba embarazada? (II Samuel 11:5. El siguió por el camino resbaloso, tratando de cubrir su pecado).

4. ¿Qué hizo David para tratar de cubrir su pecado? (II Samuel 11:6-7. Envió a Urías a batalla, trató de hacerlo dormir con su esposa, trató de embriagarlo para que fuera a casa, y finalmente escribió el certificado de muerte de Urías para ser llevada a cabo por Joab).

5. ¿De qué manera mostró integridad Urías? (II Samuel 11:6-16. Él obedeció todos los mandatos del rey y no gozaría de los placeres de estar en casa cuando "El arca e Israel y Judá *estaban* bajo tiendas").

6. ¿Qué mandamientos rompió David? ("No codiciarás la mujer de tu prójimo," "no cometerás adulterio," "no hablarás contra tu prójimo falso testimonio," "no matarás," "no tendrás dioses ajenos delante de mí").

7. ¿Qué pasó con Betsabé después de que Urías murió? (II Samuel 11:17-27. Lloró la muerte de su esposo y después de que el tiempo de duelo terminó, David la llevó a su casa).

8. ¿Cuál fue la reacción del Señor hacia David? (II Samuel 11:27. El Señor no se agradó de lo que David había hecho).

9. ¿Por qué el Señor envió a Natán a David? (II Samuel 12:1. El Señor envió a Natán para convencer a David de su pecado y para pronunciar juicio en contra suya por aquello que había hecho).

10. ¿Por qué David reaccionó tan enérgicamente a la historia? (II Samuel 21:5-6. David había sido un pastor y sabía lo que significaba cuidar de una oveja en específico. En su enojo hacia lo que había pasado con la oveja, David pronunció su propio juicio de muerte).

11. ¿Cuáles serían las consecuencias hacia David por sus acciones? (II Samuel 12:10-14. La espada jamás se apartaría de su casa, calamidades vendrían sobre él, otro hombre dormiría con sus esposas, y el hijo que le daría Betsabé habría de morir).

12. ¿Cuál fue la reacción de David hacia la Palabra de parte del Señor? (II Samuel 12:13. David afmitió que había pecado contra el Señor, por tanto, Natán dijo que el Señor había quitado de él su pecado).

Preguntas para Discusión:

1. ¿En qué momentos pareciera que el pecado nos golpea con más frecuencia según se ve en la vida de David? (II Samuel 11:1. El

pecado viene a nosotros cuando no estamos en donde se supone que estemos. Cuando tenemos la guardia baja y no prestamos atención).

2. ¿Cómo se multiplica el pecado en nuestras vidas? (II Samuel 11:1-4. Así como David, el pecado inicia con un vistazo o con un pensamiento que dejamos que se vuelva un deseo y que no confrontamos con la Palabra de Dios. Pronto, el deseo se vuelve una actitud y entonces una acción. Ver S. Mateo 5:27-30).

3. En vez apartar nuestra atención del pecado ¿qué tan seguido continuamos andando hacia el pecado? (II Samuel 11:2-4. Como David, nosotros también dejamos que nuestros pensamientos, actitudes y acciones nos controlen en lugar de dar el control total de nuestras vidas al Señor).

4. ¿Cómo podemos guardarnos del pecado de lujuria y adulterio en nuestras vidas? (I Tesalonicenses 4:3-8; Hebreos 12:1-2).

5. Como cristianos ¿cuál debería ser nuestra reacción inmediata cuando somos tentados? (Debemos darnos la vuelta y huir de la tentación. Ver I Juan 1:9; Gálatas 5:16-25).

6. Mirando a la historia de David, Urías y Betsabé ¿qué podemos aprender sobre cuál es siempre el resultado del pecado en nuestra vida? (Podemos ver que el pecado siempre trae consigo más pecado, destrucción y muerte. Esta destrucción no siempre resulta física o en esta tierra, pero podemos estar seguros de que el siempre tendrá resultados espirituales).

7. ¿Qué aprendemos sobre la naturaleza silenciosa de la infidelidad marital? (II Samuel 11:6-17. El pecado de infidelidad marital podrá hacerse secreta y engañosamente, pero aun así Dios sabe lo que se hace en secreto y debemos presentarnos ante Él. Ver I Corintios 6:15-20).

8. Aun cuando nuestro pecado no sea expuesto a "nadie más," ¿quién es aquel ante quien estamos siempre presentes? ¿Cómo debería afectar nuestra vida? (El Señor siempre está al tanto de nuestro pecado, nuestras vidas son siempre un libro abierto ante Él. Debemos vivir nuestras vidas santa y reverentemente, recordando de que Él conoce todo y que debemos responder por todos nuestros pecados).

9. ¿Cómo podemos mantener nuestras relaciones con los demás de manera responsable y abierta?

10. ¿Qué vemos sobre el amor la compasión del Señor cuando envió al Profeta Natán a David? (II Samuel 12:1. Vemos que el Señor es misericordioso y compasivo con nosotros. Mientras que David continuaba en pecado, Dios envió al Profeta Natán para que le llevada la Palabra. Ver I Corintios 13:4-8).

11. ¿Qué vemos sobre el poder de Dios para convencer de pecado por su Palabra? (II Samuel 12:1-6, 13. Después de que Natán le contó a

David la historia referente a su pecado, David se enfureció y dijo que tal hombre merecería morir. Después de darse cuenta de que era él mismo, admitió su pecado).

12. ¿Qué aprendemos sobre la compasión del Señor para perdonar pecados? (II Samuel 12:13. Podemos saber que el Señor está dispuesto y es capaz de perdonar nuestros pecados cuando los confesamos ante Él, así como estuvo dispuesto a perdonar a David).

13. ¿Qué aprendemos acerca de las consecuencias del pecado aun después de que hemos pedido perdón de parte del Señor? (II Samuel 12:13-14. Aun cuando el Señor es justo para perdonar nuestros pecados y nos limpia de iniquidad, tenemos que enfrentar las consecuencias de pecado en nuestras vidas. Ver Proverbios 6:23-29).

14. ¿Cómo podemos fortalecer nuestros matrimonios? (Invierte amor y tiempo en tu cónyuge. Tengan devocionales diarios juntos. Ver Eclesiastés 4:9-12 y Efesios 5:22-26).

15. Puesto que el matrimonio es usado en la Biblia como un ejemplo de nuestra relación con Cristo ¿Cómo nos lleva este texto a Jesús? (Nosotros somos como David. Hemos sido infieles al esposo, Jesús. Aun así, Él es fiel y permanece comprometido con la relación de pacto que tiene con nosotros. Ver S. Mateo 19:5-6).

63. Siendo un Servidor
Jesús Lava los Pies de sus Discípulos
S. Juan 13:1-17

S. Juan 13

1 Antes de la fiesta de la pascua, sabiendo Jesús que su hora había llegado para que pasase de este mundo al Padre, como había amado a los suyos que estaban en el mundo, los amó hasta el fin.

2 Y cuando cenaban, como el diablo ya había puesto en el corazón de Judas Iscariote, hijo de Simón, que le entregase, 3 sabiendo Jesús que el Padre le había dado todas las cosas en las manos, y que había salido de Dios, y a Dios iba, 4 se levantó de la cena, y se quitó su manto, y tomando una toalla, se la ciñó. 5 Luego puso agua en un lebrillo, y comenzó a lavar los pies de los discípulos, y a enjugarlos con la toalla con que estaba ceñido.

6 Entonces vino a Simón Pedro; y Pedro le dijo: Señor, ¿tú me lavas los pies? 7 Respondió Jesús y le dijo: Lo que yo hago, tú no lo comprendes ahora; mas lo entenderás después. 8 Pedro le dijo: No me lavarás los pies jamás. Jesús le respondió: Si no te lavare, no tendrás parte conmigo. 9 Le dijo Simón Pedro: Señor, no sólo mis pies, sino también las manos y la cabeza.

10 Jesús le dijo: El que está lavado, no necesita sino lavarse los pies, pues está todo limpio; y vosotros limpios estáis, aunque no todos. 11 Porque sabía quién le iba a entregar; por eso dijo: No estáis limpios todos.

12 Así que, después que les hubo lavado los pies, tomó su manto, volvió a la mesa, y les dijo: ¿Sabéis lo que os he hecho? 13 Vosotros me llamáis Maestro, y Señor; y decís bien, porque lo soy. 14 Pues si yo, el Señor y el Maestro, he lavado vuestros pies, vosotros también debéis lavaros los pies los unos a los otros. 15 Porque ejemplo os he dado, para que como yo os he hecho, vosotros también hagáis. 16 De cierto, de cierto os digo: El siervo no es mayor que su señor, ni el enviado es mayor que el que le envió. 17 Si sabéis estas cosas, bienaventurados seréis si las hiciereis.

Preguntas de Estudio: Siendo un Servidor
S. Juan 13:1-17

Introducción:
Tener un espíritu de servicio es una de las cosas más difíciles de tener en nuestras vidas. Nuestra carne pecaminosa está llena de orgullo y egocentrismo. A veces queremos vernos a nosotros mismos siendo reconocidos en lugar de ser siervos. Sin embargo, Dios tiene un llamado diferente para nosotros. Somos llamados a amar a nuestro prójimo como a nosotros mismos. Al hacer esto, ejemplificamos a Cristo ante ellos. En Filipenses se dice que Jesús tomó la naturaleza de un siervo. Nos sirvió haciéndose obediente hasta la muerte y quitando nuestros pecados. Ahora, podemos servir a otros compartiéndoles del perdón, la esperanza y la Gracia de Dios.

Objetivos:
    Conocimiento
- Entender que "en cuanto lo hicisteis a uno de estos mis hermanos más pequeños, a mí lo hicisteis."
- Reconocer las necesidades reales que la gente tiene y orar para que el Señor nos dé amor por ellos.

    Actitud
- Considerar a otros en mejor estima que a nosotros y procurar su bienestar antes que el nuestro.
- Amar a nuestro prójimo como a nosotros mismos.

    Acciones
- Servir a otros como Cristo nos sirvió primero
- Mostrar expresiones de amor prácticas y tangibles

Versículos para Memorizar:
S. Mateo 23:12 "Porque el que se enaltece será humillado, y el que se humilla será enaltecido."
Filipenses 2:3-4 "Nada hagáis por contienda o por vanagloria; antes bien con humildad, estimando cada uno a los demás como superiores a él mismo; no mirando cada uno por lo suyo propio, sino cada cual también por lo de los otros."

Preguntas acerca de la Historia:
1. ¿Cuál era el propósito de Jesús al lavar los pies de sus discípulos? (S. Juan 13:1. Jesús quería mostrar a sus discípulos la dimensión completa de su amor).
2. ¿Cuál es la dimensión completa de su amor? (S. Juan 13:1. El texto refiere a Jesús lavando los pies de sus discípulos, pero esto era más que solo agua y una toalla. Judas el traidor, y Pedro quien le negó

estaban entre aquellos a quienes Jesús lavó los pies. La suciedad de sus pies era solo superficial. La inmundicia de sus propios pecados llegó a su corazón).

3. ¿Qué es resaltable sobre el hecho de que estuvieran celebrando la Pascua y que este evento sucediera la noche antes de que Jesús fuera crucificado? (S. Juan 13:1. La Pascua era la celebración del momento en el que el Ángel de la Muerte pasó de largo por las casas de los israelitas pues habían sacrificado un cordero y puesto su sangre en los dinteles de las puertas. Jesús sería el gran Cordero Pascual y su sangre en los dinteles de nuestras vidas es lo que nos libra de la muerte. Esta es la dimensión completa de su amor).

4. ¿Qué dijo Jesús a sus discípulos sobre Dios el Padre? (S. Juan 13:3. Jesús dijo que el Padre había puesto todas las cosas bajo su poder. Les dijo que Él había venido de Dios y que regresaría con Él).

5. Aun cuando Jesús tenía en sus manos el poder del Padre, ¿qué quiso hacer por sus discípulos para mostrarles la dimensión completa de su amor? (S. Juan 13:4-5. Jesús tomó el lugar de siervo para con sus discípulos tomando la toalla y el lebrillo para lavar y secar sus pies).

6. ¿Por qué Pedro reaccionó fuertemente cuando Jesús iba a lavar sus pies? (S. Juan 13:6. Debido a que Pedro pensaba que él debía ser el que lavara los pies de Jesús).

7. ¿Por qué Jesús dijo a Pedro que no tendría parte con Él? (S. Juan 13:8. Pedro debía aprender y vivir en papel de siervo. El camino de servidumbre nos hace uno con Jesús).

8. ¿Por qué Jesús lavó los pies de Judas aun cuando sabía lo que este haría después? (S. Juan 13:10-11. Jesús mostró la dimensión completa de su amor lavando los pies de quienes lo traicionarían).

9. Por qué Jesús puso el ejemplo para sus discípulos? (S. Juan 13:13. Lo hizo para que pudieran ver que las cosas funcionan de manera diferente en el Reino de Dios. El "maestro" o el "señor" no están por encima de los demás, sino que ellos son quienes sirven).

10. ¿Qué mandó Jesús a sus discípulos que hicieran después de que lavó sus pies? (S. Juan 13:14. Les dijo que también lavarían los pies de otros).

11. ¿Qué había dado Jesús a sus discípulos? (S. Juan 13:15. Jesús les había dado un ejemplo de lo que deberían hacer así como Él lo había hecho).

12. ¿Qué dijo Jesús a sus discípulos respecto a la obediencia a este su mandato? (S. Juan 13:17. Dijo que serían bendecidos si servían).

Preguntas para Discusión:
1. ¿Cómo podemos lavar los pies de la gente? (S. Juan 13:1. Podemos lavarles los pies literalmente, pero también podemos ayudarles con lo que sea que necesiten en sus vidas).

2. ¿Cómo podemos mostrar a la gente la dimensión completa del amor de Jesús? (S. Juan 13:1. Hay muchas formas en las que podemos servir a la gente, pero la dimensión completa del amor de Jesús va más allá de solo ayudarlo en sus necesidades. Su amor implica amar a nuestros enemigos, dar de nosotros mismos, y de Jesús).

3. ¿Qué implica para nosotros el que Jesús fuera el Cordero Pascual? (S. Juan 13:1. Jesús es nuestro Cordero Pascual, lo que significa que no hay por qué temer a la muerte, pues su sangre nos protege. Significa que fuimos perdonados una vez y para siempre).

4. Si estamos en una posición de autoridad por sobre alguien más, ¿Qué tiene para decirnos este texto? (S. Juan 13:3-5; 13-14. Si Jesús es nuestro siervo, entonces nosotros debemos ser siervos de todos también. Ver S. Marcos 10:45).

5. ¿Cómo se siete ser servido? ¿Responderías como Pedro? (S. Juan 13:6-9. Puede ser incómodo o extraño el que nos sirvan, especialmente si es alguien a quien vemos por encima de nosotros. También es posible dejar que el orgullo nos invada y esperemos que otros nos sirvan).

6. ¿Para quién es el rol de servir? (Para todos, ya sea que tengas una posición alta o baja. Jesús llama a todos los que son sus discípulos a tomar el rol de siervos).

7. ¿Hay alguna cualidad que nos indique a quiénes debemos servir? ¿Cómo trató Jesús a la gente a su alrededor? (S. Juan 13:6-11. Debemos servir a todos, aún a aquellos a quienes les negaríamos nuestro servicio, y aquellos que nos odian).

8. ¿Para quienes vivimos como ejemplo?

9. ¿Cuál es tu actitud hacia el servicio? (S. Mateo 23:1-12; S. Lucas 22:26-27; Filipenses 2:3-11; Colosenses 3:23-24; I Pedro 5:2).

10. ¿Qué carácter se muestra en tu vida cuando estas dispuesto a servir a aquellos a tu alrededor?

11. ¿Qué promete el Señor que resultará del servicio? (S. Juan 13:17. Jesús promete que seremos bendecidos si servimos. Esta bendición es, a final de cuentas, la dicha de ser como Cristo sirviendo a tu Padre Celestial. Ver S. Mateo 18:1-4).

12. ¿Cómo podemos servir a aquellos q a quienes Dios a colocado a nuestro alrededor?

64. No de Doble Ánimo
El Rey Ocozías
II Reyes 1:1-17

II Reyes

¹ Después de la muerte de Acab, se rebeló Moab contra Israel. ² Y Ocozías cayó por la ventana de una sala de la casa que tenía en Samaria; y estando enfermo, envió mensajeros, y les dijo: Id y consultad a Baal-zebub dios de Ecrón, si he de sanar de esta mi enfermedad.

³ Entonces el ángel de Jehová habló a Elías tisbita, diciendo: Levántate, y sube a encontrarte con los mensajeros del rey de Samaria, y diles: ¿No hay Dios en Israel, que vais a consultar a Baal-zebub dios de Ecrón? ⁴ Por tanto, así ha dicho Jehová: Del lecho en que estás no te levantarás, sino que ciertamente morirás. Y Elías se fue.

⁵ Cuando los mensajeros se volvieron al rey, él les dijo: ¿Por qué os habéis vuelto? ⁶ Ellos le respondieron: Encontramos a un varón que nos dijo: Id, y volveos al rey que os envió, y decidle: Así ha dicho Jehová: ¿No hay Dios en Israel, que tú envías a consultar a Baal-zebub dios de Ecrón? Por tanto, del lecho en que estás no te levantarás; de cierto morirás.

⁷ Entonces él les dijo: ¿Cómo era aquel varón que encontrasteis, y os dijo tales palabras? ⁸ Y ellos le respondieron: Un varón que tenía vestido de pelo, y ceñía sus lomos con un cinturón de cuero. Entonces él dijo: Es Elías tisbita.

⁹ Luego envió a él un capitán de cincuenta con sus cincuenta, el cual subió a donde él estaba; y he aquí que él estaba sentado en la cumbre del monte. Y el capitán le dijo: Varón de Dios, el rey ha dicho que desciendas. ¹⁰ Y Elías respondió y dijo al capitán de cincuenta: Si yo soy varón de Dios, descienda fuego del cielo, y consúmate con tus cincuenta. Y descendió fuego del cielo, que lo consumió a él y a sus cincuenta.

¹¹ Volvió el rey a enviar a él otro capitán de cincuenta con sus cincuenta; y le habló y dijo: Varón de Dios, el rey ha dicho así: Desciende pronto.¹² Y le respondió Elías y dijo: Si yo soy varón de Dios, descienda fuego del cielo, y consúmate con tus cincuenta. Y descendió fuego del cielo, y lo consumió a él y a sus cincuenta.

¹³ Volvió a enviar al tercer capitán de cincuenta con sus cincuenta; y subiendo aquel tercer capitán de cincuenta, se puso de rodillas delante de Elías y le rogó, diciendo: Varón de Dios, te ruego que sea de valor delante de tus ojos mi vida, y la vida de estos tus cincuenta siervos. ¹⁴ He aquí ha descendido fuego del cielo, y ha consumido a los dos primeros capitanes de cincuenta con sus cincuenta; sea estimada ahora mi vida delante de tus ojos. ¹⁵ Entonces el ángel de Jehová dijo a Elías: Desciende con él; no tengas miedo de él. Y él se levantó, y descendió con él al rey.

¹⁶ Y le dijo: Así ha dicho Jehová: Por cuanto enviaste mensajeros a consultar a Baal-zebub dios de Ecrón, ¿no hay Dios en Israel para consultar en su palabra? No te levantarás, por tanto, del lecho en que estás, sino que de cierto morirás. ¹⁷ Y murió conforme a la palabra de Jehová, que había hablado Elías. Reinó en su lugar Joram, en el segundo año de Joram hijo de Josafat, rey de Judá; porque Ocozías no tenía hijo.

Preguntas de Estudio: No Ser de Doble Ánimo
II Reyes 1:1-17

Introducción:

Buscamos al Señor cuando es conveniente para nosotros, pero entonces nos volteamos a otros "dioses" el resto del tiempo. No debemos titubear entre dos señores sino escoger aquel a quien serviremos en nuestras vidas. Jesús dijo "Ninguno puede servir á dos señores; porque o aborrecerá al uno y amará al otro, o estimará al uno y menospreciará al otro" S. Mateo 6:24. Ocozías era el hijo del rey Acab. Él siguió a otros dioses asó su madre Jezabel y su padre Acab habían hecho. Elías se encontró con el rey Acab en el Monte Carmelo para conrontarlo a él y a todo el pueblo de Israel por su comportamiento de doble ánimo. Elías había dicho: "¿Hasta cuándo claudicaréis vosotros entre dos pensamientos? Si Jehová es Dios, seguidle; y si Baal, id en pos de él." Y el pueblo no respondió palabra. El rey Ocozias sabía de Elías y estaba enterado del Dios de Israel, pero aún así fue en busca de respuestas de otros dioses.

Objetivos:

Conocimiento
- Entender que tenemos un solo Dios verdadero y no hay necesidad de buscar otros dioses, otras cosas, o nosotros mismos, para poner nuestra confianza.
- Conocer la voluntad de Dios a través de su Palabra.

Actitud
- Confiar en el Señor nuestro Dios en todos los aspectos de nuestra vida y rendir nuestro espíritu y corazón para seguirle solo a Él.

Acciones
- Buscar al Señor en tiempos de dificultad y bendición.
- Permanecer firmes en la convicción de Seguir al Señor y no descarriarse.

Versículo para Memorizar:

I Reyes 18:21 "Y acercándose Elías a todo el pueblo, dijo: ¿Hasta cuándo claudicaréis vosotros entre dos pensamientos? Si Jehová es Dios, seguidle; y si Baal, id en pos de él. Y el pueblo no respondió palabra."

Preguntas acerca de la Historia:

1. II Reyes inicia con una lista de problemas. ¿Qué es lo que sobresale y que es lo que falta? (II Reyes 1:1-2. La muerte de Acab, la rebelión de Moab y la herida de Ocozías son dificultades

123

que ocurren en la vida. Cuando estos problemas vinieron, ellos no buscaron la ayuda del Señor).

2. ¿Cómo fue Ocozías un rey de doble ánimo? (II Reyes 1: 1-2,9. El rey Ocozías gobernaba la tierra de Israel, el pueblo de Dios. Cuando tuvo problemas, decidió consultar a Baal-zebub, el dios de Ecron. Solo después de oír el mensaje del Señor a través de Elías, fue que mandó al profeta que viniera).

3. ¿Qué resulta interesante sobre la conversación que Elías tuvo con el ángel del Señor? (II Reyes 1:3-4. El ángel del Señor le dijo a Elías que los mensajeros vendrían, le dijo el propósito de su viaje, que el rey estaba en cama y que no se recuperaría).

4. ¿Por qué el Señor respondió a la pregunta del rey sobre su recuperación cuando ni siquiera le había preguntado? (II Reyes 1:4. Fue la gracia de Dios el enviar el mensaje. Era una oportunidad para que Ocozías se arrepintiera y pidiera la misericordia del Señor).

5. ¿Qué es notorio acerca del mensaje del Señor que habló Elías tanto a los mensajeros como al rey? (II Reyes 1:4,6,16. Él repitió el mismo mensaje, palabra por palabra, cada vez que fue hablado).

6. En lugar de arrepentirse y buscar la misericordia del Señor ¿cómo respondió el rey? (II Reyes 1:7-8. El rey se dio cuenta de que el mensaje había venido de Elías, el bien conocido profeta de Dios que había derrotado y matado a los 450 profetas de Baal bajo el reino de su padre. Sin embargo, en lugar de arrepentirse o pedir la ayuda de Elías, él envió hombres para arrestar al profeta).

7. ¿Cómo sabemos que el rey sabía de Elías y que se habían encontrado en el pasado? (II Reyes 1:8. El rey fue capaz de identificarlo basado solo en la descripción de su apariencia externa: un abrigo de piel y un cinturón de cuero).

8. ¿Por qué el rey envió tropas tres veces para arrestar a Elías? (II Reyes 1:9-15. El rey tenía un corazón duro y no reconocería al verdadero Dios viviente de Israel. Esto también muestra que el pueblo de Israel se había olvidado de la batalla del monte Carmelo y del poder de Dios ahí demostrado).

9. Si todos los capitanes reconocieron que Elías era un hombre de Dios ¿por qué los primeros dos le ordenaron a Elías que viniera? (II Reyes 1:9-12. Los primeros dos capitanes y el rey vieron a Elías como su siervo el cual debía obedecerles. Elías era un siervo del Rey de reyes y seguía solo a Dios).

10. ¿Cuál era el propósito del fuego que cayó desde el Cielo y mató a tanta gente? (II Reyes 1:9-12. El fuego del Cielo tendría que recordarle al rey de la batalla del monte Carmelo y del poder de Dios demostrado ahí. Aún los soldados sabían de la batalla entre el Señor y Baal, sin embargo, no quisieron escuchar).

11. ¿Qué diferencia hay en la respuesta del tercer capitán que llegó a hablar con Elías? (II Reyes 1:13-14. El tercer capitán vino humildemente, arrodillándose y reconociendo que eran siervos de Elías. El tercer capitán mostró respeto y honor, y reconoció que es al Señor a quien se debe temer y no a un simple rey).

12. ¿Qué permitió a Elías el levantarse e ir al rey? (II Reyes 1:15. El ángel del Señor vino a Elías y le dijo que fuera con los hombres del rey para verle).

13. ¿Qué le dijo Elías al rey cuando llegó? (II Reyes 1:16. Elías habló la Palabra del Señor, la misma Palabra que había hablado al rey anteriormente, diciéndole que habría de morir).

14. ¿Qué causó que el rey muriera? (II Reyes 1:17. Ocozías murió según la Palabra que habló el Señor a través de Elías).

Preguntas para Discusión:

1. ¿A qué o a quién recurres más rápidamente cuando tienes algún tipo de problema viniendo a tu vida?

2. ¿A quién escuchamos buscando dirección? (Escuchamos a la cultura popular, a los líderes terrenales o a nuestras ideas. En cambio, necesitamos oír al Señor a través de su Palabra. Hay muchas otras voces que tratan de separarnos del Señor).

3. ¿Qué podemos notar sobre ser un mensajero del Señor? ¿Qué tipo de mensaje nos daría el Señor para entregar? (II Reyes 1:4. El ser un mensajero del Señor puede ser duro y difícil pues el mensaje puede ser severo o de condenación. También puede ser difícil porque puede que la gente no quiera oírlo).

4. ¿Qué obra el Señor en nuestras vidas para que permanezcamos siendo de un solo ánimo? (II Reyes 1:3-4. Nos da su Palabra con los muchos relatos de su obra a través de la historia. Nos da Profetas que aplican esa Palabra y nos da a su Espíritu para mostrarnos nuestro pecado).

5. ¿Nos reconoce la gente como hombres o mujeres de Dios? ¿Nos ven que vivimos una doble vida? (II Reyes 1:6-8).

6. ¿De qué maneras podemos estar firmes por el Señor? (Así como Elías, debemos levantarnos en contra de otros dioses e ídolos del mundo. Debemos ser siervos del Señor y no ceder a las presiones de otros).

7. ¿Cuáles han sido algunas situaciones difíciles en las que has tenido que confiar en el Señor?

8. ¿Cómo discernimos entre cuando es un anhelo de parte del Señor y cuando es un deseo propio hacia otra persona? (II Reyes 1:15. Debemos escuchar al Señor a través de su Palabra y orar).

9. ¿Cómo puede ser consistente nuestra presentación de la Palabra de Señor? (Debemos seguir la Palabra de Dios sin ir ni a la derecha no a la izquierda. Debe ser fiel y libre de adiciones o sustracciones).

10. ¿Qué podemos ver de la fidelidad del Señor en su Palabra? (II Reyes 1:17. Vemos que el Señor es fiel a su Palabra, viendo como se cumple lo que Él dice que pasará. Esto debe animarnos pues así sabemos que podemos descansar en la Palabra de Dios y en sus promesas para nuestras vidas).

11. ¿Qué significa ser de doble ánimo? (Ver S. Mateo 23:27-28; Santiago 3:9-12. Ser de doble ánimo es decir una cosa y hacer otra, o vivir dos vidas diferentes).

12. Como en el caso de Ocozías, ¿cuáles son otros "dioses" hacia quienes viramos nuestras vidas?

13. ¿Qué opina el Señor del doble ánimo? (Ver I Juan 2:15-17; Santiago 4:4. Cualquiera que decide ser amigo del mundo, vive como enemigo de Dios, y el amor de Dios no está en él).

14. ¿Cómo deberíamos vivir como cristianos cuando nos enfrentamos a la tentación del doble ánimo? (Ver Josué 24:24-25; I Reyes 18:21; Proverbios 3:5-6; S. Lucas 16:13).

15. ¿Cuál ha sido el objetivo de un solo ánimo del Señor desde el principio? (Él ha deseado una relación con su pueblo. Jesús tomó en la cruz el fuego de la ira de Dios por nuestro pecado a fin de hacer esa relación posible).

65. Ganancia Honesta
Simón el Mago
Hechos 8:9-25

Hechos 8

⁹ Pero había un hombre llamado Simón, que antes ejercía la magia en aquella ciudad, y había engañado a la gente de Samaria, haciéndose pasar por algún grande. ¹⁰ A éste oían atentamente todos, desde el más pequeño hasta el más grande, diciendo: Este es el gran poder de Dios. ¹¹ Y le estaban atentos, porque con sus artes mágicas les había engañado mucho tiempo. ¹² Pero cuando creyeron a Felipe, que anunciaba el evangelio del reino de Dios y el nombre de Jesucristo, se bautizaban hombres y mujeres. ¹³ También creyó Simón mismo, y habiéndose bautizado, estaba siempre con Felipe; y viendo las señales y grandes milagros que se hacían, estaba atónito.

¹⁴ Cuando los apóstoles que estaban en Jerusalén oyeron que Samaria había recibido la palabra de Dios, enviaron allá a Pedro y a Juan; ¹⁵ los cuales, habiendo venido, oraron por ellos para que recibiesen el Espíritu Santo; ¹⁶ porque aún no había descendido sobre ninguno de ellos, sino que solamente habían sido bautizados en el nombre de Jesús. ¹⁷ Entonces les imponían las manos, y recibían el Espíritu Santo.

¹⁸ Cuando vio Simón que por la imposición de las manos de los apóstoles se daba el Espíritu Santo, les ofreció dinero, ¹⁹ diciendo: Dadme también a mí este poder, para que cualquiera a quien yo impusiere las manos reciba el Espíritu Santo.

²⁰ Entonces Pedro le dijo: Tu dinero perezca contigo, porque has pensado que el don de Dios se obtiene con dinero. ²¹ No tienes tú parte ni suerte en este asunto, porque tu corazón no es recto delante de Dios.²² Arrepiéntete, pues, de esta tu maldad, y ruega a Dios, si quizá te sea perdonado el pensamiento de tu corazón; ²³ porque en hiel de amargura y en prisión de maldad veo que estás.

²⁴ Respondiendo entonces Simón, dijo: Rogad vosotros por mí al Señor, para que nada de esto que habéis dicho venga sobre mí.

²⁵ Y ellos, habiendo testificado y hablado la palabra de Dios, se volvieron a Jerusalén, y en muchas poblaciones de los samaritanos anunciaron el evangelio.

Preguntas de Estudio: Ganancia Honesta
Hechos 8:9-25

Introducción:

Simón había asombrado a muchos con su brujería y magia. Se había convertido en un asunto de prestigio, poder y dinero. Cuando trató de hacer lo mismo con las curaciones del Espíritu Santo, recibió un fuerte reproche de Pedro. En la fe Cristiana, los hombres y las mujeres hacen lo mismo cuando tratan de controlar a la gente o a la obra de Dios para beneficio propio. Puede ser para ganar dinero, popularidad o poder. Es cierto que la ganancia eterna y duradera puede venir solo a través de Jesús y lo que ha hecho por nosotros. Si miramos nuestro interior, veremos que no hay nada de que alardear, sino solo nuestras flaquezas y nuestra necesidad del Señor. Simón el mago fue un hombre que buscaba atención y estaba cautivado por diferentes tipos de "poder." Así como pasa con nosotros, vemos que su sed de poder y su interés en ganar le trajeron problemas.

Objetivos:

Conocimiento
- Entender que toda buena dádiva y todo don perfecto viene del Padre y no de nuestros propios esfuerzos.
- Darse cuenta de que la verdadera ganancia es aquella obra hecha por el Reino de Dios.

Actitud
- Creer que hay poder en las cosas de Dios, pero el propósito de éste es honrar a Dios y no a nosotros.
- Creer que Dios debe crecer y nosotros decrecer.

Acciones
- Llevar a las personas hacia Jesús en todo, para que esto de honra y gloria a su Nombre.
- No hacer aquello que venga de ambiciones egoístas o vanagloria.

Versículos para Memorizar:

S. Juan 3:30 "Es necesario que él crezca, pero que yo mengüe."
II Corintios 10:17-18 "Mas el que se gloría, gloríese en el Señor; porque no es aprobado el que se alaba a sí mismo, sino aquel a quien Dios alaba."

Preguntas acerca de la Historia:
1. ¿Qué sabemos de Felipe? (Hechos 8:9-13. Felipe predicó las Buenas Nuevas del Reino de Dios y el Nombre de Jesús y no su propio nombre. Felipe traía a las personas hacia el Reino de

Dios por medio de la fe y el bautismo. Felipe también hizo grandes señales y milagros para la gloria de Dios).
2. ¿Cómo se compara Simón con Felipe? (Hechos 8:9-10. Simón había practicado la brujería y la magia por un largo tiempo. Alardeaba de sí mismo y la gente lo reconocía como el "gran poder." Sus acciones eran solo magia).
3. ¿Cuál es la diferencia entre las obras de Simón y las obras de Felipe? (Hechos 8:9-13. Simón solo hacía las cosas que podía hacer. Felipe no hacía nada en sus propias fuerzas, hacía la obra de Dios, para la gloria de Dios y para el Reino de Dios).
4. ¿Qué es lo interesante sobre que Samaria aceptara la Palabra de Dios? (Hechos 8:14-17. Los samaritanos y aquellos de Jerusalén se odiaban desde antes. El discípulo Juan incluso pidió que fuego descendiera sobre los samaritanos. Ahora, Pedro y Juan oraban para que el Espíritu Santo viniera sobre ellos, bautizándolos e imponiéndoles las manos).
5. ¿Cómo es que Dios usa individuos, pero el trabajo que se realiza es completamente obra del Señor? (Hechos 8:15-17. El Señor sí usa a individuos para que sean parte de algo que sólo Él puede hacer. Los Apóstoles no podían controlar al Espíritu Santo, pero aún así el Espíritu quiso usarlos. Felipe no podía hacer ningún gran milagro, pero aún así Dios hizo grandes señales y milagro a través de él).
6. ¿Qué fue lo incorrecto en el deseo de Simón y de su petición? (Hechos 8:18-19. Simón pensó podía comprar aquello que era un regalo. Pensó que podía controlar aquello que estaba solo en las manos de Dios. Dijo "dadme también a mí este poder" refiriéndose a algo que no podía poseer).
7. ¿Qué era lo que en realidad Simón estaba diciendo sobre las cosas de Dios al ofrecer un precio por ellas? (Hechos 8:18-20. Sin pensar que las cosas de Dios son invaluables, Simón estaba diciendo indirectamente que ellas tenían un "precio" y un "valor limitado").
8. ¿Qué nos dice el duro reproche de Pedro? (Hechos 8:20-21. Si pudiéramos comprar al Espíritu Santo, entonces no sería un regalo. La participación en el ministerio es un asunto del corazón ante Dios, y no una obra del hombre. Los pecados de un corazón corrompen la obra de Dios).
9. ¿Cuál fue la solución a la situación de Simón? (Hechos 8:22-23. Arrepentirse y orar al Señor. La única solución es regresar a Señor y pedir perdón por los pensamientos del corazón. Solo Jesús puede liberarlo de la cautividad del pecado).
10. ¿Mostró Simón que había esperanza para él? (Hechos 8:24. Pidió a Pedro que orara por él, mostrando humildad).

11. ¿En qué consistía el trabajo de Pedro y Juan? (Hechos 8:25. Su trabajo era testificar y proclamar la obra del Señor).

Preguntas para Discusión:
1. ¿De qué maneras nos llegamos a enfocar en nuestro trabajo o en nosotros mismos? (Hechos 8:9. Al igual que Simón, podemos jactarnos de nosotros mismos, buscar la atención de otros y desear diferentes tipos de poder).
2. ¿En qué cosas pones tu atención?
3. Como en el caso de Felipe ¿En quién debemos gloriarnos y enfocarnos? (Hechos 8:9,12-13. En lugar de jactarnos en nosotros mismos y atraer la atención a nosotros, debemos llevar a la gente hacia el Señor Jesucristo).
4. ¿Por qué aquellos en el ministerio deben ser muy cuidadosos respecto a atraer la atención a ellos mismos? (Porque ellos representan a Cristo y a su Palabra, no a su propia popularidad o asuntos propios).
5. ¿Cómo nos usa Dios para hacer la obra que solo Él puede hacer? (Hechos 8:15-17. Como con Felipe, Pedro y Juan, se nos ha confiado el privilegio de traer la Palabra viva de Dios a las personas. Esa Palabra es poderosa y efectiva para cambiar vidas).
6. Es pecaminoso que nos noten y aprecien en la obra de Dios? (Hechos 8:18-19. La obra de Dios nos se trata de nosotros en ninguna manera, sino lo que Él hace en las personas sin importar a quién usa para hacerlo. Sin embargo, es apropiado reconocer a las personas como regalos de Dios y los talentos que tienen como de parte del Señor).
7. ¿Con qué asuntos del corazón tenemos que lidiar? (Hechos 8:21. Como Simón, nosotros también tenemos impiedad escondida en nuestro corazón. Tratamos de controlar a Dios, ofrecer cosas para apaciguarlo, o nos orgullecemos de la relación que tenemos con Jesús. También estamos llenos de amarguras y esclavitudes al pecado).
8. ¿De qué necesitamos arrepentirnos y orar al Señor? (Hechos 8:22. Ver también S. Mateo 23:12 y S. Juan 3:30).
9. ¿De qué formas le restamos valor a las cosas de Dios en nuestras vidas? (Ver II Corintios 10:17-18, 11:18-30; S. Mateo 6:19-20).
10. ¿Cuál es siempre el final del dinero? (Hechos 8:20. Al final el dinero perece, y aquellos que confían en él perecen con él).
11. ¿De qué maneras has confiado en el dinero o lo has tenido como ídolo en tu vida?

12. ¿Por qué Pedro le dio a Simón la oportunidad de arrepentirse? (Hechos 8:21-23. Pedro le dio a Simón la oportunidad de arrepentirse puesto que el corazón del mago no estaba bien ante Dios y estaba preso del pecado. Dios siempre nos da la oportunidad del perdón).
13. ¿De qué es cautivo tu corazón?
14. ¿Qué esperanza hay para nosotros de ser perdonados o ser usados por Dios? (Hechos 8:24. La esperanza del perdón o de ser usados por Dios es solo a través de Jesús. Él es el que trajo a la gente a la fe y el que hizo los milagros a través de Felipe. Él es que el envió al Espíritu Santo a través de Pedro y Juan, el mismo que viene a nosotros también).

66. Generosidad
Pedro, Juan, y el Paralítico
Hechos 3:1-19

Hechos 3

¹ Pedro y Juan subían juntos al templo a la hora novena, la de la oración. ² Y era traído un hombre cojo de nacimiento, a quien ponían cada día a la puerta del templo que se llama la Hermosa, para que pidiese limosna de los que entraban en el templo. ³ Este, cuando vio a Pedro y a Juan que iban a entrar en el templo, les rogaba que le diesen limosna. ⁴ Pedro, con Juan, fijando en él los ojos, le dijo: Míranos. ⁵ Entonces él les estuvo atento, esperando recibir de ellos algo. ⁶ Mas Pedro dijo: No tengo plata ni oro, pero lo que tengo te doy; en el nombre de Jesucristo de Nazaret, levántate y anda. ⁷ Y tomándole por la mano derecha le levantó; y al momento se le afirmaron los pies y tobillos; ⁸ y saltando, se puso en pie y anduvo; y entró con ellos en el templo, andando, y saltando, y alabando a Dios. ⁹ Y todo el pueblo le vio andar y alabar a Dios. ¹⁰ Y le reconocían que era el que se sentaba a pedir limosna a la puerta del templo, la Hermosa; y se llenaron de asombro y espanto por lo que le había sucedido.

¹¹ Y teniendo asidos a Pedro y a Juan el cojo que había sido sanado, todo el pueblo, atónito, concurrió a ellos al pórtico que se llama de Salomón. ¹² Viendo esto Pedro, respondió al pueblo: Varones israelitas, ¿por qué os maravilláis de esto? ¿o por qué ponéis los ojos en nosotros, como si por nuestro poder o piedad hubiésemos hecho andar a éste? ¹³ El Dios de Abraham, de Isaac y de Jacob, el Dios de nuestros padres, ha glorificado a su Hijo Jesús, a quien vosotros entregasteis y negasteis delante de Pilato, cuando éste había resuelto ponerle en libertad. ¹⁴ Mas vosotros negasteis al Santo y al Justo, y pedisteis que se os diese un homicida, ¹⁵ y matasteis al Autor de la vida, a quien Dios ha resucitado de los muertos, de lo cual nosotros somos testigos.

¹⁶ Y por la fe en su nombre, a éste, que vosotros veis y conocéis, le ha confirmado su nombre; y la fe que es por él ha dado a éste esta completa sanidad en presencia de todos vosotros. ¹⁷ Mas ahora, hermanos, sé que por ignorancia lo habéis hecho, como también vuestros gobernantes. ¹⁸ Pero Dios ha cumplido así lo que había antes anunciado por boca de todos sus profetas, que su Cristo había de padecer. ¹⁹ Así que, arrepentíos y convertíos, para que sean borrados vuestros pecados; para que vengan de la presencia del Señor tiempos de refrigerio.

Preguntas de Estudio: Generosidad
Hechos 3:1-19

Introducción:
La generosidad empieza cuando nos damos cuenta de que solo somos administradores de las cosas que Dios nos da. No poseemos nada que no nos haya sido dada de parte del Señor. El aire que respiramos, el sol que brilla y el latir de nuestro corazón son todos regalos del Señor. Cuando dejemos este mundo, todo aquello a lo que nos hayamos aferrado quedará atrás, excepto la Palabra de Dios y las personas con las que hayamos compartido de Jesús. La verdadera pregunta es ¿qué vamos a compartir y a qué nos aferraremos? Nuestro Padre Celestial nos ha dado muchas bendiciones dándonos lo que nos ha dado. Nos volvemos canales del amor de Dios. La generosidad fue vivida por Pedro y Juan cuando fueron al Templo a orar. Se encontraron con un pordiosero a quien no pudieron ayudar económicamente, aún así, le dieron algo mucho más valioso que el dinero. A partir de ese regalo, muchos otros recibieron el mismo regalo.

Objetivos:
<u>Conocimiento</u>
- Darse cuenta de que recibimos a fin de dar, y que es por medio del dar que también recibimos.
- Entender algunas de las formas en las que podemos dar de nosotros mismo hacia aquellos a nuestro alrededor y hacia la obra del Señor.

<u>Actitud</u>
- Disfrutar la gracia del dar en tanto que vemos al Señor abrir las puertas del Cielo sobre nuestras vidas.
- Regocijarnos en la gloria que el Señor recibe cuando la gente se da cuenta de que Dios provee todo lo que ellos necesitan.

<u>Acciones</u>
- Dar con generosidad aquello que nos ha sido dado.
- Llevar al Señor a las personas en cada cosa que hagamos y diariamente llevar a las personas hacia Él que nos da todas las cosas.

Versículo para Memorizar:
S. Lucas 6:38 "Dad, y se os dará; medida buena, apretada, remecida y rebosando darán en vuestro regazo; porque con la misma medida con que medís, os volverán a medir."

Preguntas acerca de la Historia:

1. ¿Qué venían a entregar Pedro y Juan cuando fueron al Templo a orar? (Hechos 3:1. Ellos iban a entregar a Dios su adoración. Sin importar si tenían algo o no, la adoración era algo que fluía de sus corazones).

2. ¿Por qué el paralítico iba al Templo? (Hechos 3:2. Buscaba recibir dinero de las personas. Puesto que no podía caminar, tampoco podía trabajar).

3. ¿Cómo veían al paralítico aquellos que pasaban por ahí? (Hechos 3:2. Lo veían como un pordiosero, dependiente y desfigurado).

4. ¿Cómo lo vieron Pedro y Juan? (Hechos 3:4-7. Lo vieron como una persona creada por Dios, valiosa y capaz de ser sanada).

5. ¿Qué dieron Pedro y juan al hombre? (Hechos 3:6. Le dieron el poder del Nombre de Jesús, lo que era la cura).

6. ¿Qué hizo el hombre después de que fue sanado? (Hechos 3:7-8. Fue a los atrios del Templo caminando y brincando alabando a Dios. Le estaba dando a Dios lo único que tenía y el Señor estaba siendo glorificado a través de ese simple regalo. Su curación dio testimonio delante de todos y también dio la oportunidad a Pedro y a Juan de hablar a las personas acerca de Jesús).

7. ¿Por qué Jesús curó a este hombre? (Hechos 3:7. Sería a través de la curación que este hombre alabaría a Dios, la multitud quedaría maravillada y el testimonio de Jesús y su poder seria ampliamente conocido).

8. ¿Cuáles son algunos contrastes que sobresalen en este texto? (Pedro y Juan no tenían dinero pero dieron algo invaluable. El pordiosero pidió dinero, pero en cambio recibió a Jesús. El hombre que no podía caminar, ahora saltaba y brincaba. La multitud que casualmente caminaba cerca del pordiosero quedó maravillada).

9. ¿Cuál fue el punto principal del mensaje de Pedro? (Hechos 3:12-19. Todo fue acerca de Jesús, la curación del hombre, el que la gente se reuniera, y también la convicción de pecado y la invitación al arrepentimiento).

10. ¿Qué tiene que ver el mensaje de Pedro con la generosidad? (Hechos 3:12-19. El Padre dio a su Hijo para que pudiéramos recibir el perdón de pecados. Jesús dio su vida, mas fue levantado de los muertos. La gente entregó sus vidas, se arrepintieron y se volvieron a Dios, para que sus pecados

fueran borrados, y para que tiempos de reavivamiento pudieran venir de parte del Señor).

Preguntas para Discusión:

1. Así como fue con Pedro y Juan ¿cuáles son algunas maneras en las que podemos dar nuestras vidas por Jesucristo incluso en nuestras actividades normales? (Hechos 3:1. Podemos utilizar cada situación para dar a conocer a Jesús, incluso en las situaciones rutinarias de nuestro día, a través de la oración y de alabanza. Ver S. Marcos 12:41-44, la viuda dio lo poco que tenía).

2. ¿De qué manera somos como el hombre paralítico? (Hechos 3:2. Somos dependientes de muchas personas. Se siente que nuestras necesidades son mucho más grandes de lo que podemos manejar. Queremos más de lo que tenemos y, sin embargo, no pedimos por lo que en realidad necesitamos).

3. ¿Cómo podemos ser como Pedro y Juan? (Hechos 3:3-7. Podemos dar nuestra atención a aquellos en necesidad a nuestro alrededor. Podemos atender sus necesidades físicas así como las espirituales. Podemos mirar a las personas como individuos creados por Dios).

4. ¿Qué nos ha dado el Señor que podemos dar a otros también? (Hechos 3:3-7. Podemos darle a Jesús a las personas a través de la Palabra, nuestro testimonio y nuestras vidas. Podemos compartir nuestras posesiones que en realidad no son nuestras. I Corintios 4:7 enseña que todo lo que tenemos nos fue dado).

5. ¿Qué requiere la generosidad de nuestra parte? (Hechos 3:6-8. Requiere fe en que el Señor proveerá lo que necesitamos. Requiere rendirle todo lo que tenemos. Requiere amar a los otros. II Corintios 9:5-15 habla sobre la generosidad).

6. ¿Cómo podemos vivir vidas dirigidas por el Espíritu Santo? (Podemos vivir vidas dirigidas por el Espíritu permaneciendo en la Palabra de Dios y buscando su rostro, pasando tiempo en oración, meditando en su voluntad y comunicándonos con Él).

7. ¿Cómo podemos dar gloria a Dios con lo que Él nos ha dado? (Hechos 3:8. Dándonos cuenta de que todo lo que tenemos proviene de Él Alabándolo por todo lo que recibimos. Diciendo a las personas sobre la grandeza del Señor. Ver Salmo 50:9-12).

8. ¿Cómo debemos responder a la gente que trata de darnos gloria o agradecernos? (Hechos 3:12-19. Nuestra respuesta debe ser dando toda la gloria a dios, quien obra en y a través de todas las cosas y quien es el que hace que todo tenga lugar según su plan).

9. ¿Has dado por sentado la generosidad de Dios? (Hechos 3:13-16).

10. ¿Cómo te ha maravillado la generosidad de Dios?

67. Dominio Propio
José y la Esposa de Potifar
Génesis 39:1-23

Génesis 39

¹ Llevado, pues, José a Egipto, Potifar oficial de Faraón, capitán de la guardia, varón egipcio, lo compró de los ismaelitas que lo habían llevado allá.

² Mas Jehová estaba con José, y fue varón próspero; y estaba en la casa de su amo el egipcio. ³ Y vio su amo que Jehová estaba con él, y que todo lo que él hacía, Jehová lo hacía prosperar en su mano. ⁴ Así halló José gracia en sus ojos, y le servía; y él le hizo mayordomo de su casa y entregó en su poder todo lo que tenía. ⁵ Y aconteció que desde cuando le dio el encargo de su casa y de todo lo que tenía, Jehová bendijo la casa del egipcio a causa de José, y la bendición de Jehová estaba sobre todo lo que tenía, así en casa como en el campo. ⁶ Y dejó todo lo que tenía en mano de José, y con él no se preocupaba de cosa alguna sino del pan que comía. Y era José de hermoso semblante y bella presencia. ⁷ Aconteció después de esto, que la mujer de su amo puso sus ojos en José, y dijo: Duerme conmigo.

⁸ Y él no quiso, y dijo a la mujer de su amo: He aquí que mi señor no se preocupa conmigo de lo que hay en casa, y ha puesto en mi mano todo lo que tiene. ⁹ No hay otro mayor que yo en esta casa, y ninguna cosa me ha reservado sino a ti, por cuanto tú eres su mujer; ¿cómo, pues, haría yo este grande mal, y pecaría contra Dios? ¹⁰ Hablando ella a José cada día, y no escuchándola él para acostarse al lado de ella, para estar con ella,

¹¹ aconteció que entró él un día en casa para hacer su oficio, y no había nadie de los de casa allí. ¹² Y ella lo asió por su ropa, diciendo: Duerme conmigo. Entonces él dejó su ropa en las manos de ella, y huyó y salió.

¹³ Cuando vio ella que le había dejado su ropa en sus manos, y había huido fuera, ¹⁴ llamó a los de casa, y les habló diciendo: Mirad, nos ha traído un hebreo para que hiciese burla de nosotros. Vino él a mí para dormir conmigo, y yo di grandes voces; ¹⁵ y viendo que yo alzaba la voz y gritaba, dejó junto a mí su ropa, y huyó y salió.

¹⁶ Y ella puso junto a sí la ropa de José, hasta que vino su señor a su casa. ¹⁷ Entonces le habló ella las mismas palabras, diciendo: El siervo hebreo que nos trajiste, vino a mí para deshonrarme. ¹⁸ Y cuando yo alcé mi voz y grité, él dejó su ropa junto a mí y huyó fuera.

[19] Y sucedió que cuando oyó el amo de José las palabras que su mujer le hablaba, diciendo: Así me ha tratado tu siervo, se encendió su furor. [20] Y tomó su amo a José, y lo puso en la cárcel, donde estaban los presos del rey, y estuvo allí en la cárcel. [21] Pero Jehová estaba con José y le extendió su misericordia, y le dio gracia en los ojos del jefe de la cárcel.

[22] Y el jefe de la cárcel entregó en mano de José el cuidado de todos los presos que había en aquella prisión; todo lo que se hacía allí, él lo hacía. [23] No necesitaba atender el jefe de la cárcel cosa alguna de las que estaban al cuidado de José, porque Jehová estaba con José, y lo que él hacía, Jehová lo prosperaba.

Preguntas de Estudio: Dominio Propio
Génesis 39:1-23

Introducción:
El dominio propio es uno de los frutos del Espíritu. Es un atributo que da evidencia de la obra de Dios en nuestras vidas. Mientras que es una cualidad que debemos desarrollar, no es algo que podemos adquirir por nosotros mismos. Es algo que el Espíritu Santo hace en nuestras vidas. Quizás, un mejor nombre para este atributo es dominio por el Espíritu. Para indicar que es el Espíritu Santo el que causa un deseo contrario a nuestra propia naturaleza. Por tanto, el tener dominio propio significa que el Espíritu tiene más y más control sobre nuestras vidas y que somos muertos a nuestros pecados de avaricia, lujuria y orgullo.

Podemos que esto en la vida de José puesto que sometió sus deseos al Señor. José fue puesto a cargo de toda la casa de Potifar. Pudo haber usado ese deseo para su conveniencia, y sin embargo, trabajaba para el Señor. La esposa de Potifar trató de convencerlo de acostarse con ella, pero José se rehusó porque habría sido un pecado ante el Señor. Más tarde, aún cuando sus hermanos lo habían vendido como esclavo, él les respondió diciendo "vosotros pensasteis mal contra mí, mas Dios lo encaminó a bien…" Génesis 50:20.

Objetivos:
Conocimiento
- Conocer nuestra naturaleza pecadora que tiene lujuria en nuestros ojos, deseo de la carne y orgullo para diariamente morir a ello.
- Entender la necesidad de ser controlados por el Espíritu Santo y desear agradar a Dios.

Actitud
- Creer y vivir en la resistencia del pecado en nuestras vidas. Detestar el pecado hasta el punto de desear estar separado de él.

Acciones
- Detestar el pecado hasta incluso desear separarnos de él.
- Confiar en Dios e invocarlo cuando vengan tentaciones.

Versículo para Memorizar:
Proverbios 25:28 "Como ciudad derribada y sin muro es el hombre cuyo espíritu no tiene rienda."

Preguntas acerca de la Historia:
1. ¿A dónde fue llevado José y cuál era su condición ahí? (Génesis 39:1. José fue llevado a Egipto, donde fue comprado

para servir como esclavo de un hombre llamado Potifar, uno de los oficiales de Faraón).

2. ¿Cuál fue el resultado de la presencia del Señor con José? (Génesis 39:2-6. Gracias a que el Señor estaba con José, el prosperó y tuvo éxito en todo lo que hacía. La bendición vino también sobre Potifar, su casa y sus campos).

3. ¿Qué nos dice de José el hecho de que Potifar le confiara todo? (Génesis 39:4-6. Potifar reconoció la habilidad de José, su carácter y su integridad. Confió en José y pudo ver una imagen del Señor a través de él).

4. ¿Por qué estaba el Señor con José y por qué bendijo la casa de Potifar? (Génesis 39:4-6. El Señor estaba con José y bendijo a Potifar porque eso era parte de su plan. El Señor estaba preparando el camino para que José fuera el líder de Egipto y estaba usando este tiempo con Potifar para prepararlo. La bendición venía del Señor y era para su gloria).

5. ¿Qué nos dice este texto sobre cómo el Señor controlaba a José? (Génesis 39:1-6. José aprendió un nuevo idioma, dejó pasar la traición de sus hermanos, trabajó con todo su corazón para un amo extranjero, llevó a cabo sus tareas sin falla y mostró integridad en todo lo que hacía. Más que nada, esto mostraba que el Señor estaba obrando en José).

6. ¿Cuál fue la actitud de la esposa de Potifar hacia José? (Génesis 39:7,10. Ella comenzó a notarlo y a desearlo diciendo "duerme conmigo." Era una tentación diaria para él y ella no tenía dominio propio).

7. ¿Qué quiso decir José con las palabras "¿cómo haría yo este grande mal, y pecaría contra Dios"? (Génesis 39:8-10. Significa que cualquier pecado se comete en primer lugar contra Dios. El cometer adulterio habría sido un pecado y habría mostrado falta de respeto hacia Potifar. Significa también que José continuaba confiando en el Señor a pesar de la situación en la que estaba).

8. ¿Cómo mostró José que el Señor era quien lo dirigía? (Génesis 39:7-10. Aunque pudo haber pensado que la esposa de Potifar era su ama, su respuesta mostró que él obedecía a una autoridad más grande. En repetidas ocasiones puso de lado sus deseos e incluso huyó de la tentación).

9. ¿Cuál es el panorama general de lo que estaba pasando con José incluyendo la acusación falsa y su encarcelamiento? (Génesis 39:13-20. Desde un punto de vista terrenal, parece como si el Señor estuviera en contra de José. Parece como si José estuviera de nuevo en una situación sin esperanza. Desde el punto de vista del Señor, José había pasado todas las

140

pruebas en preparación para ser el líder de Egipto. Estaba por ser puesto en la prisión del rey para esperar el momento preciso para ser exaltado).

10. ¿Cómo prepararon a José cada una de estas situaciones para dirigir a Egipto? (Si José tendría que dirigir Egipto por el Señor, necesitaba estar completamente rendido al Señor en cada área de su vida. La traición, la esclavitud, el éxito, el dominio propio y el encarcelamiento fueron pasos necesarios para hacer de José el hombre que el Señor necesitaba que fuera).

11. ¿Cómo mostró el Señor a José su presencia incluso en prisión? (Génesis 39:21-23. El Señor le mostró favor y le dio gracia ante los ojos del guardia de la cárcel. Otra vez le confiaron a José todo, y otra vez el Señor le dio éxito).

12. ¿Cuál fue la reacción del guardia después de ver que el Señor estaba con José y le había dado éxito en todo lo que hacía? (Génesis 39:23. Cuando el carcelero vio que todo era bendecido en manos de José, dejó de preocuparse por todo lo que le había confiado).

Preguntas para Discusión:

1. ¿Cómo podemos confiar en que el Señor estará continuamente con nosotros en donde sea que terminemos en este mundo? (Podemos contar en que el Señor estará con nosotros a donde sea que vayamos, en lugares buenos y difíciles).

2. ¿Cuáles son algunos momentos en los que has visto a Dios obrando en tu vida y has sentido su presencia contigo?

3. ¿Cuál es el resultado de poner al Señor como centro en todas nuestras situaciones y traerlo a nuestras vidas? (Génesis 39:5,23. Cuando nuestras vidas están centradas en el Señor, Él nos bendice. Puede que no se vea financieramente pero esta bendición se mostrará a sí misma en gozo, amor, paz, y paciencia de parte del Señor).

4. ¿Por qué nos bendice el Señor? (Génesis 39:4-6. El Señor nos bendice para que podamos ser una bendición a otros. Para que podamos presentarle al Señor al mundo, y para que al final Él sea glorificado).

5. ¿Cómo mostramos que el Señor nos guía? (Génesis 39:1-10. A través de cada área de nuestra vida. Pude verse en nuestro lenguaje, actitud, trabajo ético, e integridad en nuestros tratos. También puede hacerse obvio en el cómo manejamos la tentación. Gálatas 5:16-25 describe el caminar en el Espíritu y II Timoteo 1:7 nos recuerda que Él da el espíritu de dominio propio).

6. ¿Cuáles son algunas tentaciones que enfrentamos? (Ver Proverbios 7 para más detalles sobre tentación sexual).

7. Cuándo cedemos a la tentación y optamos por pecar ¿contra quién pecamos en nuestras vidas? (Génesis 39:9. A final de cuentas, estamos pecando contra Dios, al mismo tiempo que pecamos contra nosotros mismos y contra otros. Ese pecado nos separa aún más de la santidad de Dios).

8. ¿Cuáles son algunas maneras en las que has practicado el dominio propio en tu vida? ¿cuáles son algunos objetivos que necesitas plantearte? (Ver I Corintios 9:24-27. Respecto a nuestra manera de pensar).

9. ¿De qué formas puede ser difícil mostrar dominio propio y rechazo al placer del pecado? (El dominio propio es una batalla que se gana en nosotros mismos de aquellos que nos rodean y de Satanás mismo. Luchamos contra anhelar cosas, el deseo del placer y la sensación de poder. Queremos estar en control de nuestras propias vidas).

10. ¿Por qué es extremadamente importante practicar el dominio propio para aquellos que están en liderazgo? (En el liderazgo cristiano cualquier pecado o caída en tentación causa mala reputación para el Señor. Es fácil para aquellos en autoridad el ser objetivos de Satanás. Nuestros propios deseos van en contra de la voluntad de Dios. Proverbios 25:28 presenta un ejemplo de la falta de dominio propio).

11. ¿Cuándo somos más vulnerables a pecar y a caer en tentación? ¿cómo puedes salvaguardarte de eso? (Génesis 39:11-12. Cuando estamos solos somos más vulnerables a la tentación. Compañeros de batalla pueden ayudar a salvaguardarnos en la lucha).

12. Cuando somos confrontados por la tentación del pecado, ¿cuál ha de ser nuestra respuesta? (Génesis 39:11-12. Necesitamos huir de inmediato de tal situación y quitarnos de la tentación de caer en pecado).

68. Humildad
María, Aarón y Moisés
Números 12:1-15

Números 12

¹ María y Aarón hablaron contra Moisés a causa de la mujer cusita que había tomado; porque él había tomado mujer cusita. ² Y dijeron: ¿Solamente por Moisés ha hablado Jehová? ¿No ha hablado también por nosotros? Y lo oyó Jehová. ³ Y aquel varón Moisés era muy manso, más que todos los hombres que había sobre la tierra.

⁴ Luego dijo Jehová a Moisés, a Aarón y a María: Salid vosotros tres al tabernáculo de reunión. Y salieron ellos tres. ⁵ Entonces Jehová descendió en la columna de la nube, y se puso a la puerta del tabernáculo, y llamó a Aarón y a María; y salieron ambos. ⁶ Y él les dijo: Oíd ahora mis palabras. Cuando haya entre vosotros profeta de Jehová, le apareceré en visión, en sueños hablaré con él. ⁷ No así a mi siervo Moisés, que es fiel en toda mi casa. ⁸ Cara a cara hablaré con él, y claramente, y no por figuras; y verá la apariencia de Jehová. ¿Por qué, pues, no tuvisteis temor de hablar contra mi siervo Moisés?

⁹ Entonces la ira de Jehová se encendió contra ellos; y se fue. ¹⁰ Y la nube se apartó del tabernáculo, y he aquí que María estaba leprosa como la nieve; y miró Aarón a María, y he aquí que estaba leprosa. ¹¹ Y dijo Aarón a Moisés: !!Ah! señor mío, no pongas ahora sobre nosotros este pecado; porque locamente hemos actuado, y hemos pecado. ¹² No quede ella ahora como el que nace muerto, que al salir del vientre de su madre, tiene ya medio consumida su carne. ¹³ Entonces Moisés clamó a Jehová, diciendo: Te ruego, oh Dios, que la sanes ahora.

¹⁴ Respondió Jehová a Moisés: Pues si su padre hubiera escupido en su rostro, ¿no se avergonzaría por siete días? Sea echada fuera del campamento por siete días, y después volverá a la congregación. ¹⁵ Así María fue echada del campamento siete días; y el pueblo no pasó adelante hasta que se reunió María con ellos.

Preguntas de Estudio: Humildad
Números 12:1-15

Introducción:
Nuestra naturaleza es propensa a la exaltación admiración y alabanza propia. Pisoteamos a otros a fin para exaltarnos a nosotros mismo. El orgullo es peligroso pues es una actitud que asume que no necesitamos de nadie y nos separa del único que puede salvarnos. Filipenses dice que nuestra actitud debe ser como la de Jesús, quien tomo la mismísima naturaleza de un siervo, se humillo a sí mismo y se hizo obediente hasta la muerte, y una muerte de Cruz. Esa Cruz es la que hace posible que nos presentemos en la presencia de Dios.

Aarón y Miriam, los hermanos de Moisés, se habían vuelto líderes junto con Él desde que había guiado al pueblo fuera de Egipto. Puede ser difícil seguir a alguien especialmente si es nuestro hermano menor. En este texto, Miriam y Aarón murmuraban contra la esposa de Moisés. Tenían un espíritu quejumbroso que venía de una actitud orgullosa. Dios dice por todas partes en las Escrituras que Él detesta el corazón orgulloso.

Objetivos:
Conocimiento
- Reconocer que solo Dios es supremo y que no somos nada sin Él.
- Reconocer la peligrosa actitud de orgullo en nuestra vida que nos separa de Dios.

Actitud
- Creer en nuestro corazón que es necesario que nosotros decrezcamos y que el Señor crezca en nuestra vida.
- Ser humilde no significa pensar poco o mucho de nosotros, sino significa no pensar en nosotros.

Acciones
- Presentarnos humildemente delante del Señor en nuestros vidas y reflejar toda su gloria.

Versículos para Memorizar:
Miqueas 6:8 "Oh hombre, él te ha declarado lo que es bueno, y qué pide Jehová de ti: solamente hacer justicia, y amar misericordia, y humillarte ante tu Dios."
Santiago 4:6b "Dios resiste a los soberbios, y da gracia a los humildes."

Preguntas acerca de la Historia:

1. ¿Qué nos dice la pregunta que hicieron Miriam y Aarón? (Números 12:2-3. Revela que pensaban en ellos mismos, nos muestra su orgullo y su envidia. También se diferencia en gran manera de la descripción dada sobre la humildad de Moisés).

2. ¿Cómo se demuestra la humildad de Moisés en este texto? (Números 12:3,13. Se le describe como el hombre más humilde en la tierra. También clamó al Señor por Miriam en lugar de pensar en sí mismo).

3. ¿Qué se destaca de la respuesta del Señor a su murmuración? (Números 12:2-5. El Señor escuchó la murmuración y sabía lo que habían dicho. Los llamó inmediatamente y descendió para hablar con ellos en la columna de nube).

4. ¿Qué quería el Señor que entendieran? (Números 12:6-8. El Señor se muestra a aquellos a quienes Él quiere mostrarse. No nos toca a nosotros decidir a quién o cuándo el Señor dará su mensaje. El hablar en contra de aquel que trae el mensaje del Señor es hablar en contra del Señor mismo. Debemos tener temor reverente y admiración delante del Señor).

5. ¿Qué pasó con el orgullo de Aarón y Miriam cuando estando delante del Señor? (Números 12:8-12. No pudieron decir nada para responderle al Señor. No pudieron hacer mas que admitir su pecado insensato y pedir que Moisés fuera misericordioso con ellos).

6. ¿Por qué el orgullo es una barrera para presentarnos delante del Señor? (Números 12:6-8. El orgullo no es una cantidad no una forma, es una actitud que nos separa de Dios. Es el pensamiento de que somos algo por nosotros mismo en lugar de ser humildes y reconocer que solo el Señor es Dios).

7. ¿Por qué el Señor estaba enojado con Aarón y Miriam? (Números 12:9. Estaba enojado porque fueron irrespetuosos con su mensajero escogido. Esa actitud, de haber continuado, hubiera destruido la reputación de Moisés ante las personas y los hubiera dejado sin líder, sin vocero e intercesor).

8. ¿Por qué el Señor hizo que Miriam contrajera lepra? (Números 12:10. Fue disciplina de parte del Señor para ella. Fue una lección física que el Señor usó para hacerlos humildes).

9. ¿Cuál fue la reacción de Aarón ante la lepra de Miriam? (Números 12:11. La reacción de Aarón muestra que entendió, que se arrepintió, admitió su pecado, y pidió misericordia).

10. ¿De qué manera fue Moisés similar a Jesús en este texto? (Números 12:3,8,13. Aunque Jesús era Dios, Él se humilló a sí mismo hasta la muerte, oró al Padre en nuestro lugar e hizo posible para nosotros el estar en una relación con Dios).

Preguntas para Discusión:

1. ¿Por qué el orgullo puede ser extremadamente peligroso para aquellos que están en el ministerio o en autoridad? (Números 12:2. Aquellos en liderazgo trabajan en cosas por las que otros los observan, los respetan y les agradecen. Podemos llegar a pensar que todo se trata de nosotros. El orgullo destruye la unidad).

2. ¿Quién ha sido la persona más humilde que has conocido? ¿Por qué se les reconoce como tal? (Números 12:3. Ver S. Mateo 18:1-4. Respecto a la humildad de los niños).

3. ¿Cómo deberíamos recibir halagos correctamente? (Cuando aquellos a nuestro alrededor reconocen nuestro servicio por el Señor, debeos continuamente llevarlos al Señor).

4. ¿De quién no podemos esconder nuestro pecado y quién esta ahí siempre para ver y oír lo que sucede? (Números 12:2. El Señor está continuamente a nuestro alrededor y está envuelto en nuestras vidas por ello se da cuenta de todos pensamientos nuestros, palabras que hablamos, y cosas que hacemos.

5. Cuando la gente mira a tu vida, ¿cómo te ven? (Números 12:3. La instrucción de dios en Efesios 4:2 es clara, y el ejemplo de Cristo en Filipenses 2:3-11 Es un ejemplo de humildad).

6. ¿Cuál es la actitud del Señor hacia sus siervos? (Números 12:2-8. El Señor mira y protege a aquellos en su ministerio. Él les es fiel a la vez que ellos son fieles a su Palabra. Santiago 4:6-7 y I Pedro 5:5-6 dice que Él da gracia a los humildes).

7. ¿Qué tipo de respeto deberíamos tener hacia quienes ocupan posiciones de ministerio y servicio al Señor? (Números 12:8. No debemos difamarlos u ofenderlos, sino reconocerlos como representantes de Dios y como sus embajadores ante la gente).

8. ¿Cómo cambiaría tu actitud si estuvieras delante del Señor? (Números 12:5 y S. Mateo 23:11-12 nos recuerdan que grandeza y humildad son contrarios en el Reino de los Cielos. Colosenses 3:23-24 nos recuerda que servimos al Señor).

9. ¿Cómo se encarga Dios del pecado en la vida de alguien? (Números 12:10 Todo pecado debe ser castigado porque Dios es un Dios justo y Santo, pero su deseo es restaurarnos a una relación correcta con Él).

10. Cuando el Señor nos castiga ¿Cómo debería ser nuestra reacción? (Números 12:11-12. Nuestra reacción debe ser de arrepentimiento pidiendo misericordia).

11. ¿Por qué Dios permite el castigo en nuestras vidas? (Números 12:14. A veces, el Señor trae dificultades y penurias a nuestras vidas a fin de hacernos humildes y que dependamos de Él).

146

12. Si Moisés es como Jesús ¿Qué haría Jesús por ti? (Números 12:3,8,13. Jesús hace posible que conozcamos al Padre, él clama al Padre en tu lugar y vino a la tierra para proveer una vía de escape de la esclavitud del pecado).

69. Perseverancia
Apedreamiento de Pablo
Hechos 14:8-22

Hechos 14

[8] Y cierto hombre de Listra estaba sentado, imposibilitado de los pies, cojo de nacimiento, que jamás había andado.

[9] Este oyó hablar a Pablo, el cual, fijando en él sus ojos, y viendo que tenía fe para ser sanado, [10] dijo a gran voz: Levántate derecho sobre tus pies. Y él saltó, y anduvo.

[11] Entonces la gente, visto lo que Pablo había hecho, alzó la voz, diciendo en lengua licaónica: Dioses bajo la semejanza de hombres han descendido a nosotros. [12] Y a Bernabé llamaban Júpiter, y a Pablo, Mercurio, porque éste era el que llevaba la palabra. [13] Y el sacerdote de Júpiter, cuyo templo estaba frente a la ciudad, trajo toros y guirnaldas delante de las puertas, y juntamente con la muchedumbre quería ofrecer sacrificios.

[14] Cuando lo oyeron los apóstoles Bernabé y Pablo, rasgaron sus ropas, y se lanzaron entre la multitud, dando voces [15] y diciendo: Varones, ¿por qué hacéis esto? Nosotros también somos hombres semejantes a vosotros, que os anunciamos que de estas vanidades os convirtáis al Dios vivo, que hizo el cielo y la tierra, el mar, y todo lo que en ellos hay. [16] En las edades pasadas él ha dejado a todas las gentes andar en sus propios caminos; [17] si bien no se dejó a sí mismo sin testimonio, haciendo bien, dándonos lluvias del cielo y tiempos fructíferos, llenando de sustento y de alegría nuestros corazones. [18] Y diciendo estas cosas, difícilmente lograron impedir que la multitud les ofreciese sacrificio.

[19] Entonces vinieron unos judíos de Antioquía y de Iconio, que persuadieron a la multitud, y habiendo apedreado a Pablo, le arrastraron fuera de la ciudad, pensando que estaba muerto. [20] Pero rodeándole los discípulos, se levantó y entró en la ciudad; y al día siguiente salió con Bernabé para Derbe.

[21] Y después de anunciar el evangelio a aquella ciudad y de hacer muchos discípulos, volvieron a Listra, a Iconio y a Antioquía, [22] confirmando los ánimos de los discípulos, exhortándoles a que permaneciesen en la fe, y diciéndoles: Es necesario que a través de muchas tribulaciones entremos en el reino de Dios.

Preguntas de Estudio: Perseverancia
Hechos 14:8-22

Introducción:
En tiempos difíciles, puede que queramos rendirnos; cuando el proceso se vuelve tedioso, puede que queramos renunciar. Puede parecer como si el mundo estuviera contra nosotros, especialmente si proclamamos a Jesús donde se resisten a Dios. Sin embargo, el Señor nos llama a que "corramos con paciencia la carrera que tenemos por delante, puestos los ojos en Jesús, el autor y consumador de la fe, el cual por el gozo puesto delante de él sufrió la cruz." Ya sea que soportemos persecución, burlas, desánimo, o luchas contra nuestra carne, podemos alzarnos firmes en Jesús y ser fieles al llamado que nos ha dado.

Pablo y Bernabé vieron grandes éxitos y dificultades en sus ministerios. En Listra, tanto su éxito como sus dificultades ocurrieron de un momento a otro. Pablo continuó su ministerio aún cuando estaba en riesgo de morir, no dejando el llamado del Señor, porque su Señor había soportado la Cruz antes que él.

Objetivos:

Conocimiento
- Recordar que Cristo soportó la Cruz, derrotó a Satanás y ganó la victoria.
- Recordar junto con Pablo, que la gracia de Cristo es suficiente para nosotros, pues su poder se perfecciona en la debilidad.
- Saber que la perseverancia es un estado de dependencia en Jesús.

Actitud
- Confiar en que Él que te llamó es fiel, y Él hará.
- Creer que podemos hacer todas las cosas en Cristo que me fortalece.

Acciones
- Seguir sirviéndole porque aún no hemos perseverado hasta el punto de derramar sangre.
- Seguir adelante con confianza, porque el que está contigo es más grande que el que está en el mundo

Versículo para Memorizar:
Hebreos 12:1 "Por tanto, nosotros también, teniendo en derredor nuestro tan grande nube de testigos, despojémonos de todo peso y del pecado que nos asedia, y corramos con paciencia la carrera que tenemos por delante."

Versículos para ampliar el Estudio:
S. Lucas 9:62; Romanos 5:3-5; Gálatas 2:20; II Timoteo 4:7; Hebreos 12:1-3; Santiago 1:2-4.

Preguntas acerca de la Historia:
1. ¿Cómo se relaciona el hombre paralítico al tema de la perseverancia? (Hechos 14:8 La vida es difícil para alguien sano; imagina el reto que sería para este hombre, paralítico de pies, cojo de nacimiento y sin la capacidad de caminar).
2. ¿Qué cosas tuvieron que pasar para que este hombre fuera sanado instantáneamente? (Hechos 14:9-10 Pablo se dio cuenta del hombre paralítico; vio su fe; y públicamente lo retó a que se levantase; y el hombre actuó con fe).
3. ¿Por qué la multitud comparó a Pablo y Bernabé con Zeus y Hermes? (Hechos 14:11 Ellos eran los dioses con los que estaban familiarizados y eran a los que adoraban. Ellos sabían que solo Dios podía sanar así).
4. ¿Qué indica la respuesta de la multitud? (Hechos 14:11-13 Indica que ellos estaban buscando por un dios para adorar. Esperaban a un dios que bajara a la tierra. Y creían que las ofrendas de sacrificio les serían satisfactorias).
5. ¿Cómo difiere la apreciación de la multitud con respecto a su percepción de un dios y el Dios viviente? (Hechos 14:13-17 La adoración a Zeus y Hermes requería toros y coronas de flores. Y Pablo a todo eso le llamaba "cosas inútiles" en comparación al Dios viviente. Jesús vino a dar su vida como sacrificio en vez de a recibir sacrificios).
6. ¿Por qué Pablo y Bernabé rasgaron sus ropas y corrieron hacia la multitud? (Hechos 14:14-15 De un momento a otro, se dieron cuenta de que la exitosa sanación del hombre les había llevado al problema de que la multitud mal entendiera el mensaje Jesús. Simplemente era lo opuesto a lo que querían que escucharan).
7. ¿Qué dijeron Pablo y Bernabé a la multitud que les traían? (Hechos 14:15 Pablo y Bernabé dijeron que solo traían las buenas nuevas, un mensaje de arrepentimiento, y que dejaran las cosas inútiles para convertirse a Dios).
8. ¿Cómo fue que la multitud pasó de querer adorar a Pablo a apedrearlo? (Hechos 14:19 La gente tenía su propia idea de cómo adorar. Los Judíos habían llegado a persuadir a la multitud, y la gente no escuchaba a Pablo).
9. ¿Cómo demostraron perseverancia Pablo y Bernabé en este texto? (Hechos 14:20 Predicando sobre Jesús aún a pesar de

que estaban lejos de casa, a gente que hablaba una lengua diferente, que primero habían malentendido, luego habían tratado de adorarlos, y que al final habían cambiado de parecer apedreando a Pablo.

10. ¿Qué se hubiera perdido, si Pablo y Bernabé hubieran renunciado después de que los apedrearon? (Hechos 14:21-22 Un gran número de personas de Derbe jamás se hubieran convertido en discípulos de Jesús, y las iglesias en Listra, Iconio y Antioquía no habrían sido alentadas).

11. ¿Qué decían Pablo y Bernabé con respecto al Reino de Dios? (Hechos 14:22 Ellos decían que hay una guerra por las almas de los hombres, y que hay muchas dificultades y obstáculos, tanto para los que traen el reino de Dios, como para los que lo están recibiendo).

Preguntas para Discusión:

1. ¿ ¿Cómo es la vida es difícil y requiere perseverancia de parte de nosotros? (Hechos 14:8-9 Cada persona enfrenta su propio paralítico problema. Ya sea una batalla física, mental, emocional o espiritual. A veces Dios nos da perseverancia en las batallas diarias y a veces nos deja tener victoria sobre ellas).

2. ¿En qué tipo de cosas debemos confiar en El Señor? (Hechos 12:9-10 Necesitamos confiar en El Señor y su habilidad de responder la oración y de realizar milagros en nuestras vidas. También, necesitamos confiar que Su gracia perseverará a través de pruebas).

3. ¿Qué situaciones son ejemplos en los que tú has demostrado tu fe en El Señor?

4. ¿Cuáles son algunas características de un hombre de fe, así como fue demostrado por Pablo y el hombre paralítico en conjunto? (Hechos 14:8-10 Aquellos de fe, alumbran con su fe a los que están alrededor de ellos. (Hechos 14:10) - Aquellos de fe claman por la obra de Dios en confiando en que Él puede / y hará. (Hechos 14:10) - Aquellos de fe responden a las pruebas confiando en El Señor sin vacilación).

5. ¿Cómo sería la respuesta del mundo ante las personas que caminan con El Señor? (Hechos 14:11 Ellos podrían ser malentendidos, aún cuando estén tratando de comunicar un mensaje; este podría ser interpretado de una manera muy diferente.

6. ¿Cómo es que nosotros, como la gente de Listra, a menudo adoramos a otras personas en vez de a Dios? (Hechos 14:13,

18 También acreditamos mucho a gente como actores, políticos e incluso predicadores).

7. ¿Cómo respondemos cuando se nos honra, respetan o nos ven con grandeza? (Hechos 14:14-15 En lugar de lamentarnos y rasgar nuestras vestiduras, se espera que nos sintamos con gozo y orgullo).

8. ¿De qué manera respondemos cuando tenemos la atención de aquellos que nos rodean? ¿Perseveramos en la llamada que tenemos ante nosotros, o somos distraídos fácilmente por el mundo?

9. ¿En qué ocasiones nos confronta la multitud y cómo lo hacen? (Hechos 14:19 Cuando la gente busca su propio bien, y algo se interpone en su camino, puede que lo sientan como una amenaza. Y en vez de aventar piedras, sueltan palabras que pueden lastimar profundamente. II Timoteo 2:3).

10. ¿Qué cosas podrían causar que deseemos renunciar y cómo podemos perseverar? (Hechos 14:20-21 Cuando estamos cansados físicamente, cuando hemos sido atacados verbalmente, emocionalmente golpeados o espiritualmente agotados, podríamos sentir como si nos dejaran muertos. Es, entonces, el poder del Señor y todos aquellos que están a nuestro al derredor que nos dan la perseverancia para continuar. Hebreos 12:1-3)

11. ¿Por qué Dios permite que enfrentemos tribulaciones? (Hechos 14:22 Es a través de la pruebas que podemos ser refinados, nuestra fe es probada y morimos a nuestra carne. En II Corintios 11:22-33, Pablo dijo que se jactaría de su debilidad, que el poder de Cristo descansaría en él. Y Santiago 1: 2-3 dice "Hermanos míos, tened por sumo gozo cuando os halléis en diversas pruebas, sabiendo que la prueba de vuestra fe produce paciencia").

12. ¿Cómo pueden ser los problemas la causa de que entremos en el Reino de Dios? (Hechos 14:22 Los problemas de esta tierra nos hacen desear ir al cielo. Revelan nuestra necesidad por Jesús y nos muestran que Él es nuestra roca, nuestro escudo y Salvador. Y que Él nos llevará a través de cualquier cosa).

70. Fe
David y Goliat
I Samuel 17:4-9, 32-51

I Samuel 17

[4] Salió entonces del campamento de los filisteos un paladín, el cual se llamaba Goliat, de Gat, y tenía de altura seis codos y un palmo. [5] Y traía un casco de bronce en su cabeza, y llevaba una cota de malla; y era el peso de la cota cinco mil siclos de bronce. [6] Sobre sus piernas traía grebas de bronce, y jabalina de bronce entre sus hombros. [7] El asta de su lanza era como un rodillo de telar, y tenía el hierro de su lanza seiscientos siclos de hierro; e iba su escudero delante de él.

[8] Y se paró y dio voces a los escuadrones de Israel, diciéndoles: ¿Para qué os habéis puesto en orden de batalla? ¿No soy yo el filisteo, y vosotros los siervos de Saúl? Escoged de entre vosotros un hombre que venga contra mí. [9] Si él pudiere pelear conmigo, y me venciere, nosotros seremos vuestros siervos; y si yo pudiere más que él, y lo venciere, vosotros seréis nuestros siervos y nos serviréis.

[32] Y dijo David a Saúl: No desmaye el corazón de ninguno a causa de él; tu siervo irá y peleará contra este filisteo.

[33] Dijo Saúl a David: No podrás tú ir contra aquel filisteo, para pelear con él; porque tú eres muchacho, y él un hombre de guerra desde su juventud.

[34] David respondió a Saúl: Tu siervo era pastor de las ovejas de su padre; y cuando venía un león, o un oso, y tomaba algún cordero de la manada, [35] salía yo tras él, y lo hería, y lo libraba de su boca; y si se levantaba contra mí, yo le echaba mano de la quijada, y lo hería y lo mataba. [36] Fuese león, fuese oso, tu siervo lo mataba; y este filisteo incircunciso será como uno de ellos, porque ha provocado al ejército del Dios viviente. [37] Añadió David: Jehová, que me ha librado de las garras del león y de las garras del oso, él también me librará de la mano de este filisteo.

Y dijo Saúl a David: Ve, y Jehová esté contigo.

[38] Y Saúl vistió a David con sus ropas, y puso sobre su cabeza un casco de bronce, y le armó de coraza. [39] Y ciñó David su espada sobre sus vestidos, y probó a andar, porque nunca había hecho la prueba.

Y dijo David a Saúl: Yo no puedo andar con esto, porque nunca lo practiqué. Y David echó de sí aquellas cosas. ⁴⁰ Y tomó su cayado en su mano, y escogió cinco piedras lisas del arroyo, y las puso en el saco pastoril, en el zurrón que traía, y tomó su honda en su mano, y se fue hacia el filisteo.

⁴¹ Y el filisteo venía andando y acercándose a David, y su escudero delante de él. ⁴² Y cuando el filisteo miró y vio a David, le tuvo en poco; porque era muchacho, y rubio, y de hermoso parecer. ⁴³ Y dijo el filisteo a David: ¿Soy yo perro, para que vengas a mí con palos? Y maldijo a David por sus dioses. ⁴⁴ Dijo luego el filisteo a David: Ven a mí, y daré tu carne a las aves del cielo y a las bestias del campo.

⁴⁵ Entonces dijo David al filisteo: Tú vienes a mí con espada y lanza y jabalina; mas yo vengo a ti en el nombre de Jehová de los ejércitos, el Dios de los escuadrones de Israel, a quien tú has provocado. ⁴⁶ Jehová te entregará hoy en mi mano, y yo te venceré, y te cortaré la cabeza, y daré hoy los cuerpos de los filisteos a las aves del cielo y a las bestias de la tierra; y toda la tierra sabrá que hay Dios en Israel. ⁴⁷ Y sabrá toda esta congregación que Jehová no salva con espada y con lanza; porque de Jehová es la batalla, y él os entregará en nuestras manos.

⁴⁸ Y aconteció que cuando el filisteo se levantó y echó a andar para ir al encuentro de David, David se dio prisa, y corrió a la línea de batalla contra el filisteo. ⁴⁹ Y metiendo David su mano en la bolsa, tomó de allí una piedra, y la tiró con la honda, e hirió al filisteo en la frente; y la piedra quedó clavada en la frente, y cayó sobre su rostro en tierra. ⁵⁰ Así venció David al filisteo con honda y piedra; e hirió al filisteo y lo mató, sin tener David espada en su mano. ⁵¹ Entonces corrió David y se puso sobre el filisteo; y tomando la espada de él y sacándola de su vaina, lo acabó de matar, y le cortó con ella la cabeza.

Y cuando los filisteos vieron a su paladín muerto, huyeron.

Preguntas de Estudio: Fe
I Samuel 17:4-9, 32-51

Introducción:

¿Por qué el joven pastorcito llamado David iría en batalla contra un hombre enorme, un gigante, bien protegido y bien entrenado? David tenía fe. No una fe ciega inconsciente del peligro, sino una fe confiada en el Señor, la cual venía de sus propias experiencias con la protección de Dios. La fe se muestra por toda la Palabra de Dios. En la Palabra vemos muchos que siguieron al Señor de todo corazón. Las cosas que el Señor les pidió que hicieran muchas veces parecían imposibles, pero con el Señor todo es posible. El Señor mostró su fidelidad a Noé, quien construyó el arca y a quien Dios salvó del diluvio. A Abraham quien salió a una tierra desconocida y a quien Dios hizo una nación grande. A Moisés, quien volvió a Egipto y a quien Dios usó para sacar al pueblo de Israel. Sin embargo, cada vez que Dios llamó a alguien para ser su siervo, la fe fue necesaria. David avanzó en fe para pelear contra Goliat. La batalla que David peleo no era solo suya, él dijo "la batalla es del Señor." Nosotros también afrontamos batallas de fe contra el pecado y contra Satanás, pero esa batalla es también del Señor. Así como Goliat cayó con una piedra, así también satanás fue derrotado por la muerte de Jesús en la Cruz.

Objetivos:

Conocimiento
- Entender que podemos confiar en el eterno y todopoderoso Dios, solo Él es fiel.
- Descubrir que el poner nuestra fe en cualquier otra cosa sería confiar en algo que falla y se desmorona.

Actitud
- Confiar en el Señor en cada batalla que enfrentamos.
- Estar confiados en que aquel que comenzó la buena obra en ti, será fiel también para completarla.

Acciones
- Seguir adelante con las tareas que el Señor nos da pues Él es fiel para completarlas.

Versículos para Memorizar:

Hebreos 11:1 "Es, pues, la fe la certeza de lo que se espera, la convicción de lo que no se ve."

Hebreos 11:6 "Pero sin fe es imposible agradar a Dios; porque es necesario que el que se acerca a Dios crea que le hay, y que es galardonador de los que le buscan."

Versículos para ampliar el Estudio:
Josué 1:9; Salmo 18; Habacuc 2:4; S. Lucas 7:1-10; 17:6; Romanos 4:1-9; 10:17; I Corintios 16:13; I Timoteo 4:12; Hebreos 11

Preguntas acerca de la Historia:
1. ¿Qué hacía de Goliat un enemigo temible? (I Samuel 17:4-7. Él era un campeón, medía casi tres metros, estaba armado con un casco de bronce, una capa de escamas de bronce, grebas de bronce para sus piernas, una jabalina de bronce en su espalda y un escudero al frente de él).
2. ¿Qué había detrás del desafío de Goliat? (I Samuel 17:8-9. En el desafío, estaba haciendo que los israelitas dudaran, se cuestionaran y temieran. Trataba de destruir la confianza de los israelitas y hacerlos perder el ánimo antes de la batalla fuera librada. La batalla mental es la mitad de la victoria).
3. ¿Qué mostró la respuesta de David a Goliat? (I Samuel 17:32. La respuesta de David mostró que tenía su confianza en el Señor. Luchó con este filisteo por reírse del pueblo de Dios).
4. ¿Qué mostró la reacción de Saúl? (I Samuel 17:33. Saúl solo veía la situación desde la perspectiva del hombre. Para el todo era imposible e insensato).
5. ¿Cómo dio confianza a David la protección que el Señor le había dado en el pasado? (I Samuel 17:34-37. Si el Señor había protegido a David en contra de un león y un oso cuando atacaron al rebaño de su padre, también lo protegería ahora. David tenía fe en el Señor).
6. ¿Cuál sería la razón, según dijo David, por la que los filisteos serían como el león y el oso muertos? (I Samuel 17:36. Goliat moriría de igual manera pues había desafiado al ejercito del Dios viviente).
7. ¿Cómo contradijo Saúl sus palabras "el Señor es contigo" al dar a David su propia armadura? (I Samuel 17:37-39. Sus palabras hablaban de la protección de Dios, mientras que la armadura hablaba de la protección del hombre).
8. ¿Cuáles fueron algunos contrastes entre David y Goliat al venir a la batalla? (I Samuel 17:39-47. David no tenía armadura, Goliat lo tenía todo. David llevaba un palo, piedras y una honda, Goliat llevaba una espada, una lanza y un escudo. Goliat maldijo a David en el nombre de sus dioses pero David fue contra Goliat ene el Nombre del Señor).
9. ¿Cuál dijo David era el propósito de la batalla? (I Samuel 17:46-47. Que todo el mundo supiera que hay un Dios en Israel y que el Señor no libra por espada o por lanza).

10. ¿Por qué David dijo tales cosas a Goliat? (I Samuel 17:45-47. David recalcó que Goliat estaba luchando contra el Señor todopoderoso, el Dios de los ejércitos de Israel, a quién él había desafiado. David dejó en claro que esta batalla sería de testimonio para el mundo de que había un Dios en Israel y que esta batalla sería ganada por el Señor el libertador).
11. ¿Cuál era la característica de la fe de David? (I Samuel 17:39-40, 46-47. David no se preocupaba por las cosas físicas a su alrededor, o por aquello que se le pudiera haber imaginado. Él confió en que el Señor era capaz de usarle tal y como él era, estando confiado en el resultado).
12. ¿De qué forma David vivió y lucho para la gloria de Dios? (I Samuel 17:46-47. En las palabras que dijo dejó claro que esa era la batalla del Señor. David confió en el Señor y le dio el crédito por derrotar a Goliat).
13. ¿Qué dijo la reacción de la armada filistea acerca de su fe? (I Samuel 17:51. Que habían confiado en un héroe ya muerto).

Preguntas para Discusión:
1. ¿Cuáles son los enemigos temibles o las tareas abrumadoras a los que nos enfrentamos? (I Samuel 17:4-7. Enfrentamos problemas como con Goliat, que son invencibles para nuestra propia fuerza).
2. ¿Qué nos hace dudar, temer, y cuestionar la capacidade de Dios para librarnos? (I Samuel 17:8-9. Como los israelitas, podemos perder ánimo y perder la batalla mental. Cuando miramos a nosotros mismos siempre nos veremos cortos. Pero cuando miremos al Señor podremos estar confiados).
3. ¿Cómo podremos estar confiados cuando los problemas vengan? (I Samuel 17:32. Podremos estar confiados en el Señor pero no en nosotros mismos).
4. ¿Cómo reaccionan aquellos a nuestro alrededor cuando nos ven alzándonos en fe? (I Samuel 17:33. Muchas veces cuando la gente nos ve levantándonos en fe, ellos reaccionarán con vacilación e inseguridad. Mas no debemos dejar que eso nos desanime. Debemos escuchar al Señor y no al hombre).
5. ¿A qué de nuestro pasado podemos mirar para solidificar nuestra fe en el Señor para el porvenir? (I Samuel 17:34-37. Podemos mirar al pasado, cuando Dios fue fiel con nosotros. Pero debemos mirar a Jesús y su fidelidad por sobre todo).
6. ¿Cuándo hemos visto la fidelidad del Señor con nosotros?
7. ¿Cuáles son algunas de las cosas en las que ponemos nuestra fe aparte del Señor? (I Samuel 17:38-39. Podemos poner nuestra fe en que otra gente nos ayudara o nos librará.

Podemos poner nuestra fe en nuestras habilidades, en nuestro dinero o en nuestro conocimiento).

8. ¿Qué contrastes hay entre la vida vivida con fe y la vida incrédula? (I Samuel 17:39-47. Una vida de fe es la que lee, escucha, y obedece la Palabra de Dios. Es una vida llena del fruto del Espíritu confiada en lo que el Señor está preparando. Una vida sin fe es confiar en cosas que pueden fallar. Es una vida de dudas y preguntas de incertidumbre por el futuro).

9. ¿Qué tipo de fe en Dios mostramos cuando confiamos en Él pero decidimos hacer planes de emergencia en caso de que sus planes no funcionen? (Mostramos que en realidad no confiamos en Él completamente y que estamos confiando en nuestra capacidad de discernir una situación mejor que Dios).

10. ¿Cómo muestran nuestras vidas que el Señor es un Dios todopoderoso? (I Samuel 17:45-47. Cuando vivimos confiando que el Señor está con nosotros la gente puede verlo. Cuando hablamos com la autoridad de la Palabra de Dios, la gente puede oír su verdad siendo proclamanda).

11. ¿A quién puede usar el Señor como su instrumento para mostrar su gloria? (I Samuel 17:42. El Señor es capaz de usar a todos, sin importar su edad o capacidad física a fin de hacer grandes cosas para Él, cuando su confianza está puesta en Él).

12. ¿Para la gloria de quién estás viviendo tu vida?

13. ¿De qué manera debemos abordar aquello que el Señor ha puesto delante nuestro para hacer? (I Samuel 17:48. Debemos correr rápidamente para tomarlo y abordarlo con disposición).

Sexto Periodo

INTERNATIONAL ORALITY INSTITUTE

Vida Espiritual y Ministerio

71. La Adoración
S. Juan 4:4-26

S. Juan 4

⁴ Y le era necesario pasar por Samaria. ⁵ Vino, pues, a una ciudad de Samaria llamada Sicar, junto a la heredad que Jacob dio a su hijo José.⁶ Y estaba allí el pozo de Jacob. Entonces Jesús, cansado del camino, se sentó así junto al pozo. Era como la hora sexta.

⁷ Vino una mujer de Samaria a sacar agua; y Jesús le dijo: Dame de beber. ⁸ Pues sus discípulos habían ido a la ciudad a comprar de comer. ⁹ La mujer samaritana le dijo: ¿Cómo tú, siendo judío, me pides a mí de beber, que soy mujer samaritana? Porque judíos y samaritanos no se tratan entre sí.

¹⁰ Respondió Jesús y le dijo: Si conocieras el don de Dios, y quién es el que te dice: Dame de beber; tú le pedirías, y él te daría agua viva. ¹¹ La mujer le dijo: Señor, no tienes con qué sacarla, y el pozo es hondo. ¿De dónde, pues, tienes el agua viva? ¹² ¿Acaso eres tú mayor que nuestro padre Jacob, que nos dio este pozo, del cual bebieron él, sus hijos y sus ganados?

¹³ Respondió Jesús y le dijo: Cualquiera que bebiere de esta agua, volverá a tener sed; ¹⁴ mas el que bebiere del agua que yo le daré, no tendrá sed jamás; sino que el agua que yo le daré será en él una fuente de agua que salte para vida eterna. ¹⁵ La mujer le dijo: Señor, dame esa agua, para que no tenga yo sed, ni venga aquí a sacarla.

¹⁶ Jesús le dijo: Ve, llama a tu marido, y ven acá. ¹⁷ Respondió la mujer y dijo: No tengo marido. Jesús le dijo: Bien has dicho: No tengo marido; ¹⁸ porque cinco maridos has tenido, y el que ahora tienes no es tu marido; esto has dicho con verdad.

¹⁹ Le dijo la mujer: Señor, me parece que tú eres profeta. ²⁰ Nuestros padres adoraron en este monte, y vosotros decís que en Jerusalén es el lugar donde se debe adorar.

²¹ Jesús le dijo: Mujer, créeme, que la hora viene cuando ni en este monte ni en Jerusalén adoraréis al Padre. ²² Vosotros adoráis lo que no sabéis; nosotros adoramos lo que sabemos; porque la salvación viene de los judíos. ²³ Mas la hora viene, y ahora es, cuando los verdaderos adoradores adorarán al Padre en espíritu y en verdad; porque también el Padre tales adoradores busca que le adoren. ²⁴ Dios es Espíritu; y los que le adoran, en espíritu y en verdad es necesario que adoren.

[25] Le dijo la mujer: Sé que ha de venir el Mesías, llamado el Cristo; cuando él venga nos declarará todas las cosas.

[26] Jesús le dijo: Yo soy, el que habla contigo.

Preguntas de Estudio: La Adoración
S. Juan 4:4-26

Introducción:
La adoración es muchas veces confundida con cantar canciones y alabar al Señor. Sin embargo, la adoración es mucho más. La adoración es un estilo de vida. Incluye alabar a Dios con nuestras voces, pero también incluye todos los otros aspectos de nuestra relación con el Señor. Nuestra interacción con otros y la manera en la que vivimos nuestra vida diaria también son parte de la adoración. La adoración es la dedicación del todo en nuestras vidas para el Señor. ¡Significa traer honor y gloria a Dios en todo lo que hacemos! (S. Juan 17:4).
Cuando Jesús fue a Samaria, él empezó a hablar con una mujer que había venido al pozo para sacar agua. Empezó hablando con ella sobre el don de Dios del agua viva, sobre su vida personal y sobre el tema de la adoración. La vida de la mujer samaritana cambió de un adorar a lo que no conocía, a un adoración a Jesús, el Mesías.

Objetivos:
Conocimiento
- Entender que la adoración es un estilo de vida. Es una vida que se vive para la gloria del Señor.
- Reconocer la importancia de la adoración en espíritu y en verdad, conectando tanto la reacción emocional como la verdad de la Palabra de Dios.

Actitud
- Tener el gozo profundo que viene de la abundante agua viva de una relación con Jesús.

Acciones
- Permitir que el Espíritu Santo tome el control de nuestras vidas.
- "Presentar nuestros cuerpos en sacrificio vivo, santo, y agradable a Dios, que es nuestro culto racional."

Versículos para Memorizar:
Colosenses 3:15-17 "Y la paz de Dios gobierne en vuestros corazones, a la que asimismo fuisteis llamados en un solo cuerpo; y sed agradecidos. La palabra de Cristo more en abundancia en vosotros, enseñándoos y exhortándoos unos a otros en toda sabiduría, cantando con gracia en vuestros corazones al Señor con salmos e himnos y cánticos espirituales. Y todo lo que hacéis, sea de palabra o de hecho, hacedlo todo en el nombre del Señor Jesús, dando gracias a Dios Padre por medio de él."

Hebreos 10:25 "No dejando de congregarnos, como algunos tienen por costumbre, sino exhortándonos; y tanto más, cuanto veis que aquel día se acerca."

Versículos para ampliar el Estudio:
Salmo 150, S. Juan 4:23-24, Hechos 2:42-48; 16:13-33; Efesios 5:19-22; Colosenses 3:12-17; Hebreos 10:19-25

Preguntas acerca de la Historia:
1. ¿Cómo vivió Jesús intencionalmente cuando pasó por Samaria? ¿Qué tiene que ver eso con la adoración? (S. Juan 4:4. La adoración es glorificar intencionalmente al Señor en todo lo que hacemos. Jesús pudo haber tomado otro camino para ir a Jerusalén pero intencionalmente escogió ese camino).
2. ¿Cómo afectó el cansancio a Jesús en su capacidad de vivir para su Padre? (S. Juan 4:6-7. Como hombre, Jesús tuvo limitaciones físicas en cuanto a lo que podía hacer, aún así tomo esta oportunidad para llevar a la mujer hacia el Señor).
3. ¿Cuáles fueron algunos tabús culturales que Jesús rompió al hablar con la mujer samaritana? (S. Juan 4:9, 27. Jesús, como varón, estaba hablando con una mujer, y como judío estaba hablando con una samaritana. Los judíos no se relacionaban con los samaritanos).
4. ¿De qué manera Jesús escogió relacionarse con alguien de un origen completamente diferente? (S. Juan 4:7-14. Jesús escogió relacionarse con la mujer samaritana usando el agua, algo muy normal y común, para expresar las verdades de Dios y del Reino de los Cielos).
5. ¿Qué le ofreció a la mujer samaritana? (S. Juan 4:10, 14. Jesús explicó que Él era capaz de ofrecerle agua viva que brotaría para vida eterna).
6. ¿Qué barreras claras tuvo la mujer a la hora de entender esa agua viva? (S. Juan 4:11. La mujer solo veía las cosas desde un punto de vista físico, como por ejemplo el que no hubiera nada para sacar el agua del pozo tan hondo. Incluso comparó a Jesús con la grandeza de Jacob).
7. ¿Cómo hizo Jesús que la mujer pensara en las cosas eternas y no en sólo sacar agua? (S. Juan 4:13-15. Jesús la hizo pensar sobre el agua viva, algo que sería refrescante para siempre. Algo que le daría vida eterna).
8. ¿Por qué la petición de la mujer para obtener de esa agua viva estuvo motivada por egoísmo? (S. Juan 4:15. Ella quería saciar su sed física y poder evitar el esfuerzo de ir a sacar agua).

163

9. ¿Por qué Jesús dijo a la mujer que llamara a su esposo? (S. Juan 4:16-18. Jesús reveló su pecado pasado y presente, junto con el hecho de que no estaba ni satisfecha ni contenta. Él le mostró su necesidad por el perdón y la nueva vida que Él tenía por ofrecer).

10. ¿Cuál fue la última excusa u obstáculo que la mujer presentó a Jesús? (S. Juan 4:19-20. Ella enfatizó las diferencias entre los samaritanos y los judíos, sobre su entendimiento de la adoración y los aspectos religiosos de culto).

11. ¿Qué dijo Jesús a la mujer respecto a la adoración? (S. Juan 4:21-25. La adoración no se trata de un lugar o de una religión. La adoración es una respuesta a lo que el Señor ha hecho para traer salvación y la verdad de la Palabra de Dios. Jesús dijo también que los verdaderos adoradores adorarían al Padre en espíritu y en verdad, y no por deber religioso u obligación).

12. Resume algunos desafíos que este texto describe al vivir intencionalmente para el Señor. (S. Juan 4:6-22. Algunos desafíos son: cansancio físico, barreras sociales, barreras mentales, pensamientos egoístas, obstáculos artificiales y falta de conocimiento).

13. ¿Qué es lo más significativo de que Jesús dijera que Él era el Mesías? (S. Juan 4:25-26. El tenía la autoridad para "enseñar todo" a la mujer. Sabía que lo que es la verdadera adoración, por lo que ella no tenía más por qué esperar).

Preguntas para Discusión:

1. ¿Qué es adoración? (Alabar, adorar, honrar, y respetar a Dios con nuestras palabras y acciones. Romanos 12:1 lo describe como un "sacrificio vivo... que es vuestro culto racional")

2. ¿Cómo afectan los caminos que escogemos la forma en que vivimos para el Señor? (S. Juan 4:4. Podemos escoger caminos que nos llevan a situaciones de ministerio o podemos evitarlas. Podemos escoger alabar o evitar hacerlo).

3. ¿Afecta nuestro cansancio la manera en la que interactuamos con otros? (S. Juan 4:6-7).

4. ¿Qué obstáculos sociales enfrentamos cuando compartimos el Evangelio? (S. Juan 4:8. Hay gente en nuestra sociedad que son considerados marginados, y hay también otros con quienes escogemos no asociarnos).

5. ¿A quién debemos incluir en la adoración? ¿Debería haber distinción o discriminación alguna?

6. ¿Cómo podemos alcanzar a otros a través de barreras sociales para llevarles a Jesús? (S. Juan 4:10. Hay muchas cosas simples que pueden acortar distancias entre las personas que pueden traer el Evangelio).

7. ¿Cómo se relaciona el agua viva con la adoración? (S. Juan 4:10. La adoración es una respuesta que viene de una relación personal con Jesús. Es una renovación y un refrescamiento).

8. ¿Qué barreras falsas o distractores tenemos en cuanto a la adoración? (S. Juan 4:11. Podemos tener muchas barreras mentales para buscar y alabar a Dios, así como cosas que nos distraigan de vivir completamente para el Señor. Satanás, nosotros mismos, y otros dioses son todas distractores para la verdadera adoración. Éxodo 20:3-6; S. Mateo 4:8:10).

9. ¿Qué tipo de motivaciones egoístas se ponen en nuestro camino para adorar al Señor? (S. Juan 4:15. Podemos tener una actitud que piense que la adoración se trata de lo que recibimos, o de lo que sentimos, en vez de lo que damos o cómo podemos agradar al Señor).

10. ¿Qué motivos tenemos para adorar al Señor? (S. Juan 4:13-19. Podemos tener muchos motivos de adoración y alabanza al Señor, principalmente por nuestra salvación, pero también por su carácter. El es omnisciente, omnipotente y omnipresente).

11. ¿Importa dónde nos reunimos para adorar? (S. Juan 4:21. El lugar no importa pues Dios es Espíritu y no está confinado a templos hechos por manos humanas. Él está en todo lugar y puede ser adorado en cualquier lugar).

12. ¿Por qué debemos como adoradores de Dios, adorarle en espíritu y en verdad? (S. Juan 4:23-24. Debemos adorar en espíritu y en verdad pues Dios es Espíritu y es Verdad. La adoración es una respuesta de emoción así como de conocimiento).

13. ¿Qué razón nos dio Jesús en este pasaje para alabarle y adorarle? (S. Juan 4:26. Como Jesús dijo claramente, Él es el Mesías que ha venido. Podemos adorar y alabarle como el que ha venido a salvarnos de nuestros pecados).

72. El Estudio Bíblico
La Iglesia Esparcida y el Camino a Emaús
Hechos 11:19-26 & Lucas 24:13-32

Hechos 11

¹⁹ Ahora bien, los que habían sido esparcidos a causa de la persecución que hubo con motivo de Esteban, pasaron hasta Fenicia, Chipre y Antioquía, no hablando a nadie la palabra, sino sólo a los judíos. ²⁰ Pero había entre ellos unos varones de Chipre y de Cirene, los cuales, cuando entraron en Antioquía, hablaron también a los griegos, anunciando el evangelio del Señor Jesús. ²¹ Y la mano del Señor estaba con ellos, y gran número creyó y se convirtió al Señor.

²² Llegó la noticia de estas cosas a oídos de la iglesia que estaba en Jerusalén; y enviaron a Bernabé que fuese hasta Antioquía. ²³ Este, cuando llegó, y vio la gracia de Dios, se regocijó, y exhortó a todos a que con propósito de corazón permaneciesen fieles al Señor. ²⁴ Porque era varón bueno, y lleno del Espíritu Santo y de fe. Y una gran multitud fue agregada al Señor.

²⁵ Después fue Bernabé a Tarso para buscar a Saulo; y hallándole, le trajo a Antioquía. ²⁶ Y se congregaron allí todo un año con la iglesia, y enseñaron a mucha gente; y a los discípulos se les llamó cristianos por primera vez en Antioquía.

Lucas 24

¹³ Y he aquí, dos de ellos iban el mismo día a una aldea llamada Emaús, que estaba a sesenta estadios de Jerusalén. ¹⁴ E iban hablando entre sí de todas aquellas cosas que habían acontecido. ¹⁵ Sucedió que mientras hablaban y discutían entre sí, Jesús mismo se acercó, y caminaba con ellos. ¹⁶ Mas los ojos de ellos estaban velados, para que no le conociesen.

¹⁷ Y les dijo: ¿Qué pláticas son estas que tenéis entre vosotros mientras camináis, y por qué estáis tristes?

¹⁸ Respondiendo uno de ellos, que se llamaba Cleofas, le dijo: ¿Eres tú el único forastero en Jerusalén que no has sabido las cosas que en ella han acontecido en estos días?

¹⁹ Entonces él les dijo: ¿Qué cosas?

Y ellos le dijeron: De Jesús nazareno, que fue varón profeta, poderoso en obra y en palabra delante de Dios y de todo el pueblo; ²⁰ y cómo le entregaron los principales sacerdotes y nuestros gobernantes a sentencia de muerte, y le crucificaron. ²¹ Pero nosotros esperábamos que él era el que había de redimir a Israel; y ahora, además de todo esto, hoy es ya el tercer día que esto ha acontecido. ²² Aunque también nos han asombrado unas mujeres de entre nosotros, las que antes del día fueron al sepulcro; ²³ y como no hallaron su cuerpo, vinieron diciendo que también habían visto visión de ángeles, quienes dijeron que él vive. ²⁴ Y fueron algunos de los nuestros al sepulcro, y hallaron así como las mujeres habían dicho, pero a él no le vieron.

²⁵ Entonces él les dijo: !!Oh insensatos, y tardos de corazón para creer todo lo que los profetas han dicho! ²⁶ ¿No era necesario que el Cristo padeciera estas cosas, y que entrara en su gloria? ²⁷ Y comenzando desde Moisés, y siguiendo por todos los profetas, les declaraba en todas las Escrituras lo que de él decían.

²⁸ Llegaron a la aldea adonde iban, y él hizo como que iba más lejos. ²⁹ Mas ellos le obligaron a quedarse, diciendo: Quédate con nosotros, porque se hace tarde, y el día ya ha declinado. Entró, pues, a quedarse con ellos.

³⁰ Y aconteció que estando sentado con ellos a la mesa, tomó el pan y lo bendijo, lo partió, y les dio. ³¹ Entonces les fueron abiertos los ojos, y le reconocieron; mas él se desapareció de su vista. ³² Y se decían el uno al otro: ¿No ardía nuestro corazón en nosotros, mientras nos hablaba en el camino, y cuando nos abría las Escrituras?

Preguntas de Estudio: El Estudio Bíblico
Hechos 11:19-26 & S. Lucas 24:13-32

Introducción:
Lo primero que necesitó el gran número de Cristianos en Antioquía fue que les enseñaran, por ello Pablo y Bernabé dedicaron un año para hacerlo. Después de que Jesús resucitó de los muertos, lo primero que los discípulos necesitaron fue que les explicaran las Escrituras, y eso hizo Jesús. La Palabra de Dios, que nos ha sido confiada para nuestro crecimiento espiritual, es esencial para nuestra relación diaria con Jesús. Es en esa Palabra que le conocemos de una forma viva, pues Él es la Palabra viviente de Dios. "y aquel verbo fue hecho carne y habitó entre nosotros" (S. Juan 1:14).

Tristemente, es fácil distraerse y ocupar nuestro tiempo con muchas otras cosas menos con la Palabra de Dios. Tratamos de confiar en nuestra propia sabiduría y consejo en lugar de mirar a la Biblia. La Biblia son las mismísimas palabras de Dios. Su Palabra es inmutable, fiel y relevante en todo tiempo. Es esencial estudiar la Palabra de dios y dejarla ser "lámpara a nuestro pie, y lumbrera en nuestro camino" (Salmo 119:105).

Objetivos:
Conocimiento
- Entender que la Palabra es un espejo, un freno y una guía en nuestras vidas. Nos muestra nuestra necesidad de Dios y nos mantiene en el camino correcto, guiándonos a una relación con Él.
- Descubrir nuestra necesidad de estudiar la Palabra de Dios diariamente, a fin de permanecer en una relación cercana con Él.

Actitud
- Desear la Palabra de Dios como nuestro pan diario.

Acciones
- Consagrar un tiempo diario para leer la Palabra de Dios.
- Meditar en su Palabra y su voluntad para nuestra vida.

Versículos para Memorizar:
Salmo 119:9-11 "¿Con qué limpiará el joven su camino? Con guardar tu palabra. Con todo mi corazón te he buscado; No me dejes desviarme de tus mandamientos. En mi corazón he guardado tus dichos, Para no pecar contra ti."

S. Mateo 4:4 "El respondió y dijo: Escrito está: No sólo de pan vivirá el hombre, sino de toda palabra que sale de la boca de Dios."

168

Versículos para ampliar el Estudio:
Josué 1:8; Salmo 42:1; 119:9-11; S. Mateo 4:1-11; S. Lucas 4:1-12; Hechos 17:11; II Timoteo 3:16-17; Hebreos 4:12.

Preguntas acerca de la Historia:
1. ¿A quién iba dirigido el mensaje? (Hechos 11:19-2. Estaban compartiendo las Buenas Nuevas de Jesucristo primero a los judíos, pero también a los griegos. Un gran número de personas creyeron y se volvieron al Señor. Era un cambio cultural enorme el traer el mensaje a los griegos).
2. ¿Cuál fue el resultado de que la Palabra de Dios saliera al mundo? (Hechos 11:21-23. "y gran número creyó y se volvió al Señor." La gente estaba siendo salvada y sus vidas daban muestra de la gracia de Dios. La Palabra viviente estaba cambiando vidas).
3. ¿Cómo se describe a Bernabé? (Hechos 11:24. Bernabé es descrito como un hombre bueno, lleno del Espíritu Santo y de fe. Estos atributos vinieron de la obra de Dios en su vida. Su vida también daba muestras del fruto de Dios, "y una gran multitud fue agregada al Señor").
4. ¿Por qué Bernabé fue a buscar a Saulo? (Hechos 11:25-26. Buscaba a Saulo a fin de traerlo de regreso a Antioquía para ayudar con el ministerio. Bernabé necesitaba a Saulo pues era una persona única. Era tanto de la cultura judía como de la romana y podía enseñar bien).
5. ¿Qué fue lo más significativo de que Bernabé y Saulo enseñaran por un año? (Hechos 11:26. Es la Palabra de Dios la que cambia vidas, y es la Palabra de Dios la que fortaleció a los nuevos creyentes. Es el fundamento de nuestra fe. Romanos 10:17 dice "la fe es por el oír, y el oír, por la Palabra de Dios").
6. ¿Qué fue lo más significativo de que Jesús se uniera a los dos discípulos que andaban solos? (S. Lucas 24:13-16. Era de Jesús de quien estaban discutiendo. Él anduvo con ellos pero aun así no le reconocieron. Por lo que les enseñó Él mismo las Escrituras).
7. ¿Por qué es sorprendente que sus caras estuvieran tristes a luz de todo lo que sabían? (S. Lucas 24:17-24. No había pasado lo que esperaban. Sabían que Jesús era un "varón profeta, poderoso en obra y en palabra delante de Dios y de todo el pueblo." Sabían que las mujeres habían visto la tumba vacía y la visión de los ángeles que dijeron que Él estaba vivo.

169

También sabían que algunos de sus compañeros habían visto la tumba vacía).

8. ¿Por qué Jesús les llamó "¡Oh insensatos, y tardos de corazón para creer todo lo que los Profetas han dicho!" (S. Lucas 24:25. Conocían a los Profetas pero no habían entendido que Jesús era aquel de quien habían hablado. El estaba caminando y hablando con ellos pero aún así no entendían).

9. ¿Qué dicen Moisés y los Profetas acerca de Jesús? (S. Lucas 24:27. Describen a Jesús desde el principio hasta el fin con más y más detalles con el paso del tiempo).

10. ¿Por qué Jesús "les declaraba las Escrituras"? (S. Lucas 24:27,32. Para que pudieran entender el plan de Dios y creyeran en el Mesías resucitado).

11. ¿Qué es lo más significativo de que Jesús tomara el pan, diera gracias, lo partiera y se los diera? (S. Lucas 24:30. Él ya había partido el pan en la última cena y durante la alimentación de los cinco mil).

12. ¿De qué percataron cuando sus ojos les fueron abiertos y le reconocieron? (S. Lucas 24:32. Se percataron de que sus corazones habían estado ardiendo dentro de ellos en tanto que Jesús hablaba con ellos y les declaraba las Escrituras).

Preguntas para Discusión:

1. ¿En qué situaciones deberíamos permanecer en la Palabra de Dios y compartirla con otros? (Hechos 11:19-20; S. Lucas 24:27. Todo momento puede ser propicio para permanecer en la Palabra de Dios y compartirla con otros. Ya sea que andemos por el camino o en una tierra desconocida, la Palabra de Dios se aplica en toda circunstancia, pero sí, no podemos enseñar a otros aquello que no hemos aprendido primero).

2. ¿Cómo podemos usar las dificultades para glorificar a Dios? (Hechos 11:19-21. Podemos usar las dificultades para llevar a la gente a Jesucristo y al amor de Dios en tanto que buscamos su rostro y ponemos nuestra confianza en Él).

3. ¿A quiénes se supone que el mensaje del Señor ha sido enviado? (Hechos 11:19-21. El mensaje del Señor es para todos, judíos y griegos. Cualquiera sea tu origen, tú necesitas conocer a Jesús y tener una relación personal con Él).

4. ¿De quién es el poder que nos capacita a salir a predicar? (Hechos 11:21. Debemos salir en el poder del Señor y su Palabra).

5. ¿Qué debería ser evidente para otros sobre quienes han experimentado un cambio de vida al aceptar a Cristo? (Hechos 11:22, 26. El cambio debería ser evidente a aquellos a nuestro

170

alrededor para que sean llamado cristianos, "cristitos," por sus acciones más que por sus confesiones).

6. ¿Es claro para la gente que tú has sido cambiado y que Dios te ha virado? ¿Qué ven en tu vida?

7. ¿De qué maneras podemos permanecer fieles al Señor con todo nuestro corazón? (Hechos 11:23. Somos fieles al Señor permaneciendo en su Palabra y caminando con Él cada día).

8. ¿Qué significa estar lleno del Espíritu Santo? (Que el Espíritu Santo está viviendo en ti, y está obrando a través de ti para la gloria de su Nombre).

9. ¿Qué nos es esencial tener con nosotros en el ministerio mientras avanzamos? (Hechos 11:25-26. Es esencial tener a alguien trabajando contigo en el ministerio, para animarte en el proceso y en lo que está por venir).

10. ¿Cuándo podemos aprender de otros y a quién le podemos enseñar la Palabra de Dios? (Hechos 11:26. Hay cristianos que pueden enseñarnos la Palabra de Dios y cómo se aplica a nuestra vida. También hay muchos otros que necesitan conocer la Palabra de Dios y a quienes les podemos enseñar).

11. ¿Cómo camina Jesús con nosotros durante nuestra vida? (Lucas 24:15. Él está a nuestro lado al llevar su Palabra y viniendo a Él en oración).

12. ¿En qué momentos nuestras vidas están entristecidas sin necesidad? (S. Lucas 24:17. Cuando pensamos que estamos afrontando desafíos de vida sin Jesús, o cuando fallamos en mirar su rostro).

13. ¿Están tus ojos abiertos para ver a Jesús obrando en tu vida? ¿Cómo llegamos a reconocer a Jesús más y más? (S. Lucas 24:32. Llegamos a reconocer a Jesús más y más cuando permanecemos en la Palabra de Dios y conocemos la naturaleza de Cristo).

14. ¿Cómo anuncian tanto el Antiguo como el Nuevo Testamento a Jesús? (S. Lucas 24:27. Las escrituras apuntan a Jesús; el Antiguo Testamento apunta en prospectiva y el Nuevo Testamento en retrospectiva).

15. ¿Cuándo ha ardido tu corazón cuando las Escrituras te han sido anunciadas? (S. Lucas 24:32).

73. La Oración
El Padre Nuestro y la Oración de David
S. Mateo 6:5-15; Salmo 54

S. Mateo 6

[5] Y cuando ores, no seas como los hipócritas; porque ellos aman el orar en pie en las sinagogas y en las esquinas de las calles, para ser vistos de los hombres; de cierto os digo que ya tienen su recompensa. [6] Mas tú, cuando ores, entra en tu aposento, y cerrada la puerta, ora a tu Padre que está en secreto; y tu Padre que ve en lo secreto te recompensará en público. [7] Y orando, no uséis vanas repeticiones, como los gentiles, que piensan que por su palabrería serán oídos. [8] No os hagáis, pues, semejantes a ellos; porque vuestro Padre sabe de qué cosas tenéis necesidad, antes que vosotros le pidáis.

[9] Vosotros, pues, oraréis así: Padre nuestro que estás en los cielos, santificado sea tu nombre. [10] Venga tu reino. Hágase tu voluntad, como en el cielo, así también en la tierra. [11] El pan nuestro de cada día, dánoslo hoy. [12] Y perdónanos nuestras deudas, como también nosotros perdonamos a nuestros deudores. [13] Y no nos metas en tentación, mas líbranos del mal; porque tuyo es el reino, y el poder, y la gloria, por todos los siglos. Amén.

[14] Porque si perdonáis a los hombres sus ofensas, os perdonará también a vosotros vuestro Padre celestial; [15] mas si no perdonáis a los hombres sus ofensas, tampoco vuestro Padre os perdonará vuestras ofensas.

Salmo 54

[1] Oh Dios, sálvame por tu nombre, Y con tu poder defiéndeme.
[2] Oh Dios, oye mi oración; Escucha las razones de mi boca.
[3] Porque extraños se han levantado contra mí, Y hombres violentos buscan mi vida; No han puesto a Dios delante de sí. *Selah*
[4] He aquí, Dios es el que me ayuda; el Señor está con los que sostienen mi vida.
[5] El devolverá el mal a mis enemigos; Córtalos por tu verdad.
[6] Voluntariamente sacrificaré a ti; Alabaré tu nombre, oh Jehová, porque es bueno.
[7] Porque él me ha librado de toda angustia, Y mis ojos han visto la ruina de mis enemigos.

Preguntas de Estudio: La Oración
Mateo 6:5-15; Salmo 54

Introducción:
La oración es una parte esencial de la vida del creyente. Sirve de comunicación con Dios. Jesús enseño a sus discípulos cómo orar y les dijo que se dirigieran a Dios como su Padre. Quería que los discípulos entendieran la relación que podía existir entre ellos y su Padre celestial. Jesús los invitó a derramar sus corazones hacia dios, aun en los pequeños detalles. En el Salmo 54, David clama al Señor por ayuda. Deja saber al Señor de cuán desesperado se sentía, pero también cuán confiado estaba porque el Señor había estado con él en el pasado. Como David, también podemos clamar al Señor en todo momento, lugar y circunstancia sabiendo que Él nos escucha.

Aún cuando la oración sea simplemente hablar con Dios, parece que a veces olvidamos a abrir nuestros corazones y ser honestos con Él. Las grandes palabras sonarán importantes, pero el Señor no está buscando una demonstración de palabras convincentes. Quiere que hablemos con Él como un hijo o una hija hablan con su padre. Jesús nos da un ejemplo en el Padre Nuestro. En éste, nos invita a llamar a su Padre nuestro Padre, pues es Él mismo quien hace esa relación posible.

Objetivos:
Conocimiento
- Entender nuestra necesidad por la oración y por una relación con Dios.
- Descubrir que podemos acercarnos a Dios en todo momento y en cualquier lugar para agradecerle y traer nuestras necesidades ante Él.
- Reconocer que Dios es nuestro Padre y que también es Santo, que la oración es sobre su Reino y voluntad, y sobre nuestras necesidades, deudas y tentaciones.

Actitud
- Tener fe en que el Señor oye nuestras oraciones y que siempre responderá según su perfecta voluntad.
- Creer que Dios es capaz de hacer mucho más de lo que podamos siquiera pedir o imaginar.

Acciones
- Encontrarnos diariamente con Jesús en oración, abriendo nuestros corazones a Él.
- Mantener su Nombre santo, confesar nuestros pecados y buscando su Reino tanto como pedimos al Señor.

Versículos para Memorizar:
2 Crónicas 7:14 "Si se humillare mi pueblo, sobre el cual mi nombre es invocado, y oraren, y buscaren mi rostro, y se convirtieren de sus malos caminos; entonces yo oiré desde los cielos, y perdonaré sus pecados, y sanaré su tierra."
S. Mateo 7:7 "Pedid, y se os dará; buscad, y hallaréis; llamad, y se os abrirá."

Versículos para ampliar el Estudio:
I Crónicas 7:14; Jeremías 33:3; S. Mateo 7:7-11; 21:20-22; S. Lucas 18:1-5; Efesios 3:20; I Tesalonicenses 5:17; Hebreos 11:6; Santiago 4:1-3; 5:14-22

Preguntas acerca de la Historia:
1. ¿Qué tipo de actitud se requiere al orar? (S. Mateo 6:5-8. No debemos ser como los hipócritas que orar por espectáculo. Ni tampoco debemos ser como los paganos, usando vanas palabrerías. Debemos ser humildes, íntimos y confiados en nuestras oraciones, pues Dios es nuestro Padre y sabe lo que necesitamos).
2. ¿Por qué debemos ir a nuestra cámara y cerrar la puerta cuando oremos? (S. Mateo 6:6-8. Porque nuestro Padre, que está en lo secreto, conoce nuestras necesidades. El nos recompensará según su voluntad deseando una relación sincera con sus hijos).
3. ¿Cuál es la diferencia entre las dos recompensas descritas? (S. Mateo 6:5-6. Los hipócritas reciben su recompensa al ser vistos de todos. La oración secreta recibirá su recompensa de su Padre celestial).
4. ¿Cuáles son los temas principales incluidos en el Padre Nuestro que Jesús da como un esbozo y una guía para sus discípulos? (S. Mateo 6:9-13. Los temas principales son: santificar el Nombre de Dios, el reconocimiento de que su Reino y su voluntad son superiores, nuestras necesidades, el perdón, y la protección del Señor de nuestras vidas).
5. ¿Por qué Jesús enseñó a sus discípulos a que oraran a Dios como Padre? (S. Mateo6:9. Por medio de Jesús ellos recibieron la potestad de ser hechos hijos de Dios. Fue la invitación de Jesús lo que lo hizo posible).
6. ¿Por qué Jesús dijo a sus discípulos que santificaran el Nombre de Dios? (S. Mateo 6:9. Santificar el Nombre de Dios significa ser respetuoso con éste y con todo su ser. Ser santo significa apartado y sin pecado. El Nombre de Dios y todo su

carácter es santo, pero en esta oración los discípulos reconocen personalmente que su Nombre es santo).

7. ¿Qué significa que el Reino de Dios venga y que su voluntad se haga? (S. Mateo 6:10. El Reino de Dios está donde sea que Dios es Rey. Él está a cargo de todo el mundo, pero la gente se resiste a su voluntad en sus vidas. El orar "Hágase tu voluntad" es darle el control y confiar en su voluntad).

8. ¿Por qué Jesús les enseño a que dijeran "danos hoy nuestro pan de cada día? (S. Mateo 6:11. Dios era el proveedor de su alimento diario, ellos dependían de Él. Dios es también quien proveía los suministros para cada necesidad. Ellos estaban aprendiendo que todo es un regalo de Dios).

9. ¿Por qué los discípulos necesitaban aprender sobre el perdón de pecados? (S. Mateo 6:12. Necesitaban recordar que todo pecado es un pecado contra Dios. Que si llevaran un recuento, la deuda sería imposible de pagar. Esta oración pidieron perdón a Dios y recordaron hacer lo mismo con cualquier persona por cualquier cosa hecha contra ellos).

10. ¿Por qué necesitarían pedir al Señor que nos los metiera en tentación? (S. Mateo 6:13. El Señor no tienta a nadie. Aquí ellos reconocían que eran tentados y que necesitaban la protección del Señor de la mano de Satanás, del mundo y de su propia naturaleza pecadora. Ver también Santiago 1:13. Jesús enfrentó cada tentación y venció a Satanás en la Cruz, en ello nos sostenemos).

11. ¿Por qué Jesús mandó perdonar a otros? (S. Mateo 6:14-15. Si no podían perdonar a otros, cómo esperaban que el Señor los perdonara? Puesto que cada pecado es contra el Señor, los pecados que otros cometieran contra los discípulos no se compararían con sus propios pecados contra el Señor).

12. ¿Cuáles son las diferentes peticiones que David hace a Dios? (Salmo 54:1-2. David pide al Señor que le salve, que le vindique, que le oiga y que le escuche).

13. ¿Qué reconoce David que le ha librado? (Salmo 54:1. David reconoce que ha sido librado por el Nombre del Señor).

14. ¿Cómo caracteriza David al Señor? (Salmo 54:1, 4-7. David reconoce que el Señor es fuerte, fiel y bueno. Que es su ayudador, su sustentador y su libertador).

15. ¿En qué situación estaba David cuando clamó al Señor? (Salmo 54:3. Bajo el ataque de hombres que buscaban su vida)

16. ¿Qué dijo David al Señor que haría? (Salmo 54:6. David oró al Señor diciendo que alabaría su Nombre y que le ofrecería sacrificios).

Preguntas para Discusión:
1. ¿A quién vas en búsqueda de fuerza y protección? ¿Buscas al Señor o a quienes te rodean?
2. ¿Te tomas el tiempo para invocar al Señor en todas circunstancias, o sólo cuando tienes problemas?
3. ¿Qué precauciones debemos tomar cuando oremos? (S. Mateo 6:5-8. Debemos ser cuidadosos de que cuando oremos a Dios seamos humildes, no buscando atraer la atención hacia nosotros por la manera en la que oremos. Debemos orar fervientemente y venir al Señor con reverencia).
4. ¿Con quién debemos orar? (S. Mateo 6:6, Hechos 12:5. Debemos pasar tiempo en oración tanto nosotros solos con el Señor como con otros creyentes).
5. ¿Cuándo tienes tu tiempo personal de oración?
6. ¿Qué significa que Dios Sea nuestro Padre? (S. Mateo 6:9. Él conoce nuestras necesidades, escucha nuestras oraciones y nos responde cuando le buscamos).
7. ¿Cómo podemos santificar el Nombre del Señor? (S. Mateo 6:9. Cuando oramos con respeto humilde. La manera en la que le hablamos a otros sobre el Señor o en la manera en la que usamos su Nombre. Si somos conocidos como Cristianos, el cómo vivimos y el qué decimos puede honrar o profanar el Nombre de Jesús).
8. ¿Cómo podemos entregar nuestras vidas para el Reino del Señor confiando en su voluntad? (S. Mateo 6:10. Entregamos nuestras vidas al Señor y a su Reino cuando pedimos a Jesús que more en nuestras vidas. De igual modo le damos el control de nuestro futuro).
9. ¿Cómo reconocemos al Señor como proveedor? (S. Mateo 6:11. Le reconocemos cuando al agradecerle en oración y cuando estamos agradecidos por lo que nos da).
10. ¿Qué vemos cuando el Señor nos permite traer nuestras necesidades y peticiones ante Él? (S. Mateo6:11. Vemos su amor pues nos invita a orar deseando escucharnos. Él provee para cada necesidad).
11. ¿Cuáles son las tentaciones que enfrentamos? (S. Mateo 6:13. Todos enfrentamos las mismas tentaciones que son comunes al hombre. I Juan 2:16 dice que éstas incluyen la lujuria de la carne, la lujuria de los ojos y el orgullo de la vida).
12. ¿Por qué es tan importante para nosotros el que diariamente perdonemos a os que han pecado contra nosotros? (S. Mateo 6:14-15. Porque el pecado es una barrera que romperá nuestra relación con Dios y con otros. No somos jueces, sino solo el Señor, y Él juzgará a todos con justicia).

13. ¿Qué situaciones son imposibles de responder para Dios? ¿Por qué? (Hechos 12:6-12. Ninguna situación es demasiado difícil para el Señor. Él es todo poderoso. Él creó el universo y todo lo que en él hay).
14. ¿Cómo respondes cuando Dios contesta tu oración en tu vida?
15. ¿Cuál debería ser nuestra respuesta cuando Dios contesta nuestras oraciones? (Hechos 12:17. Cuando vemos que Dios contesta nuestras oraciones, debemos responder en alabanza a Dios por su bondad y misericordia. Debemos también hablar a otros de cómo Dios ha respondido nuestras oraciones)
16. ¿Qué debemos hacer aparte de pedir cosas al Señor cuando oramos? (Salmo 54. Podemos agradecerle y alabarle por su fidelidad, por todo lo que le hemos visto hacer en nuestras vidas y por lo que Él es).

74. Disciplinas Espirituales
Daniel en Babilonia
Daniel 1:1-20

Daniel 1

¹ En el año tercero del reinado de Joacim rey de Judá, vino Nabucodonosor rey de Babilonia a Jerusalén, y la sitió.² Y el Señor entregó en sus manos a Joacim rey de Judá, y parte de los utensilios de la casa de Dios; y los trajo a tierra de Sinar, a la casa de su dios, y colocó los utensilios en la casa del tesoro de su dios.

³ Y dijo el rey a Aspenaz, jefe de sus eunucos, que trajese de los hijos de Israel, del linaje real de los príncipes, ⁴ muchachos en quienes no hubiese tacha alguna, de buen parecer, enseñados en toda sabiduría, sabios en ciencia y de buen entendimiento, e idóneos para estar en el palacio del rey; y que les enseñase las letras y la lengua de los caldeos. ⁵ Y les señaló el rey ración para cada día, de la provisión de la comida del rey, y del vino que él bebía; y que los criase tres años, para que al fin de ellos se presentasen delante del rey.

⁶ Entre éstos estaban Daniel, Ananías, Misael y Azarías, de los hijos de Judá. ⁷ A éstos el jefe de los eunucos puso nombres: puso a Daniel, Beltsasar; a Ananías, Sadrac; a Misael, Mesac; y a Azarías, Abed-nego.

⁸ Y Daniel propuso en su corazón no contaminarse con la porción de la comida del rey, ni con el vino que él bebía; pidió, por tanto, al jefe de los eunucos que no se le obligase a contaminarse. ⁹ Y puso Dios a Daniel en gracia y en buena voluntad con el jefe de los eunucos; ¹⁰ y dijo el jefe de los eunucos a Daniel: Temo a mi señor el rey, que señaló vuestra comida y vuestra bebida; pues luego que él vea vuestros rostros más pálidos que los de los muchachos que son semejantes a vosotros, condenaréis para con el rey mi cabeza.

¹¹ Entonces dijo Daniel a Melsar, que estaba puesto por el jefe de los eunucos sobre Daniel, Ananías, Misael y Azarías: ¹² Te ruego que hagas la prueba con tus siervos por diez días, y nos den legumbres a comer, y agua a beber. ¹³ Compara luego nuestros rostros con los rostros de los muchachos que comen de la ración de la comida del rey, y haz después con tus siervos según veas. ¹⁴ Consintió, pues, con ellos en esto, y probó con ellos diez días.

¹⁵ Y al cabo de los diez días pareció el rostro de ellos mejor y más robusto que el de los otros muchachos que comían de la porción de la comida del rey. ¹⁶ Así, pues, Melsar se llevaba la porción de la comida de ellos y el vino que habían de beber, y les daba legumbres.

[17] A estos cuatro muchachos Dios les dio conocimiento e inteligencia en todas las letras y ciencias; y Daniel tuvo entendimiento en toda visión y sueños.

[18] Pasados, pues, los días al fin de los cuales había dicho el rey que los trajesen, el jefe de los eunucos los trajo delante de Nabucodonosor. [19] Y el rey habló con ellos, y no fueron hallados entre todos ellos otros como Daniel, Ananías, Misael y Azarías; así, pues, estuvieron delante del rey. [20] En todo asunto de sabiduría e inteligencia que el rey les consultó, los halló diez veces mejores que todos los magos y astrólogos que había en todo su reino.

Preguntas de Estudio: Disciplinas Espirituales
Daniel 1:1-20

Introducción:
Las disciplinas espirituales son el campo de entrenamiento para una vida que está rendida solo al Señor. Es un proceso de morir a nuestra naturaleza humana y vivir en el Espíritu. Las disciplinas espirituales son muy difíciles. Incluyen dolor, sacrificio, y autocontrol, y no comprometer las verdades bíblicas cuando existan presiones. Daniel fue llevado cautivo a Babilonia, lo que pudo haberlo amargado. Había sido separado para ser entrenado para el servicio del rey, lo que pudo haberlo envanecido. Después, le dieron comida real de la mesa del rey lo que pudo haberlo hecho glotón. En todas estas ocasiones "Daniel propuso en su corazón no contaminarse." Daniel y sus amigos decidieron que en lugar de comer de la comida real sacrificada a ídolos, ellos confiarían en el Señor y comerían vegetales. Hicieron a un lado las tentaciones de la carne para vivir vidas santas para honrar al Señor. Las tentaciones de Daniel son una imagen de cuando Jesús venció las tentaciones de Satanás en el desierto.

Objetivos:
Conocimiento
- Entender que Dios es quien nos da un espíritu de autocontrol y que necesitamos de su fuerza en batalla.
- Descubrir que cuando nos alcemos por el Señor, pueda que estemos sólo con el Señor de lado nuestro, lo que sigue siendo una ventaja.

Actitud
- Desear nada en la vida más que Jesús.
- Amar las disciplinas que profundizan nuestra relación con el Señor.

Acciones
- Vivir una vida controlada por el Espíritu aún cuando sea más fácil seguir a otros o a nuestra carne.
- Soportar la disciplina pues "Dios os trata como a hijos" Hebreos 12:7.

Versículo para Memorizar:
Tito 2:11-12 "Porque la gracia de Dios se ha manifestado para salvación a todos los hombres, enseñándonos que, renunciando a la impiedad y a los deseos mundanos, vivamos en este siglo sobria, justa y piadosamente."

180

Versículos para ampliar el Estudio:
Génesis 39:1-12; Proverbios 25:28; I Corintios 9:24-27; Gálatas 5:22-23; II Timoteo 1:7; Tito 2:2, 6, 11-14; Hebreos 11:24-26; Santiago1:2-4

Preguntas acerca de la Historia:
1. ¿Por qué el Señor envió a su pueblo a la cautividad? (Daniel 1:1-2. Los israelitas habían vuelto a otros dioses. Se habían rebelado contra los mandamientos del Señor y habían rechazado a los Profetas que el Señor había enviado).
2. ¿Qué tipo de gente fue llevada cautiva a Babilonia? (Daniel 1:3-4. Los cautivos fueron hombre jóvenes de la familia real y de la nobleza, aquellos sin defectos, de atractivo físico, y que probaran ser aptos para cualquier tipo de aprendizaje que estuvieran bien educados, prontos de entendimiento y calificados para servir en el palacio del rey).
3. ¿Qué dijo de ellos su habilidad para aprender el idioma? (Daniel 1:3-4. Que el Señor les había dado mentes ágiles. Estaban listos para las tareas y ya habían desarrollado cierta autodisciplina).
4. ¿Qué otras pruebas tendrían que superar? (Daniel 1:4-6. Ellos tendrían que enfrentar la manipulación mental que implicaba el aprender la lengua y la literatura babilónicas, las tentaciones físicas de la comida del rey, y la nueva identidad de sus nombres babilonios).
5. ¿Por qué "Daniel dispuso en su corazón no contaminarse con la porción de la comida del rey y del vino que él bebía"? (Daniel 1:8. Porque habían sido ofrecidos como sacrificios a los dioses babilónicos, lo que habría ofendido al Señor).
6. ¿Cómo mostró Daniel respeto y autocontrol con aquellos a cargo de él? (Daniel 1:8, 12. Pidió permiso, se refirió a sí mismo como siervo y ofreció una opción alternativa para aquella prueba).
7. ¿Qué desafíos enfrentaron Daniel y sus amigos durante esta prueba? (Daniel 1:12-14. Su fe y su Dios estaban siendo probados. Su elección de no comer de la comida escogida, el corto tiempo que les dieron para ver cambios, la comparación con los otros jóvenes, y la presión de sus iguales a someterse).
8. ¿Cómo proveyó el Señor durante la prueba que enfrentaban? (Daniel 1:9,15,17. Aunque estos cuatro jóvenes se alzaron en fe, fue el Señor quien les dio el éxito. El Señor hizo que el oficial mostrara gracia y simpatía con Daniel. Hizo que se vieran más sanos y mejor nutridos que los demás jóvenes. Dios dio a estos cuatro hombres conocimiento y entendimiento de todo tipo).

9. ¿Cómo trajo gloria al Señor esta prueba y la disciplina espiritual? (Daniel 1:8-20. El oficial a cargo, el guardia y los otros jóvenes vieron cómo Daniel y sus amigos mostraron autocontrol, honraron a Dios, y lucían mejor que los demás después de 10 días).

10. ¿Existe alguna conexión entre la prueba de la comida y el conocimiento que el Señor dio a los cuatro hombres? (Daniel 1:17. El texto no dice que el Señor les dio conocimiento por no comer la comida real. El Señor les dio el don del conocimiento porque estuvieron dispuestos a permitir que el Señor les usara para su gloria ante el rey y ante todo el reino).

11. ¿Cómo fue el Señor glorificado ante el rey y todo el reino? (Daniel 1:18-20. En solo tres años, no había hombres iguales a ellos cuatro. Eran capaces de responder cualquier pregunta que les hicieran y eran diez veces mejores que aquellos en el reino. Santiago 1:5 dice "y si alguno de vosotros tiene falta de sabiduría, pídala a Dios, el cual da a todos abundantemente).

Preguntas para Discusión:

1. ¿Por qué el Señor permite que cosas malas ocurran en nuestra vida? (Daniel 1:1-2. El Señor permite que cosas malas o duras pasen en nuestra vida para que nos volvamos a Él, para que dependamos de Él y demos gloria a su Nombre).

2. ¿Podemos estar a salvo y seguros teniendo solo las cosas de Dios con nosotros? (Daniel 1:1-2. No se trata de tener cosas de Dios con nosotros así como Joacim tenía los artículos del Templo del Señor, sino de tener una relación con el Señor).

3. ¿Cómo reaccionamos cuando se nos ofrecen placeres de este mundo? (Daniel 1:5. Como Daniel, somos tentados con la lujuria de la carne y de los ojos, y con el orgullo de la vida. Estas son oportunidades para buscar y glorificar al Señor).

4. ¿Cómo pueden ayudarnos las **disciplinas espirituales como el ayuno, la oración, las meditaciones y la soledad** en nuestro caminar con el Señor? (Daniel 1:8-12. Estas disciplinas nos ayudan a hacer morir los deseos de la carne y a buscar primero el Reino de Dios. Revelan lo que controla nuestro corazón creciendo más profundamente y más cerca del Señor. Ver I Corintios 9:24-27 para las disciplinas físicas. S. Mateo 6:16-18 para el ayuno, y I Corintios 7:3-5 para la disciplina sexual).

5. ¿Cómo podemos resistir la tentación? (Daniel 1:12. I Corintios 10:13 dice "pero fiel es Dios, que no os dejará ser tentados más de lo que podéis resistir, sino que dará también juntamente con la tentación la salida, para que podáis soportar").

6. ¿En dónde está Dios en medio de las cosas que nos pasan? (Daniel 1:9,17. Dios está justo a nuestro lado, obrando en y a través de las situaciones que atravesamos, dándonos sabiduría y entendimiento para saber cómo responder en todo momento. Ver Hebreos 4:15).

7. ¿Estás dispuesto a permanecer firme por algo que sabes es verdad y correcto?

8. ¿Qué lugar tienen las disciplinas espirituales como el ayuno, la oración, las meditaciones y la soledad en nuestra preparación para ser usados por Dios? (El acercarnos al Señor y escuchar su voz son disciplinas que nos enseñan la voluntad de Dios y remueven las distracciones de nuestra carne, del mundo y del maligno).

9. ¿Cómo pueden nuestras vidas traer gloria al Señor si el mundo no le reconoce? (Daniel 1:12. Podemos hacer brillar el amor de Dios al mundo a nuestro alrededor. Él brillará a través de nuestro respeto, dignidad, compasión y autocontrol. La gente verá la diferencia que Jesús hace en nuestras vidas).

10. ¿De qué formas específicas puede usarnos el Señor así como usó a Daniel? (Daniel 1:8-20. Puede usarnos cuando nuestro estilo de vida es diferente al del mundo y cuando confiamos en el Señor a través de las pruebas de nuestra fe. Puede usar gente humilde y respetuosa que responda con la sabiduría que el Señor da. II Timoteo 2:15 dice "Procura con diligencia presentarte a Dios aprobado, como obrero que no tiene de qué avergonzarse, que usa bien la palabra de verdad.").

11. ¿Cómo has visto al Señor mostrando su fidelidad para contigo en tu vida cotidiana?

12. ¿Qué ven otros cuando miran tu vida? ¿Ven a Dios en tu vida?

75. El Cuidado de la Familia
Jesús en la Cruz y el Hijo Pródigo
S. Juan 19:25-27 & S. Lucas 15:11-32

S. Juan 19

[25] Estaban junto a la cruz de Jesús su madre, y la hermana de su madre, María mujer de Cleofas, y María Magdalena. [26] Cuando vio Jesús a su madre, y al discípulo a quien él amaba, que estaba presente, dijo a su madre: Mujer, he ahí tu hijo. [27] Después dijo al discípulo: He ahí tu madre. Y desde aquella hora el discípulo la recibió en su casa.

S. Lucas 15

[11] También dijo: Un hombre tenía dos hijos; [12] y el menor de ellos dijo a su padre: Padre, dame la parte de los bienes que me corresponde; y les repartió los bienes. [13] No muchos días después, juntándolo todo el hijo menor, se fue lejos a una provincia apartada; y allí desperdició sus bienes viviendo perdidamente. [14] Y cuando todo lo hubo malgastado, vino una gran hambre en aquella provincia, y comenzó a faltarle. [15] Y fue y se arrimó a uno de los ciudadanos de aquella tierra, el cual le envió a su hacienda para que apacentase cerdos. [16] Y deseaba llenar su vientre de las algarrobas que comían los cerdos, pero nadie le daba.

[17] Y volviendo en sí, dijo: ¡Cuántos jornaleros en casa de mi padre tienen abundancia de pan, y yo aquí perezco de hambre! [18] Me levantaré e iré a mi padre, y le diré: Padre, he pecado contra el cielo y contra ti. [19] Ya no soy digno de ser llamado tu hijo; hazme como a uno de tus jornaleros. [20] Y levantándose, vino a su padre.

Y cuando aún estaba lejos, lo vio su padre, y fue movido a misericordia, y corrió, y se echó sobre su cuello, y le besó.

[21] Y el hijo le dijo: Padre, he pecado contra el cielo y contra ti, y ya no soy digno de ser llamado tu hijo.

[22] Pero el padre dijo a sus siervos: Sacad el mejor vestido, y vestidle; y poned un anillo en su mano, y calzado en sus pies. [23] Y traed el becerro gordo y matadlo, y comamos y hagamos fiesta; [24] porque este mi hijo muerto era, y ha revivido; se había perdido, y es hallado. Y comenzaron a regocijarse.

[25] Y su hijo mayor estaba en el campo; y cuando vino, y llegó cerca de la casa, oyó la música y las danzas; [26] y llamando a uno de los criados le preguntó qué era aquello. [27] Él le dijo: Tu hermano ha venido y tu padre ha hecho matar el becerro gordo, por haberle recibido bueno y sano.

[28] Entonces se enojó, y no quería entrar. Salió por tanto su padre, y le rogaba que entrase. [29] Mas él, respondiendo, dijo al padre: He aquí, tantos años te sirvo, no habiéndote desobedecido jamás, y nunca me has dado ni un cabrito para gozarme con mis amigos. [30] Pero cuando vino este tu hijo, que ha consumido tus bienes con rameras, has hecho matar para él el becerro gordo.

[31] Él entonces le dijo: Hijo, tú siempre estás conmigo, y todas mis cosas son tuyas. [32] Mas era necesario hacer fiesta y regocijarnos, porque este tu hermano era muerto, y ha revivido; se había perdido, y es hallado.

Preguntas de Estudio: El Cuidado de la Familia
S. Juan 19:25-27 & S. Lucas 15:11-32

Introducción:
Estando Jesús en la Cruz, se preocupaba más por su madre que por sí mismo. Al hablar con Juan y María Jesús se encargó de las necesidades humanas de ella dejándola al cuidado de Juan, al mismo tiempo que se estaba encargando de sus necesidades eternas muriendo en la Cruz. Ese tipo de amor es incondicional, no importa lo que la otra persona haga. Es dar amor sin importar lo que se reciba a cambio. El amor incondicional también se describe en el pasaje de los dos hijos en S. Lucas 15. El amor de ambos hijos era condicionado, eran envidiosos y egocéntricos, por lo que fue su padre quien tuvo que ir a ellos y traerlos de regreso a la familia. Dios también nos ha dado una familia que cuidar a cada uno de nosotros. Tenemos responsabilidades con nuestros padres, esposos, e hijos. La primera responsabilidad es amarles como Cristo amó a la Iglesia; amor que lo llevó incluso a morir. Su más grande amor incondicional es lo que hizo posible que nosotros amemos a nuestras familias desinteresadamente.

Objetivos:
Conocimiento
- Entender el amor incondicional que Dios tiene para con nosotros, amor que ha hecho se seamos llamados sus hijos.
- Reconocer que Dios es nuestro Padre celestial y nosotros somos parte de su familia en Cristo.
- Recordar las responsabilidades que nos dio Dios para con nuestras familias y su necesidad de ser amados.

Actitud
- Alabar al Señor por los miembros de la familia que nos fue dada.
- Amar a todos nuestros hermanos y hermanas en el Señor que forman el cuerpo de Cristo, la "familia de Dios.

Acciones
- Servir proveer, respetar y amar aquellos que son parte de nuestra familia.
- Perdonar y ofrecer gracia y sacrificios por ellos también.

Versículos para Memorizar:
S. Mateo 6:14 "Porque si perdonáis a los hombres sus ofensas, os perdonará también a vosotros vuestro Padre celestial."

186

S. Marcos 3:35 "Porque todo aquel que hace la voluntad de Dios, ése es mi hermano, y mi hermana, y mi madre."

S. Marcos 10:29-30 "Respondió Jesús y dijo: De cierto os digo que no hay ninguno que haya dejado casa, o hermanos, o hermanas, o padre, o madre, o mujer, o hijos, o tierras, por causa de mí y del evangelio, que no reciba cien veces más ahora en este tiempo; casas, hermanos, hermanas, madres, hijos, y tierras, con persecuciones; y en el siglo venidero la vida eterna."

Versículos para Ampliar el Estudio:
Éxodo 20:12; Deuteronomio 6:4-9; S. Marcos 3:31-35; 10:29-30; S. Lucas 9:57-62; Efesios 5:22-6:4; Colosenses 3:17-21, I Timoteo 3:4-5, 5-8.

Preguntas acerca de la Historia:
1. ¿Qué comunicaban con su sola presencia aquellos que estaban al pie de la Cruz? (S. Juan 19:25-26. Que amaban a Jesús, que creyeron en Él y que se dolían juntos).
2. ¿Por qué entregó Jesús a su madre a Juan, y a éste con su madre? (S. Juan 19:26-27. Jesús dio a Juan la responsabilidad de cuidar de ella, responsabilidad que era del primogénito. Jesús también confió a Juan al cuidado de su madre pues él también la necesitaba).
3. ¿Qué nos muestra la respuesta de Juan? (S. Juan 19:27. Juan fue fiel a su responsabilidad y María también cuidó de él).
4. ¿Qué significó que el hijo menor le pidiera a su padre su herencia? (S. Lucas 15:12-13. El hijo menor demostró que se preocupaba más por el dinero que por la familia. Al pedir su herencia, que era dada a la muerte del testador, también dio a entender que quería la herencia de la muerte de su padre).
5. ¿Qué comunicó el padre cuando le dio la herencia a su hijo? (S. Lucas 15:12. Que amaba a su hijo, pero no había logrado que su hijo le amara).
6. ¿Qué aprendió el hijo después de adquirir su riqueza? (S. Lucas 15:13-16. Aprendió que las riquezas no duran, que necesitaba ayuda y que necesitaba a su familia. También aprendió que el amor y la felicidad no pueden comprarse).
7. ¿Qué le enseñaron su hambre, desgracia y vacío? (S. Lucas 15:14-19. Le mostraron las riquezas que tenía en casa, que había pecado, que necesitaba del perdón de su padre y que no era merecedor de nada).
8. ¿De qué manera los problemas que enfrentó fueron una bendición para él? (S. Lucas 15:17-19. El hijo volvió en sí con un corazón arrepentido. Vio que era indigno de todo).

9. ¿Qué nos dicen las palabras del hijo? (S. Lucas 15:18-19. Muestran su corazón y que su pecado había sido contra Dios. Esperaba ser tratado como un trabajador o como sirviente).

10. ¿Por qué la reacción del padre fue inusual? (S.Lucas 15:20-24. El padre había estado esperando por él. Lleno de compasión corrió hacia el hijo, llamó a los siervos para que trajeran un manto, un anillo y sandalias, que mataran el becerro engordado y que proclamaran una gran celebración. El hijo estaba "muerto" mas ahora estaba vivo de nuevo. Estuvo perdido y había sido encontrado. El padre mostró un favor y amor grande e inmerecido hacia el hijo menor).

11. ¿Qué nos dice la reacción del hijo mayor? ¿Por qué? (S. Lucas 15:25. El hijo mayor estaba enojado y resentido. Guardaba rencor contra su hermano, era orgulloso y egocéntrico).

12. ¿Por qué el padre salió a encontrar al hijo mayor para pedirle que entrara? (S. Lucas 15:28-32. El padre también le amaba, el padre deseaba que la familia estuviera unida, no separada).

Preguntas para Discusión:

1. ¿Cómo podemos apoyar a nuestra familia durante sus dificultades? (S. Juan 19:25. Caminando con ellos en sus momentos difíciles dice más que simples palabras).

2. ¿Qué responsabilidades tenemos con nuestras familias? (S. Juan 19:26-27. Cuidar a nuestros padres, a nuestros esposos y a nuestros hijos son nuestras grandes prioridades. Al amarlos, amamos también al Señor).

3. ¿Es tu amor por tu familia como el amor de Cristo para su Iglesia? (El amor de Jesús por la Iglesia es de sacrificio y sin condiciones. Ese tipo de amor vivido en la familia establece límites que deben ser obedecidos, pero su aplicación es a través de una relación incondicional).

4. ¿Debemos de amar solo a nuestra familia cuando la situación haga fácil el amarlos? (No, vemos que Jesús mostró amor por su familia cuando estaba colgado en la Cruz listo para morir. El padre recibió al hijo pródigo en casa aún cuando el hijo le había dejado y había gastado todo su dinero).

5. ¿De qué maneras desperdiciamos las riquezas que el Padre en el cielo nos ha dado? (S. Lucas 15:12-13. Nosotros, así como el hijo mayor, tratamos de acaparar los recursos de Dios para nosotros mismos. Nos preocupamos más por nosotros mismos que por Dios o su familia. Tratamos de comprar la felicidad y el amor, y desperdiciamos sus dones).

6. ¿Qué dificultades ha permitido el Señor en nuestras vidas para mostrarnos nuestra necesidad de Él? (S. Lucas 15:14-16. Él

188

permite que el dolor venga en muchas formas cuando huimos de Él. El dolor emocional y físico puede servir como el recordatorio que nos hace entrar en razón).

7. ¿Cómo recuerdas a tu padre?

8. ¿De qué maneras el Señor es como el padre del hijo pródigo? (S. Lucas 15:20. El Padre celestial cuida de nosotros y anhela que sus hijos vengan hacia Él. Está lleno de compasión amor inmerecido).

9. ¿Qué palabras hemos preparado para presentarlas al Señor como hizo el hijo pródigo con su padre?

10. ¿En qué momentos el Señor ve nuestra necesidad? (S. Lucas 15:20. Aún cuando estamos lejos).

11. ¿Cuál es la reacción del Padre hacia nosotros cuando venimos a Él en necesidad? (S. Lucas 15:32. Él corre hacia nosotros para encontrarnos, nos acoge en sus brazos y nos recibe en su familia).

12. Cuando vemos la gracia inmerecida de Dios sobre la vida de alguien más ¿cómo reaccionamos? (S. Lucas 15:27-28).

13. ¿De qué manera somos como el hermano mayor? (S. Lucas 15:28-30. Cuando nos quejamos o guardamos rencor por las injusticias).

14. ¿Cómo es tu relación con tus padres, esposo/a o hijos? (Efesios 5:22-33, 6:4).

15. ¿De qué formas puedes mostrar amor sacrificial e incondicional hacia tu esposo/a e hijos? (Hablando, trabajando, orando y comiendo juntos. Poniendo sus necesidades antes de la tuya).

16. ¿De qué formas provees para tu familia? (I Timoteo 5:8).

17. ¿Qué te diría tu Padre celestial ahora mismo?

76. Procurando a tu Prójimo
El Buen Samaritano
S. Lucas 10:25-37

S. Lucas 10

²⁵ Y he aquí un intérprete de la ley se levantó y dijo, para probarle: Maestro, ¿haciendo qué cosa heredaré la vida eterna?

²⁶ Él le dijo: ¿Qué está escrito en la ley? ¿Cómo lees?

²⁷ Aquél, respondiendo, dijo: Amarás al Señor tu Dios con todo tu corazón, y con toda tu alma, y con todas tus fuerzas, y con toda tu mente; y a tu prójimo como a ti mismo.

²⁸ Y le dijo: Bien has respondido; haz esto, y vivirás.

²⁹ Pero él, queriendo justificarse a sí mismo, dijo a Jesús: ¿Y quién es mi prójimo?

³⁰ Respondiendo Jesús, dijo: Un hombre descendía de Jerusalén a Jericó, y cayó en manos de ladrones, los cuales le despojaron; e hiriéndole, se fueron, dejándole medio muerto. ³¹ Aconteció que descendió un sacerdote por aquel camino, y viéndole, pasó de largo. ³² Asimismo un levita, llegando cerca de aquel lugar, y viéndole, pasó de largo. ³³ Pero un samaritano, que iba de camino, vino cerca de él, y viéndole, fue movido a misericordia; ³⁴ y acercándose, vendó sus heridas, echándoles aceite y vino; y poniéndole en su cabalgadura, lo llevó al mesón, y cuidó de él. ³⁵ Otro día al partir, sacó dos denarios, y los dio al mesonero, y le dijo: Cuídamele; y todo lo que gastes de más, yo te lo pagaré cuando regrese.

³⁶ ¿Quién, pues, de estos tres te parece que fue el prójimo del que cayó en manos de los ladrones?

³⁷ Él dijo: El que usó de misericordia con él. Entonces Jesús le dijo: Ve, y haz tú lo mismo.

Preguntas de Estudio: Procurando a tu Prójimo
Lucas 10:25-37

Introducción:
Un maestro de la Ley podía mentalmente entender e incluso concordar con la necesidad de amar a Dios y amar a otros, pero el alcance del amor descrito por Jesús iba más allá de lo que parecía razonable. El amar a un extraño moribundo o el usar a un samaritano como ejemplo de amor fue ir demasiado lejos. Amar a ciertos prójimos puede ser fácil debido a la amistad que tengamos o los beneficios que recibamos. El amor que Jesús sugiere implica procurar a la gente que no conocemos, aquellos que jamás nos podrán regresar el favor, procurando incluso a nuestros enemigos. Es en este tipo de amor extravagante que Jesús se muestra. Este es el tipo de amor que nos mostró. Jesús es quien nos llevó, nos sanó y pagó la deuda que no podíamos pagar. Amar a nuestros vecinos es mostrarles aquello que nosotros primero recibimos. En S. Mateo 25:40 Jesús dijo "De cierto os digo que en cuanto lo hicisteis a uno de estos mis hermanos más pequeños, a mí lo hicisteis."

Objetivos:
Conocimiento
- Entender que nuestro amor por otros fluye del amor que el Señor ha prodigado en nosotros.
- Comprender que el mostrar amor es una elección y una oportunidad diaria.

Actitud
- Tener el amor de Jesús por las personas sin importar su edad, raza, apariencia o antecedentes.
- Considerar a otros más que a nosotros mismos.

Acciones
- Procurar a quienes necesitan el amor y compasión de Cristo.
- Dar a otros el amor desinteresado y sacrificial que Cristo nos dio.

Versículos para Memorizar:
I Juan 4:7-9 "Amados, amémonos unos a otros; porque el amor es de Dios. Todo aquel que ama, es nacido de Dios, y conoce a Dios. El que no ama, no ha conocido a Dios; porque Dios es amor. En esto se mostró el amor de Dios para con nosotros, en que Dios envió a su Hijo unigénito al mundo, para que vivamos por él."

Versículos para Ampliar el Estudio:

S. Mateo 25:35-40; Romanos 5:6-8; I Corintios 13:4-8; Filipenses 2:1-11; I Juan 4:7-19.

Preguntas acerca de la Historia:

1. ¿De qué manera la tentación del maestro de la Ley se volvió contra él? (S. Lucas 10:25,37. Quería justificarse a sí mismo o probar que estaba en lo correcto. Pero por el contrario, la historia de Jesús señaló lo mal que estaba).

2. ¿Qué asumía la pregunta *"¿haciendo qué cosa heredaré la vida eterna?"*? (S. Lucas 10:25. Asume que si hacemos lo suficiente o si hacemos lo correcto entonces heredaremos la vida eterna).

3. ¿Por qué el hombre preguntó acerca de cómo ganar la vida eterna si sí sabía la respuesta? (S. Lucas 10:26-27. Sabía que era difícil el seguir la Ley perfectamente. Jesús se aseguró de que entendiera que es imposible guardar la Ley).

4. ¿De qué forma puede el hombre mostrar su amor por un Dios invisible? (S. Lucas 10:27. Puede mostrar un amor sincero por Dios amando aquellos creados en la imagen de Dios).

5. ¿Cuál es la diferencia entre los ladrones, el sacerdote y el Levita? (S. Lucas 10:30-32. Los ladrones fueron violentos físicamente hacia aquel hombre debido a su naturaleza malvada. El sacerdote y el Levita fueron inconscientes y despreocupados, lo que también venía de su naturaleza impía).

6. ¿Por qué el sacerdote y el Levita siguieron su camino? (S. Lucas 10:31-32. Eran hombres religiosos de alta prominencia en la sociedad. El cruzarse con un hombre muerto significaría quedar impuros. Se preocuparon más por su pureza religiosa que por una persona hecha en la imagen de Dios).

7. ¿Cómo demostró amor el samaritano cuando vio al hombre herido? (S. Lucas 10:33-34. Tuvo compasión de él, lo trató y vendó sus heridas.. El samaritano puso también al hombre en su asno, lo llevó a un mesón, y cuidó de él).

8. ¿Por qué el samaritano pagó al mesonero y prometió pagar otros gastos? (S. Lucas 10:35. El samaritano estaba más preocupado por el hombre que por sí mismo).

9. ¿Qué nos muestra la reacción del samaritano? (S. Lucas 10:33-35. Mostró el amor genuino que el hombre tenía en su corazón. Reveló que el sacerdote y el Levita no mostraron amor, y también demostró la medida con la que Dios nos ha amado).

10. ¿Por qué Jesús preguntó al maestro de la Ley *"quién te parece que fue el prójimo?"*? (S. Lucas 10:37. Para revelar la falta de amor por la gente y su duro corazón para con Dios. El hombre no pudo decir la palabra samaritano por la dureza de corazón).

192

Preguntas para Discusión:

1. Así como con el maestro de la Ley ¿de que maneras queremos "hacer cosas" para heredar la vida eterna?

2. ¿En dónde necesitamos encontrar tal amor? (S. Lucas 10:26. Nuestro amor viene de Jesús. Él nos amó sin medida. Él es quien nos llevó, nos sanó, y pagó lo que no pudimos pagar. Amar a nuestro prójimo es mostrarle aquello que primero recibimos. I Juan 4:19 dice "nosotros amamos porque Él nos amó primero").

3. ¿De qué forma práctica podemos amar a Dios y amar a la gente? (S. Lucas 10:27. Cuando nos detenemos y miramos a las necesidades de la gente, cuando atendemos tales necesidades, compartimos sus cargas, y damos de nosotros).

4. ¿Por qué tenemos que "amar a nuestro prójimo" y por qué es difícil? (S. Lucas 10:27,37. Debemos amarles porque el Señor nos mandó y porque Dios es amor. Es difícil porque es en contra de nuestra naturaleza el amar a otros. El amor de Jesús en nosotros es todo menos egoísta). ʹ

5. ¿De qué maneras podemos actuar como los ladrones, como el sacerdote o como el Levita? (S. Lucas 10:30-32. Podemos aprovecharnos de la gente al no preocuparnos por ellos. Pasamos al lado de la gente sin pensar en sus necesidades, sus heridas, o sin considerar cómo podemos ayudar. Nuestra agenda es más importante que las necesidades de otros).

6. ¿Cómo reflejamos el amor de Dios cuando mostramos amor a otros? (S. Lucas 10:33-35. Reflejamos el amor de Dios cuando procuramos a la gente sin importar quiénes sean, y sin importar lo que podamos pensar).

7. ¿Cómo pueden nuestras "posiciones" influenciar la manera en que decidimos ayudar? (podemos sentirnos como si nos denigrara el descender y ayudar a alguien, teniendo un concepto más alto de nosotros del que debemos tener).

8. ¿Qué significa amara a nuestro prójimo? (S. Mateo 7:12 dice "todas las cosas que queráis que los hombres hagan con vosotros, así también haced vosotros con ellos").

9. ¿Cuál es nuestra reacción a esta parábola? (S. Lucas 10:33. Pidamos perdón al Señor por lastimar e ignorar a la gente, pidiendo que nos de su amor para nuestro prójimo).

77. El Cuidado de la Iglesia
La Iglesia Primitiva
Hechos 2:42-47 & Hechos 18:1-11

Hechos 2

42 Y perseveraban en la doctrina de los apóstoles, en la comunión unos con otros, en el partimiento del pan y en las oraciones. 43 Y sobrevino temor a toda persona; y muchas maravillas y señales eran hechas por los apóstoles. 44 Todos los que habían creído estaban juntos, y tenían en común todas las cosas; 45 y vendían sus propiedades y sus bienes, y lo repartían a todos según la necesidad de cada uno. 46 Y perseverando unánimes cada día en el templo, y partiendo el pan en las casas, comían juntos con alegría y sencillez de corazón, 47 alabando a Dios, y teniendo favor con todo el pueblo. Y el Señor añadía cada día a la iglesia los que habían de ser salvos.

Hechos 18

1 Después de estas cosas, Pablo salió de Atenas y fue a Corinto. 2 Y halló a un judío llamado Aquila, natural del Ponto, recién venido de Italia con Priscila su mujer, por cuanto Claudio había mandado que todos los judíos saliesen de Roma. Fue a ellos, 3 y como era del mismo oficio, se quedó con ellos, y trabajaban juntos, pues el oficio de ellos era hacer tiendas. 4 Y discutía en la sinagoga todos los días de reposo, y persuadía a judíos y a griegos.

5 Y cuando Silas y Timoteo vinieron de Macedonia, Pablo estaba entregado por entero a la predicación de la palabra, testificando a los judíos que Jesús era el Cristo. 6 Pero oponiéndose y blasfemando éstos, les dijo, sacudiéndose los vestidos: Vuestra sangre sea sobre vuestra propia cabeza; yo, limpio; desde ahora me iré a los gentiles.

7 Y saliendo de allí, se fue a la casa de uno llamado Justo, temeroso de Dios, la cual estaba junto a la sinagoga. 8 Y Crispo, el principal de la sinagoga, creyó en el Señor con toda su casa; y muchos de los corintios, oyendo, creían y eran bautizados.

9 Entonces el Señor dijo a Pablo en visión de noche: No temas, sino habla, y no calles; 10 porque yo estoy contigo, y ninguno pondrá sobre ti la mano para hacerte mal, porque yo tengo mucho pueblo en esta ciudad. 11 Y se detuvo allí un año y seis meses, enseñándoles la palabra de Dios.

Preguntas de Estudio: El Cuidado de la Iglesia
Hechos 2:42-47 & Hechos 18:1-11

Introducción:

Hechos capítulo dos describe el tipo de Iglesia de la que todos desean formar parte. La gente creciendo en la Palabra de Dios, milagros tienen lugar, la gente comparte, todos están alegres, y nuevos creyentes son añadidos a la iglesia. Hechos capítulo dieciocho describe una imagen diferente. La gente de Corinto era abusiva, la sinagoga se dividió, e una iglesia Cristiana comenzó a reunirse al lado y el jefe de la sinagoga se les unió. Incluso Pablo necesitó que le acordaran de seguir predicando y de no tener temor.

Como miembros de una iglesia, somos parte del cuerpo de Cristo. Mientras que somos pecadores, la esperanza de la Iglesia es que Cristo es la cabeza del cuerpo. Cuando como miembros de ese cuerpo nos sometemos a Él, entonces todo el cuerpo funciona como uno. Per cuando nos resistimos al Señor entonces el cuerpo sufre. Estos dos textos nos animan y enseñan a cómo cuidar de la Iglesia para que así la novia ataviada luzca según fue preparada.

Objetivos:

Conocimiento
- Ver a la iglesia como nuestra familia y a Dios como nuestro Padre celestial.
- Recordar que la Iglesia es el cuerpo de Cristo y Él es la cabeza. Ella es su Reino en la tierra.

Actitud
- Deleitarnos en la convivencia de la iglesia local y en la comunión de creyentes alrededor del mundo.

Acciones
- Alabar y compartir de Jesús como comunidad de creyentes.
- Apoyar las necesidades físicas y espirituales de quienes necesitan de nosotros y de todo el cuerpo de Cristo.
- Buscar la comunión con otros Cristianos centrados en la Palabra de Dios.

Versículos para Memorizar:

S. Juan 13:34-35 "Un mandamiento nuevo os doy: Que os améis unos a otros; como yo os he amado, que también os améis unos a otros. En esto conocerán todos que sois mis discípulos, si tuviereis amor los unos con los otros."

I Juan 3:17-18 "Pero el que tiene bienes de este mundo y ve a su hermano tener necesidad, y cierra contra él su corazón, ¿cómo mora el amor de Dios en él? Hijitos míos, no amemos de palabra ni de lengua, sino de hecho y en verdad."

Versículos para ampliar el Estudio:
S. Juan 13:34-35; Romanos 12:3-8; I Corintios 12; Hebreos 10:23-25; I Juan 3:11-20; 4:7-21

Preguntas acerca de la Historia:
1. ¿Cómo cumplía con su papel la **Palabra de Dios** en la Iglesia primitiva? Hechos 2:42; 18:5,11. En Hechos 2 "perseveraban en la doctrina de los apóstoles." En Corinto, Pablo se dedicó exclusivamente a predicar, se quedó por un año y medio enseñándoles la Palabra de Dios).
2. ¿Qué rol tuvo la **convivencia** en la Iglesia primitiva? Hechos 2:42-46; 18:7,8. Se dedicaron a la convivencia, todos los creyentes estaban juntos, tenían todas las cosas en común u cada día continuaban reuniéndose en los atrios del Templo Incluso en Corinto, se reunían semanalmente).
3. ¿En dónde surgió la **adoración** en la Iglesia primitiva? (Hechos 2:42, 47; 18:7. Partían el pan en conmemoración de Jesús, oraban, alababan, e incluso se les describe como adoradores de Dios).
4. ¿Cómo nos muestran estos pasajes que el alcance de otros era parte de lo que eran ellos? (Hechos 2:45, 47 ; 18:4, 8. Ellos tenían una actitud abierta a cualquiera que tuviera necesidad. Su interés por alcanzar a otros se veía también en el favor que todos tenían con las personas. En Corinto, Pablo trataba de persuadir a los judíos y a los griegos ilustrados. Muchos de los corintios creyeron y fueron bautizados).
5. ¿Cómo **se reveló el Señor** a través de este crecimiento de creyentes? (Hechos 2:43, 47, 18:5,8-10. El Señor se mostró a través de "muchas señales y milagros" así como en el número de creyentes que eran añadidos diariamente. En Corinto Pablo predicaba que Jesús era el Cristo. Muchos que le oyeron creyeron y fueron bautizados).
6. ¿Cómo llegó la Iglesia primitiva al punto de que todos eran iguales y no habían necesidades entre los creyentes? (Hechos 2:45. Los creyentes vendieron sus posesiones y bienes a fin de proveer para sus hermanos).
7. ¿Cuál fue la **actitud** de los miembros al partir el pan y comer juntos? (Hechos 2:46. Los creyentes se reunían y compartían la comida con corazones gozosos y sinceros, adorando a Dios y disfrutando el favor de todos).

8. ¿Cómo mostró la iglesia que verdaderamente **atendían sus necesidades** prácticas? (Hechos 2:45; 18:3,7. En Jerusalén proveyeron según las necesidades. En Corinto Pablo se quedó con Aquila Priscila, y Tito. Justo usó su casa como lugar de reunión para el nuevo grupo).

9. ¿Por qué la iglesia en Corinto tuvo problemas y divisiones? (Hechos 18:6. Los judíos en Corinto se opusieron a Pablo y fueron violentos con él. Así que Pablo se sacudió su ropa en protesta y se fue. La gente se rehusó a creer en el Señor o a seguirle. Los conflictos vienen del rehusarse a someterse al Señor y de la necedad de pensar que uno está en lo correcto).

10. ¿Cómo animó el mensaje del Señor a Pablo? (Hechos 18:9. El mensaje del Señor animó a pablo porque le prometió estar con él y protegerle).

Preguntas para Discusión:

1. ¿Cómo cambia la **Palabra de Dios** nuestras vidas? (Hechos 2:42, 18:5,11. La Palabra del Señor nos cambia enseñándonos sobre Dios, dándonos una razón para adorar. Nos cambia mostrándonos quiénes somos y señalando las necesidades de las personas a nuestro alrededor).

2. ¿Cómo describirían la **convivencia** en nuestras iglesias? (Hechos 2:42-46; 18:7,8. A veces pueden estar llenas de "corazones gozosos" y otras veces puede que sean abusivos, pues nuestra hermandad está hecha de gente pecadora. Aún así, cuando nos sometemos al Señor y a su voluntad, Él endulza nuestra convivencia).

3. ¿Cómo podemos hacer que la **adoración** sea una hermosa respuesta al Señor y no un show de entretenimiento? (Hechos 2:42, 47; 18:7. La Iglesia primitiva tuvo una forma de adoración muy simple. Se enfocaba en enseñar la Palabra de Dios, en recordar el sacrificio de Jesús, en bautizar, en orar y en alabar a Dios).

4. ¿Cómo podemos **alcanzar** al mundo a nuestro alrededor? (Hechos 2:45,47; 18:4,8. Podemos alcanzar a otros atendiendo las necesidades de las personas y compartiendo lo que Jesús ha hecho en nuestras vidas).

5. ¿Cómo debe lucir una **actitud** abierta y hospitalaria en nuestras iglesias? (Hechos 2:44-47. Hechos dos describe una buena convivencia, enseñanza y adoración. Describe a personas llenas de admiración, unidas y compartiendo. Una actitud abierta es aquella en la que las personas están alegres y son sinceras, a la vez que otros se les unen).

6. ¿Cómo pueden las personas ver al **Señor mostrándose** en nuestras iglesias? (Hechos 2:43, 18:5, 8-10. A través de una fiel predicación de la Palabra de Dios y una alabanza sincera por la que la gente sea salva).

7. ¿Qué pasa cuando la Palabra de Dios deja de ser el centro de la convivencia que compartimos como Iglesia? (Nos volvemos un club social que se junta para reuniones y convivencia).

8. ¿Cómo podemos mostrar amor a aquellos que están directamente involucrados en nuestra iglesia local? En la iglesia a nivel mundial? (Romanos 12:6-8).

9. ¿Por qué es necesario que el creyente asista a la iglesia? (Es esencial para la vida del creyente el recibir la convivencia, el ánimo, y el apoyo mutuo que se obtiene al estar unidos como un cuerpo. Hebreos 10:25 dice "no dejando de congregarnos")

10. ¿Cómo puedes ayudar al cuerpo de tu iglesia local?

11. ¿Cuáles deben ser algunos de los resultados naturales de que el cuerpo de Cristo se reúna para convivir en torno de la Palabra de Dios? (Hechos 2:46-47. Corazones alegres y sinceros, un deseo de adorar y alabar a Dios, y un respeto por todos).

12. ¿Cómo puede dirigir el Señor nuestras iglesias y fortalecernos para continuar con el ministerio? (Hechos 2:47, 18:10. Debemos mantenerle como el centro de todo lo que hagamos por medio de su Palabra y su Espíritu. Necesitamos de su guía y protección).

13. ¿Cómo puedes ayudar y apoyar a quienes están involucrados en el ministerio?

14. ¿Por qué es difícil el cuidar de la iglesia y estar en el ministerio? (Hechos 18:6. El cuidar de la iglesia puede ser una batalla porque habrán muchos que se opondrán directamente al ministerio, al grado de incluso abusarlo. Satanás tratará también de arruinar los intentos de promover la voluntad de Dios en la congregación).

15. ¿Necesitas ánimo de parte del Señor respecto a tu ministerio? (Hechos 18:9-10. Como el Señor dijo a Pablo "No temas, sino habla, y no calles; porque yo estoy contigo…").

78. Unidad en la Iglesia
Divisiones en la Iglesia
I Corintios 3:1-11 & Hechos 15:1-12

I Corintios 3

¹ De manera que yo, hermanos, no pude hablaros como a espirituales, sino como a carnales, como a niños en Cristo. ² Os di a beber leche, y no vianda; porque aún no erais capaces, ni sois capaces todavía, ³ porque aún sois carnales; pues habiendo entre vosotros celos, contiendas y disensiones, ¿no sois carnales, y andáis como hombres? ⁴ Porque diciendo el uno: Yo ciertamente soy de Pablo; y el otro: Yo soy de Apolos, ¿no sois carnales?

⁵ ¿Qué, pues, es Pablo, y qué es Apolos? Servidores por medio de los cuales habéis creído; y eso según lo que a cada uno concedió el Señor. ⁶ Yo planté, Apolos regó; pero el crecimiento lo ha dado Dios. ⁷ Así que ni el que planta es algo, ni el que riega, sino Dios, que da el crecimiento. ⁸ Y el que planta y el que riega son una misma cosa; aunque cada uno recibirá su recompensa conforme a su labor. ⁹ Porque nosotros somos colaboradores de Dios, y vosotros sois labranza de Dios, edificio de Dios.

¹⁰ Conforme a la gracia de Dios que me ha sido dada, yo como perito arquitecto puse el fundamento, y otro edifica encima; pero cada uno mire cómo sobreedifica. ¹¹ Porque nadie puede poner otro fundamento que el que está puesto, el cual es Jesucristo.

Hechos 15

¹ Entonces algunos que venían de Judea enseñaban a los hermanos: Si no os circuncidáis conforme al rito de Moisés, no podéis ser salvos. ² Como Pablo y Bernabé tuviesen una discusión y contienda no pequeña con ellos, se dispuso que subiesen Pablo y Bernabé a Jerusalén, y algunos otros de ellos, a los apóstoles y a los ancianos, para tratar esta cuestión. ³ Ellos, pues, habiendo sido encaminados por la iglesia, pasaron por Fenicia y Samaria, contando la conversión de los gentiles; y causaban gran gozo a todos los hermanos. ⁴ Y llegados a Jerusalén, fueron recibidos por la iglesia y los apóstoles y los ancianos, y refirieron todas las cosas que Dios había hecho con ellos. ⁵ Pero algunos de la secta de los fariseos, que habían creído, se levantaron diciendo: Es necesario circuncidarlos, y mandarles que guarden la ley de Moisés.

⁶ Y se reunieron los apóstoles y los ancianos para conocer de este asunto. ⁷ Y después de mucha discusión, Pedro se levantó y les dijo:

Varones hermanos, vosotros sabéis cómo ya hace algún tiempo que Dios escogió que los gentiles oyesen por mi boca la palabra del evangelio y creyesen.[8] Y Dios, que conoce los corazones, les dio testimonio, dándoles el Espíritu Santo lo mismo que a nosotros; [9] y ninguna diferencia hizo entre nosotros y ellos, purificando por la fe sus corazones. [10] Ahora, pues, ¿por qué tentáis a Dios, poniendo sobre la cerviz de los discípulos un yugo que ni nuestros padres ni nosotros hemos podido llevar? [11] Antes creemos que por la gracia del Señor Jesús seremos salvos, de igual modo que ellos.

[12] Entonces toda la multitud calló, y oyeron a Bernabé y a Pablo, que contaban cuán grandes señales y maravillas había hecho Dios por medio de ellos entre los gentiles.

Preguntas de Estudio: Unidad en la Iglesia
I Corintios 3:1-11 & Hechos 15:1-12

Introducción:
La iglesia en Corinto batallaba con muchas de las cosas con las que hoy nosotros luchamos en nuestras iglesias. Habían opiniones diversas en cuanto al liderazgo de Apolos y la autoridad de Pablo, habían celos y contiendas porque la iglesia había perdido su fundamento en Jesús. El mismo tipo de batalla surgió en Antioquía respecto a la circuncisión. Cuando discutieron el asunto con la iglesia de Jerusalén, el tema tenía el potencial de dividir la Iglesia primitiva. Después de que los apóstoles y ancianos discutieran el problema, encontraron que la solución estaba en traer todo hacia Jesús y su gracia.

Como en una familia, la familia de la iglesia puede tener problemas porque sus miembros son todos pecadores. Es esencial que traigamos los problemas hacia el fundamento que es Jesús, y trabajemos en tales problemas. La unidad de la Iglesia no es la ausencia de problemas, sino la decisión de resolverlos. No debemos huir de los conflictos sino mirar hacia Jesús buscando una manera de solucionarlos. Romanos 15:5 dice "el Dios de la paciencia y de la consolación os dé entre vosotros un mismo sentir según Cristo Jesús."

Objetivos:
Conocimiento
- Entender que si Cristo es la cabeza del cuerpo, es que entonces hay un solo cuerpo.
- Descubrir que somos siervos del Señor y que nuestro único propósito es darle a el la gloria.

Actitud
- Apreciar las diferencias que Dios ha hecho en cada miembro de su cuerpo.

Acciones
- Escuchar y entender las perspectivas de otros.
- Animar a otros hermanos del cuerpo de Cristo.
- Unirse como cuerpo alcanzando al mundo para Cristo.

Versículo para Memorizar:
I Pedro 3:8 "Finalmente, sed todos de un mismo sentir, compasivos, amándoos fraternalmente, misericordiosos, amigables."

Versículos para Ampliar el Estudio:
Salmo 133; S. Juan 13:34-35; Romanos 12:3-8; I Corintios 6:5-8, 12; Efesios 4:1-7; Hebreos 10:23-25; I Pedro 3:8-11; I Juan 3:11-20; 4:7-21

201

Preguntas acerca de la Historia:

1. ¿Cómo veía Pablo a la iglesia de Corinto? (I Corintios 3:1-4. Les dijo que los veía como niños en Cristo, terrenales, celosos, rencillosos, y como simples hombres).

2. ¿Cómo se describe el carácter de Apolos y Pablo? (I Corintios 3:5-9. Tenían una actitud de servicio y trabajaban en sus respectivas tareas. Reconocían que el trabajo que hacían era nada, pues solo Dios lo hacía crecer. Trabajaban con un solo propósito, la gloria del Señor).

3. ¿Cuál es el problema de enfocarse en dos líderes diferentes? (I Corintios 3:3-4. El seguir a dos líderes siempre causará que se sigan dos caminos diferentes. Si seguimos a Jesús, entonces hay un solo fundamento y un líder único).

4. ¿Cómo ayuda un líder en la iglesia? (I Corintios 3:5-9. Deben servir a la iglesia, plantar la semilla de la fe en las personas, regar esa fe con la Palabra de Dios y mirar como el Señor hace crecer a esas personas para el servicio en su Reino).

5. ¿De qué manera los líderes hieren a la iglesia? (I Corintios 3:3-4. Cuando permiten que se desarrollen celos, contiendas, y actitudes inmaduras. Cualquier cantidad de orgullo personal destruye distrae la atención de lo que el Señor ha hecho).

6. ¿Cuál es el rol de un líder y cuál es el rol del Señor? (I Corintios 3:5-11. El líder puede hacer solo aquello que le ha sido asignado. Incluso esa obra viene de la Gracia de Dios. El Señor es quien hace que la gente crea y quien los hace crecer. El verdadero fundamento es Jesús).

7. ¿Cómo recibe el Señor la gloria? (I Corintios 3:3:9-11 Cuando la iglesia trabaja unida, personas son salvas, la Palabra de Dios es enseñada y el templo viviente de Dios es edificado).

8. ¿Por qué Pablo enseña sobre cómo construir sobre el fundamento de Cristo? (I Corintios 3:10. Porque no hay otro fundamento más que Jesús).

9. ¿Por qué el tema de la circuncisión era tan importante? (Hechos 15:1. Era un asunto de salvación. Era una señal física de pertenecer a la comunidad judía. Era un gran shock cultural para los judíos el que aceptaran que los gentiles podían ser salvos. Era un shock incluso más grande el dejar de lado la circuncisión que Dios había establecido con Abraham).

10. ¿De qué manera fue dañina para Antioquía la doctrina que trajeron algunos desde Judea? (Hechos 15:1-11. Trajo dudas sobre cómo la gente era salva. Causó cuestionamientos y dudas sobre los dos maestros fundadores en Antioquía. Hizo que el problema fuera llevado hasta Jerusalén).

11. ¿Cómo reaccionó la iglesia de Antioquía ante el debate que llegó hasta su iglesia? (Hechos 15:2-3. La iglesia nombró a Pablo y a Bernabé junto con otros creyentes para que fueran ver a los otros apóstoles en Jerusalén y discutieran la cuestión de la circuncisión para creyentes gentiles).

12. ¿De qué formas el testimonio de Pablo y Bernabé promovió la unidad de la iglesia? (Hechos 15:3-4. Pablo y Bernabé reportaron todo lo que Dios había hecho por medio de ellos y cómo los gentiles habían sido convertidos. Fue el enfoque en la obra del Señor lo que trajo la unidad).

13. ¿Cómo respondieron los Apóstoles y ancianos a quienes pertenecían a los Fariseos? (Hechos 15:6-11. Se reunieron para considerar y discutir la cuestión. Entonces Pedro explicó que Dios había aceptado a los Gentiles dándoles al Espíritu Santo, y no hizo distinción entre ellos y los judíos. Pedro señaló que **solo hay salvación a través de la Gracia del Señor Jesús).**

Preguntas para Discusión:

1. ¿Qué aspecto da la iglesia hacia el mundo exterior cuando pelea, riñe o discute? (I Corintios 3:1-4. El mundo piensa que la iglesia es igual a él, si no es que peor debido al estilo de vida hipócrita que promueve el amor y la paz pero vive en ira y descensión).

2. ¿Cómo debemos reaccionar cuando discusiones y debates surjan en la iglesia? (I Corintios 3:5, Hechos 15:2, 8, 11. Debemos tomar una actitud de servicio, humillándonos ante Dios, para entonces llevar el asunto a los líderes y buscar al Señor. Finalmente la decisión debe ser tomada como toda una iglesia unida en la Palabra de Dios.)

3. ¿Cuál es el problema de seguir la dirección del hombre y no la de Jesús? (I Corintios 3:3-4. Empezamos a compararnos con otros y en el proceso, la envidia, los celos y las disputas se desarrollan).

4. ¿Cómo debemos estimar nuestra posición en el ministerio de Dios? (I Corintios 3:5-6. Debemos vernos como siervos solamente del Señor Jesucristo, nombrados para hacer lo que Él nos pida que hagamos).

5. ¿De qué maneras puedes servir a tu iglesia?

6. ¿Cómo ayudamos o lastimamos a la Iglesia? (I Corintios 3:3-9. Ayudamos a la Iglesia cuando nos enfocamos en Jesús y ayudamos a que la gente crezca. Lastimamos a la iglesia cada vez que nuestro orgullo se involucra. Todo fruto producido viene porque el Señor, y no nosotros, fue quien lo dio).

7. ¿Cómo podemos permanecer unidos en el ministerio? (Hechos 15:3-4, 11-12. Debemos enfocarnos en nuestra salvación a través de Jesús y la obra que el Señor está haciendo).

8. ¿De que manera has visto que el Señor este activamente obrando en tu congregación?

9. ¿Por qué todo el honor y la alabanza tiene que ser para el Señor si todo lo bueno viene de nuestro ministerio? (I Corintios 3:7. Solo Dios debe recibir la Gloria porque Él da el fruto y el crecimiento en el ministerio).

10. ¿Qué debemos hacer en la iglesia cuando no sabemos o entendemos cuál es nuestro ministerio? (I Corintios 3:5-8. Debemos buscar a Dios, pues Él es quien nos envía y quien determina la obra en la que estemos, y quien también trabaja a través de nosotros. Otros cristianos pueden ayudarnos a ver cómo Dios nos ha bendecido y guiado).

11. ¿Sobre qué fundamento deben estar construidos nuestros ministerios? (I Corintios 3:10-11; Hechos 15:11. Nuestras vidas y ministerios deben estar construidos sobre el fundamento de Cristo. Solo por la Gracia de Dios somos salvos. Él es la roca firme y cualquier otro fundamento es como arena blanda).

Versículos sobre falsos profetas:
Deuteronomio 13:1-3   Jeremías 23:16-18

¿Cuál es la obra de un falso profeta?
S. Mateo 7:15-23   II Pedro 2:1-3

¿Cómo será en los últimos días?
II Timoteo 4:2-4   II Timoteo 3:1-5
S. Mateo 24:23-24   Apocalipsis 13:11-18
Apocalipsis 19:20   II Corintios 11:2-4, 13-15

79. Oración por Sanidad
Jesús Sana al Siervo del Centurión y al Hijo de Naín
S. Lucas 7:1-22

S. Lucas 7

[1] Después que hubo terminado todas sus palabras al pueblo que le oía, entró en Capernaum. [2] Y el siervo de un centurión, a quien éste quería mucho, estaba enfermo y a punto de morir. [3] Cuando el centurión oyó hablar de Jesús, le envió unos ancianos de los judíos, rogándole que viniese y sanase a su siervo. [4] Y ellos vinieron a Jesús y le rogaron con solicitud, diciéndole: Es digno de que le concedas esto; [5] porque ama a nuestra nación, y nos edificó una sinagoga. [6] Y Jesús fue con ellos.

Pero cuando ya no estaban lejos de la casa, el centurión envió a él unos amigos, diciéndole: Señor, no te molestes, pues no soy digno de que entres bajo mi techo; [7] por lo que ni aun me tuve por digno de venir a ti; pero di la palabra, y mi siervo será sano. [8] Porque también yo soy hombre puesto bajo autoridad, y tengo soldados bajo mis órdenes; y digo a éste: Ve, y va; y al otro: Ven, y viene; y a mi siervo: Haz esto, y lo hace.

[9] Al oír esto, Jesús se maravilló de él, y volviéndose, dijo a la gente que le seguía: Os digo que ni aun en Israel he hallado tanta fe. [10] Y al regresar a casa los que habían sido enviados, hallaron sano al siervo que había estado enfermo.

[11] Aconteció después, que él iba a la ciudad que se llama Naín, e iban con él muchos de sus discípulos, y una gran multitud. [12] Cuando llegó cerca de la puerta de la ciudad, he aquí que llevaban a enterrar a un difunto, hijo único de su madre, la cual era viuda; y había con ella mucha gente de la ciudad. [13] Y cuando el Señor la vio, se compadeció de ella, y le dijo: No llores.

[14] Y acercándose, tocó el féretro; y los que lo llevaban se detuvieron. Y dijo: Joven, a ti te digo, levántate. [15] Entonces se incorporó el que había muerto, y comenzó a hablar. Y lo dio a su madre.

[16] Y todos tuvieron miedo, y glorificaban a Dios, diciendo: Un gran profeta se ha levantado entre nosotros; y: Dios ha visitado a su pueblo. [17] Y se extendió la fama de él por toda Judea, y por toda la región de alrededor. [18] Los discípulos de Juan le dieron las nuevas de todas estas cosas. Y llamó Juan a dos de sus discípulos, [19] y los envió a Jesús, para preguntarle: ¿Eres tú el que había de venir, o esperaremos a otro? [20] Cuando, pues, los hombres vinieron a él, dijeron: Juan el Bautista nos

ha enviado a ti, para preguntarte: ¿Eres tú el que había de venir, o esperaremos a otro?

21 En esa misma hora sanó a muchos de enfermedades y plagas, y de espíritus malos, y a muchos ciegos les dio la vista. 22 Y respondiendo Jesús, les dijo: Id, haced saber a Juan lo que habéis visto y oído: los ciegos ven, los cojos andan, los leprosos son limpiados, los sordos oyen, los muertos son resucitados, y a los pobres es anunciado el evangelio.

Preguntas de Estudio: Oración por Sanidad
S. Lucas 7:1-22

Introducción:
Vivimos en un mundo hiriente donde encontramos enfermedades y muerte. El pecado ha afectado cada aspecto de la creación incluso nuestra salud. Sin embargo, Dios obra en lo sobrenatural y es capaz de superar aquello que nosotros podamos hacer en la tierra. No solo nos beneficiemos de tener un Dios que es todopoderoso, sino también de tener un dios personal, que desea profundamente que le conozcamos y le invoquemos. Por ello, somos capaces de clamar a dios en oración y pedir por aquello que en nuestras mentes parezca imposible, pues no hay nada imposible para Él.

En este texto, un centurión romano pidió a Jesús que sanara a su siervo. Jesús sanó al siervo y honró la gran fe del centurión. Después Jesús volvió a la vida al hijo de una viuda sin que se lo pidieran. Jesús demostró tener poder sobre la enfermedad y la muerte, y nos invita a que "si algo pidiereis en mi nombre, yo lo haré" (S. Juan 14:14).

Objetivos:
Conocimiento
- Darse cuenta de que Jesús tiene poder sobre la enfermedad y la muerte.
- Entender que cuando oramos, Dios no siempre da la respuesta que queremos, aún así siempre podemos confiar que responderá.

Actitud
- Tener compasión de quienes a nuestro alrededor están enfermos y heridos, trayéndolos ante el Señor en oración.
- Confiar en el Señor completamente y agradecerle por las respuestas que nos da.

Acciones
- Orar en fe por las muchas necesidades a nuestro alrededor, teniendo confianza de que el Señor es capaz de hacer más de lo que jamás pudiéramos pedir o imaginar.

Versículos para Memorizar:
Santiago 5:16 "Confesaos vuestras ofensas unos a otros, y orad unos por otros, para que seáis sanados. La oración eficaz del justo puede mucho."

I Juan 5:14-15 "Y esta es la confianza que tenemos en él, que si pedimos alguna cosa conforme a su voluntad, él nos oye. Y si sabemos que él nos oye en cualquiera cosa que pidamos, sabemos que tenemos las peticiones que le hayamos hecho."

Versículos para Ampliar Estudio:
I Reyes 17:7-24; S.Mateo 15:22-28; S.Marcos 5:25-34; S.Lucas 18:1-5; Hechos 28:27-28; Hebreos 11:6; Santiago 5:14-20; I Juan 5:14-15

Preguntas acerca de la Historia:
1. ¿Qué nos dice el texto acerca del sirviente? (S. Lucas 7:1-2. Que era el siervo de un centurión. Era muy estimado pero estaba enfermo y a punto de morir).
2. ¿Qué sabemos acerca del centurión? (S. Lucas 7:3-9. Había oído de Jesús. Era respetado por lo ancianos de los judíos. Era humilde y respetaba las barreras culturales. Entendía la autoridad porque estaba a cargo de 100 soldados. Sabía que Jesús podía controlar esa enfermedad y tenía gran fe).
3. ¿Por qué los ancianos le rogaron a Jesús? (S. Lucas 7:4. Sentían que estaban en deuda con el centurión pues les había construido una sinagoga y porque amaba a la nación).
4. ¿Qué es lo inusual del mensaje del centurión para Jesús? (S. Lucas 7:6-8. Un oficial romano normalmente no honraría a un profeta judío viajero. Él era humilde, lo que también era algo inusual. Su trabajo era controlar el mundo visible, pero entendió que Jesús tenía el control del mundo invisible de la enfermedad).
5. ¿Cómo demostró el centurión su fe en el poder de Jesús? (S. Lucas 7:7. El centurión mostró fe al confiar en que si Jesús simplemente decía la palabra, su siervo sería sanado).
6. ¿Por qué se sorprendió Jesús de la reacción del centurión? (S. Lucas 7:9. Porque como romano, éste tenía más fe que los israelitas. Al contrario de muchos entendió el poder que Jesús tenía sobre la enfermedad. Nos se consideró a sí mismo digno de que Jesús viniera a su casa).
7. ¿Qué dijo de Jesús aquella curación? (S. Lucas 7:10. Jesús tenía poder sobre las enfermedades, su poder no está limitado a su presencia física, sigue buscando gente de fe).
8. ¿Cuál era la condición de la mujer cuyo hijo había muerto? (S. Lucas 7:11-12. Era una viuda y el que había muerto era su único hijo. Esto significaría que lo que quedaría nadie para cuidar de ella, su dolor era muy grande).
9. ¿Qué significó que se estuvieran llevando a enterrar al fallecido? (S. Lucas 7:12. No tenía pulso ni aliento. El ataúd y la procesión significaba que no había ya esperanza de vida. La muerte era final, no tenían motivo de esperar lo contrario).

10. ¿Qué demostró la reacción de Jesús hacia la mujer? (S. Lucas 7:13. Entendió su dolor y cuido de ella personalmente).
11. ¿Qué demuestra el poder de una sola palabra de Jesús sobre la muerte? (S. Lucas 7:14. Revela que Él es Dios y que no hay por qué temer a la muerte, o a ningún problema ante nosotros).
12. ¿Cuál fue el resultado de esta milagrosa resurrección? (S. Lucas 7:16. La multitud alabó a Dios diciendo: "Dios ha visitado a su pueblo").
13. ¿Por qué Juan preguntó a Jesús si Él era el Mesías? (S. Lucas 7:19. Desde la prisión, Juan no podía ver lo que estaba pasando. En prisión necesitaba ser animado por el Mesías prometido).
14. ¿Cómo es que la sola respuesta de Jesús fue tan poderosa? (S. Lucas 7:22. En lugar de responder con palabras, Jesús apuntó a las realidades físicas de lo que estaba pasando. Los testimonios de las vidas que habían sido cambiadas y la proclamación de las Buenas Nuevas eran más fuerte que cualquier cosa que pudiera haber dicho).

Preguntas para Discusión:
1. ¿Qué problemas en tu vida necesitas traer a Jesús?
2. ¿Qué nos enseña la petición del centurión sobre la oración? (S. Lucas 7:6-7. Que quienes seamos no nos hace merecedores del cuidado de Dios. Es solo la fe en Jesús lo que nos hace merecedores o capaces de pedir lo que sea a Dios. Aun cuando somos indignos, podemos confiar en el poder y deseo del Señor para sanar).
3. Las buenas acciones del centurión ¿hicieron que Jesús sanara al siervo? (S. Lucas 7:4-7. No. Es nuestra fe en Jesús lo que nos permite recibir. Jesús no vino al centurión por sus buenas obras sino por su fe).
4. Puesto que es la fe la que nos permite creer que el Señor puede sanar, ¿puede el Señor obrar aún en falta de fe? (S. Lucas 7:13-15. Sí. La fe es un regalo de Dios y Él es capaz de volver a la gente a la vida, creando fe donde no la había. Sin Cristo en nuestros corazones, estamos muertos espiritualmente. No hay nada que podamos hacer para revivirnos, mas Jesús nos llama así como dijo al joven, "a ti te dijo ¡levántate!").
5. Si Jesús tiene el poder de sanar, ¿por qué sigue habiendo enfermedad y muerte? (S. Mateo 13:54-58. Dice que Jesús no hizo muchos milagros en su ciudad natal debido a la falta de fe. Muchas veces, la gente ni siquiera se vuelve a Jesús en busca de curación. Tratarán por cualquier otro medio, pero no invocarán al Señor).

6. ¿Es siempre la voluntad del Señor el sanarnos? (No. En II Corintios 12:7-9 Pablo no fue sanado de su aguijón de la carne. En I Juan 5:14-15 dice que Él nos dará lo que pedimos si es según su voluntad. En S. Juan 9:13 Jesús dijo a sus discípulos que el hombre había nacido ciego para que la obra de Dios fuera presentada en su vida. En S. Juan 11:4 Jesús dijo que la muerte de Lázaro había sido para la gloria de Dios).

7. ¿Cómo se muestra nuestra fe? (S. Lucas 7:9. Nuestra fe puede ser vista en la oración, cuando clamamos al Señor. Se la puede ver cuando los problemas vienen y dependemos del Señor para fortalecernos. También se muestra cuando compartimos de la grandeza de Dios).

8. ¿Qué situaciones han probado tu fe? ¿Qué la ha hecho crecer?

9. ¿Qué debemos hacer cuando enfrentamos enfermedad? (S. Lucas 7:4. Rogar fervientemente a Jesús por misericordia. Santiago 5:13-16 también nos recuerda: "llame a los ancianos de la iglesia, y oren por él, ungiéndole con aceite en el nombre del Señor").

10. ¿Puede el Señor ser glorificado a través de la enfermedad y los problemas que enfrentamos? (A veces es glorificado a través de eventos milagrosos como esas curaciones, otras veces es a través del testimonio de lo que ha hecho. Juan fue decapitado en prisión y aún así Dios fue glorificado en su vida).

11. ¿Qué aprendemos acerca del carácter de Dios cuando miramos la compasión de Jesús por la gente mientras vivió en la tierra? (S. Lucas 7:13. Tal como Jesús tuvo compasión de la viuda o del siervo, Él también cuida de nosotros).

12. ¿Qué corazón tenemos para con aquellos que están heridos o en dolor a nuestro alrededor? ¿Cómo reaccionas con ellos?

13. Cuando vemos a Dios haciendo obras milagrosas entre nosotros, ¿cómo debemos reaccionar? (S. Lucas 7:16. Como la multitud podemos responder alabando a Dios por venir y ayudar a su pueblo).

14. Nosotros dudamos al igual que Juan, ¿cómo podemos vencer esas dudas? (S. Lucas 7:19. La Palabra de Dios y el testimonio de lo que Él ha hecho destruye las dudas).

15. Si Jesús fue capaz de sanar ciegos, cojos, leprosos, sordos y muertos, ¿qué ha hecho Él en tu vida?

80. Testificando
Pedro y Juan ante el Sanedrín
Hechos 4:1-21

Hechos 4

[1] Hablando ellos al pueblo, vinieron sobre ellos los sacerdotes con el jefe de la guardia del templo, y los saduceos, [2] resentidos de que enseñasen al pueblo, y anunciasen en Jesús la resurrección de entre los muertos. [3] Y les echaron mano, y los pusieron en la cárcel hasta el día siguiente, porque era ya tarde. [4] Pero muchos de los que habían oído la palabra, creyeron; y el número de los varones era como cinco mil.

[5] Aconteció al día siguiente, que se reunieron en Jerusalén los gobernantes, los ancianos y los escribas, [6] y el sumo sacerdote Anás, y Caifás y Juan y Alejandro, y todos los que eran de la familia de los sumos sacerdotes; [7] y poniéndoles en medio, les preguntaron: ¿Con qué potestad, o en qué nombre, habéis hecho vosotros esto?

[8] Entonces Pedro, lleno del Espíritu Santo, les dijo: Gobernantes del pueblo, y ancianos de Israel: [9] Puesto que hoy se nos interroga acerca del beneficio hecho a un hombre enfermo, de qué manera éste haya sido sanado, [10] sea notorio a todos vosotros, y a todo el pueblo de Israel, que en el nombre de Jesucristo de Nazaret, a quien vosotros crucificasteis y a quien Dios resucitó de los muertos, por él este hombre está en vuestra presencia sano. [11] Este Jesús es la piedra reprobada por vosotros los edificadores, la cual ha venido a ser cabeza del ángulo.[12] Y en ningún otro hay salvación; porque no hay otro nombre bajo el cielo, dado a los hombres, en que podamos ser salvos.

[13] Entonces viendo el denuedo de Pedro y de Juan, y sabiendo que eran hombres sin letras y del vulgo, se maravillaban; y les reconocían que habían estado con Jesús. [14] Y viendo al hombre que había sido sanado, que estaba en pie con ellos, no podían decir nada en contra. [15] Entonces les ordenaron que saliesen del concilio; y conferenciaban entre sí, [16] diciendo: ¿Qué haremos con estos hombres? Porque de cierto, señal manifiesta ha sido hecha por ellos, notoria a todos los que moran en Jerusalén, y no lo podemos negar. [17] Sin embargo, para que no se divulgue más entre el pueblo, amenacémosles para que no hablen de aquí en adelante a hombre alguno en este nombre.

[18] Y llamándolos, les intimaron que en ninguna manera hablasen ni enseñasen en el nombre de Jesús. [19] Mas Pedro y Juan respondieron diciéndoles: Juzgad si es justo delante de Dios obedecer a vosotros antes que a Dios; [20] porque no podemos dejar de decir lo que hemos

visto y oído. [21] Ellos entonces les amenazaron y les soltaron, no hallando ningún modo de castigarles, por causa del pueblo; porque todos glorificaban a Dios por lo que se había hecho.

Preguntas de Estudio: Testificando
Hechos 4:1-21

Introducción:
Pedro y Juan habían subido al Templo para orar. Cuando iban entrando sanaron a un hombre que era cojo de nacimiento. Después de usar esa oportunidad para hablar al pueblo sobre Jesús y el poder en su Nombre, fueron puestos en prisión por sus palabras. Sin embargo, la prisión dio la oportunidad para hablar a los líderes, ancianos, maestros de la Ley y a la familia del Sumo Sacerdote sobre de Jesús.

Hoy, nosotros podremos enfrentar oposición por hablar a las personas sobre Jesús., y no obstante ese es el mensaje que nuestro mundo necesita oír. Ya sea por medio de pruebas o tiempos de regocijo, todas y cada una de las circunstancias permite la obra de Jesucristo en nuestras vidas. Nuestro propósito en la tierra no es solo conocer a Jesús, sino también compartir con otros a fin de que ellos puedan también conocerle. El mensaje de Pedro a los líderes fue claro "en ningún otro hay salvación; porque no hay otro nombre bajo el cielo, dado a los hombres, en que podamos ser salvos."

Objetivos:
Conocimiento
- Saber que el Señor da a todo el que cree experiencias personales con Dios que otros necesitan oír.
- Entender que el resistirse o ignorar la obra de Dios es resistirse a Dios mismo.

Actitud
- Ser nobles y valientes cuando testifiquemos de Jesús.

Acciones
- Usar cada bendición y dificultad en nuestra vida para hablar a otros sobre la grandeza de Dios.

Versículos para Memorizar:
S. Mateo 10:19-20 "Mas cuando os entreguen, no os preocupéis por cómo o qué hablaréis; porque en aquella hora os será dado lo que habéis de hablar. Porque no sois vosotros los que habláis, sino el Espíritu de vuestro Padre que habla en vosotros."

I Pedro 3:15-16 "Sino santificad a Dios el Señor en vuestros corazones, y estad siempre preparados para presentar defensa con mansedumbre y reverencia ante todo el que os demande razón de la esperanza que hay en vosotros; teniendo buena conciencia, para que en lo que murmuran de vosotros como de malhechores, sean avergonzados los que calumnian vuestra buena conducta en Cristo."

Versículos para ampliar el Estudio:
S. Mateo 10:19-20; 28:18-20; Hechos 1:8; 2:22-38; 14:1-7; Romanos 1:16; I Corintios 15:1-6; I Pedro 3:15-16.

Preguntas acerca de la Historia:
1. ¿Qué resulta extraño del ser arrestado por sanar a alguien y predicar de Jesús en el Templo? (Hechos 4:1. El Templo era el lugar donde la gente debía venir buscando sanidad, oración, y testimonio sobre lo que Dios había hecho. El Templo debía de ser el lugar mas abierto para eso).
2. ¿Por qué los sacerdotes y el capitán del Templo arrestaron a Pedro y a Juan por **hablar de Jesús**? (Hechos 4:1-2. Estos mismos líderes fueron que habían crucificado a Jesús. Estaban perturbados porque se estaba proclamando la resurrección de Jesús. Para ellos el predicar que Jesús era el Mesías parecía ir en contra del todo de su religión).
3. ¿Qué tipo de **oposición** enfrentaron Pedro y Juan? (Hechos 4:3,7,18. Los líderes de les judíos los pusieron en prisión, les hicieron enfrentar un juicio y les prohibieron hablar en el Nombre de Jesús).
4. ¿Qué del **mensaje** causó tal reacción? (Hechos 4:10-12. Fue al Jesús a quien ellos crucificaron, negaron y rechazaron el que se había levantado de la muerte. Fue en Jesús como el Mesías y el poder de su Nombre en lo que no creían. Todo fue a causa del mensaje exclusivo que dice que la salvación no se encuentra en nadie más).
5. ¿Cuál fue la **reacción** de aquellos en la multitud que habían escuchado en mensaje y la proclamación de las Buenas Nuevas de Jesucristo? (Hechos 4:4. Muchos que habían oído el mensaje creyeron y se sumaron a los que ya habían creído).
6. ¿Cómo **respondieron** los líderes, ancianos y maestros de la Ley y la familia del Sumo Sacerdote ante tal mensaje? (Hechos 4:13-17. Estaban atónitos ante la confianza de Pedro y Juan. Les enmudeció el hecho de que quien había sido sanado estuviera ente ellos. Estaban confundidos sobre qué hacer con ellos. No estaban dispuestos a creer aún cuando reconocieron que había sido un milagro sobresaliente que no podían negar, por ello fueron desafiantes con Pedro y Juan para que dejaran de hablar en el Nombre de Jesús).
7. ¿A qué tipo de **poder** se referían? (Hechos 4:7-19. Los líderes se preguntaban de dónde había venido el poder de sanar. Pedro respondió en el poder del Espíritu Santo. La sanidad había sido hecha en el poder del Nombre de Jesús. Los líderes

214

trataron de usar su poder para detener a Pedro y a Juan, pero el poder de Dios y su autoridad estuvo por encima de todo).

8. ¿Por qué Pedro dirigió la atención y la gloria de la curación hacia Jesús? (Hechos 4:10. Porque no había sido Pedro quien había sanado al hombre, él no podía tomar ningún crédito. Puesta que fue Jesús quien sanó al hombre, Pedro no debía recibir el crédito por el bien que se había hecho).

9. ¿Qué enseñanza estaba detrás de la pregunta que hicieron Pedro y Juan en cuanto a quién debían obedecer? (Hechos 4:19-20. Era la responsabilidad de los sacerdotes y ancianos el ser intercesores entre el pueblo y Dios. No obstante, ellos se habían vuelto un obstáculo y no estaban dispuestos a reconocer que tan grande milagro venía de parte de Dios).

Preguntas para Discusión:

1. ¿Qué tipo de cosas extrañas podemos enfrentar cuando hablamos a la gente sobre Jesús? (Hechos 4:1. Podemos encontrar gran resistencia en nuestros hogares o en nuestras familias. Podemos encontrar también apertura de parte de quienes menos creemos y en los lugares más inesperados).

2. ¿Cuál es el **mensaje** que debemos proclamar al mundo que nos rodea? (Hechos 4:2,12. El mensaje de las Buenas Nuevas de Jesús se necesita en todo el mundo. Es en Jesús que tenemos el perdón de nuestros pecados, la esperanza de la resurrección, la salvación y la sanidad).

3. ¿Cómo puedes compartir de Jesús con quienes te rodean?

4. ¿Qué respuestas positivas has recibido de tales oportunidades?

5. ¿Qué tipo de **oposición** enfrentaremos mientras compartimos de Jesús? (Hechos 4:3,7,18. Como Pedro y como Juan, muchos cristianos enfrentan amenazas, prisiones, castigos y juicios).

6. ¿Cuál será la **respuesta** del mundo a nuestro alrededor cuando compartamos el mensaje de Jesucristo? (Hechos 4:1-4. La respuesta del mundo puede variar mucho. Aquellos en quienes el Espíritu Santo ha estado trabajando vendrán a salvación y se maravillarán del amor y la Gracia de Jesucristo. Aquellos que resisten la obra de Dios serán perturbados por el Evangelio y responderán negativamente).

7. ¿Por qué no tenemos motivo de temer cuando se nos cuestione por nuestra fe? (Hechos 4:8. Porque tenemos el **poder** del Espíritu Santo en nosotros. Servimos al Dios Todopoderoso que tiene toda autoridad en la tierra. S. Mateo 10:19-20 dice que Él nos dará las palabras en el momento justo).

8. ¿Cómo podemos ser testigos de Jesús cuando se nos cuestione acerca de nuestras vidas y aquello que hacemos? (Hechos 4:10-11. Podemos servir como testigos de Jesús aún cuando seamos cuestionados y soportemos dificultades dirigiendo a la gente de vuelta a Jesucristo, dándole a Él la gloria en nuestras vidas. Debemos siempre estar listos para dar una razón por la esperanza que hay en nosotros, I Pedro 3:15-16).

9. ¿Por qué Dios usa gente simple y ordinaria para mostrar su Gloria? (Hechos 4:13. Dios usa hombres comunes para hacer su obra a fin de que sea obvio que no es por hombre sino por el Señor Todopoderoso).

10. ¿Cuál debe ser nuestra reacción como cristianos cuando el Señor nos ha dicho que hagamos algo a lo que el mundo se opone? (Hechos 4:19-20. Como cristianos debemos elegir escuchar la Palabra del Señor por sobre las palabras de hombre, pues al final Dios es quien tiene control no solo de nuestra vida presente, sino también de la que está por venir).

11. ¿Cuáles son algunas cosas que el Señor te ha estado diciendo que hagas? ¿Cuál ha sido tu respuesta?

81. Evangelismo
Pablo ante el rey Agripa
Hechos 26:1-29

Hechos 26

[1] Entonces Agripa dijo a Pablo: Se te permite hablar por ti mismo. Pablo entonces, extendiendo la mano, comenzó así su defensa: [2] Me tengo por dichoso, oh rey Agripa, de que haya de defenderme hoy delante de ti de todas las cosas de que soy acusado por los judíos. [3] Mayormente porque tú conoces todas las costumbres y cuestiones que hay entre los judíos; por lo cual te ruego que me oigas con paciencia.

[4] Mi vida, pues, desde mi juventud, la cual desde el principio pasé en mi nación, en Jerusalén, la conocen todos los judíos; [5] los cuales también saben que yo desde el principio, si quieren testificarlo, conforme a la más rigurosa secta de nuestra religión, viví fariseo. [6] Y ahora, por la esperanza de la promesa que hizo Dios a nuestros padres soy llamado a juicio; [7] promesa cuyo cumplimiento esperan que han de alcanzar nuestras doce tribus, sirviendo constantemente a Dios de día y de noche. Por esta esperanza, oh rey Agripa, soy acusado por los judíos. [8] !!Qué! ¿Se juzga entre vosotros cosa increíble que Dios resucite a los muertos?

[9] Yo ciertamente había creído mi deber hacer muchas cosas contra el nombre de Jesús de Nazaret; [10] lo cual también hice en Jerusalén. Yo encerré en cárceles a muchos de los santos, habiendo recibido poderes de los principales sacerdotes; y cuando los mataron, yo di mi voto. [11] Y muchas veces, castigándolos en todas las sinagogas, los forcé a blasfemar; y enfurecido sobremanera contra ellos, los perseguí hasta en las ciudades extranjeras.

[12] Ocupado en esto, iba yo a Damasco con poderes y en comisión de los principales sacerdotes, [13] cuando a mediodía, oh rey, yendo por el camino, vi una luz del cielo que sobrepasaba el resplandor del sol, la cual me rodeó a mí y a los que iban conmigo. [14] Y habiendo caído todos nosotros en tierra, oí una voz que me hablaba, y decía en lengua hebrea: Saulo, Saulo, ¿por qué me persigues? Dura cosa te es dar coces contra el aguijón.

[15] Yo entonces dije: ¿Quién eres, Señor?

Y el Señor dijo: Yo soy Jesús, a quien tú persigues. [16] Pero levántate, y ponte sobre tus pies; porque para esto he aparecido a ti, para ponerte por ministro y testigo de las cosas que has visto, y de aquellas en que me apareceré a ti, [17] librándote de tu pueblo, y de los gentiles, a quienes ahora te envío, [18] para que abras sus ojos, para que se conviertan de las tinieblas a la luz, y de la potcstad de Satanás a Dios; para que reciban, por la fe que es en mí, perdón de pecados y herencia entre los santificados.

[19] Por lo cual, oh rey Agripa, no fui rebelde a la visión celestial, [20] sino que anuncié primeramente a los que están en Damasco, y Jerusalén, y por toda la tierra de Judea, y a los gentiles, que se arrepintiesen y se convirtiesen a Dios, haciendo obras dignas de arrepentimiento. [21] Por causa de esto los judíos, prendiéndome en el templo, intentaron matarme. [22] Pero habiendo obtenido auxilio de Dios, persevero hasta el día de hoy, dando testimonio a pequeños y a grandes, no diciendo nada fuera de las cosas que los profetas y Moisés dijeron que habían de suceder: [23] Que el Cristo había de padecer, y ser el primero de la resurrección de los muertos, para anunciar luz al pueblo y a los gentiles.

[24] Diciendo él estas cosas en su defensa, Festo a gran voz dijo: Estás loco, Pablo; las muchas letras te vuelven loco. [25] Mas él dijo: No estoy loco, excelentísimo Festo, sino que hablo palabras de verdad y de cordura. [26] Pues el rey sabe estas cosas, delante de quien también hablo con toda confianza. Porque no pienso que ignora nada de esto; pues no se ha hecho esto en algún rincón. [27] ¿Crees, oh rey Agripa, a los profetas? Yo sé que crees.

[28] Entonces Agripa dijo a Pablo: Por poco me persuades a ser cristiano.

[29] Y Pablo dijo: !!Quisiera Dios que por poco o por mucho, no solamente tú, sino también todos los que hoy me oyen, fueseis hechos tales cual yo soy, excepto estas cadenas!

Preguntas de Estudio: Evangelismo
Hechos 26:1-29

Introducción:
Testificar es hablar de lo que Jesús ha hecho. El evangelismo es tomar la iniciativa de compartir de Jesús, provocando respuestas y dejando a Dios los resultados. Tristemente, muchos cristianos fallan a la hora de tomar tal iniciativa. Las razones más comunes por las que los creyentes no comparten su fe son: miedo al rechazo, miedo a la persecución, o miedo a no saber qué decir. Todo se reduce a alguna forma de temor. Mientras que los temores son reales, es importante que recordemos que "mayor es el que está en vosotros que el que está en el mundo).
Podemos estar firmes y confiados para compartir nuestra fe así como lo hizo Pablo en el relato de Hechos. En este texto, Pablo está en un juicio por su fe en Jesús, pero él usa esa oportunidad para dar un mensaje claro sobre Jesús ante el rey Agripa, así como también una invitación a arrepentirse y volverse a Cristo. En Romanos 10:24 Pablo dice porqué toma cada oportunidad "como creerán en aquel de quien no han oído."

Objetivos:
Conocimiento
- Saber que Dios desea que todo hombre sea salvo y venga al conocimiento de la verdad.
- Entender que Él desea usarnos para compartir el Evangelio de Jesús con el mundo.

Actitud
- Que nuestros corazones ardan por aquellos condenados al infierno por no conocer a Jesús.
- Que nos regocijemos en la salvación de cada alma perdida.

Acciones
- Ir al mundo proclamando el perdón de pecados, la libertad de la culpa, el poder sobre las adicciones, la vida nueva y eterna por medio de Jesucristo.
- Orar para que el Señor de la mies envíe más obreros a la mies para que todos seas salvos.
-

Versículos para Memorizar:
S. Mateo 9:37-38 "Entonces dijo a sus discípulos: A la verdad la mies es mucha, mas los obreros pocos. Rogad, pues, al Señor de la mies, que envíe obreros a su mies.'"

Versículos para Ampliar el Estudio:
S.Mateo 9:36-38; S.Marcos 16:15-18; S.Lucas 15:7; Hechos 1:8; I Corintios 15:1-7; I Timoteo 2:4; Filemón 1:6; I Pedro 3:15-16; I Juan 4:4

Preguntas acerca de la Historia:
1. ¿Por qué dijo Pablo que fue un privilegio estar ante el rey Agripa? (Hechos 26: 2-3. Para Pablo siempre era un privilegio hablar a las personas de Jesús. Era un privilegio especial hablar ante el rey que estaba familiarizado con las costumbres judías).
2. ¿Por qué Pablo le pidió al rey Agripa que escuchara pacientemente? (Hechos 26:3. Porque las cosas de Dios son locuras para la mente humana. El entender los asuntos espirituales es abrir el corazón al Espíritu de Dios y a la Palabra de Dios).
3. ¿Qué era único del pasado de Pablo? (Hechos 26:5-7. Pablo creció tanto en su pueblo Tarso, como en Jerusalén. Pertenecía a la secta más estricta de la religión judía, los Fariseos, que lo conocían muy bien. Servía fervientemente al Dios y esperaba la venida del Mesías. Era esa la esperanza en la que confiaba).
4. ¿Por qué era tan increíble o difícil para el rey Agripa y a los otros el creer en la resurrección de los muertos? (Hechos 26:8. Nadie se había nunca levantado a sí mismo desde los muertos. Para los judíos el aceptarlo significaría que verdaderamente habían matado al mesías prometido).
5. ¿Cuál era el punto de Pablo de mencionar su pasada oposición al Nombre de Jesús de Nazaret? (Hechos 26:9-10. Pablo entendía el celo de los judíos que se le oponían. Entendió el rol que tenía la autoridad y la justicia, la obsesión, el castigo y la persecución. Entendió que el lugar del rey era juzgar correctamente y Pablo había tratado de hacer lo mismo. Su pasado personal dio mayor validez a su argumento).
6. ¿Qué hizo que Pablo cambiara tan drásticamente? (Hechos 26:12-16. El encuentro personal de Pablo con Jesús le cambió, de ser un perseguidor a un defensor de Jesús. Pablo experimentó el poder de Jesús, la convicción de pecado, la Gracia de Dios y el llamado del Señor en su vida).
7. ¿Qué comisión dio Jesús a Pablo? (Hechos 26:16-18. Jesús comisionó a Pablo para que fuera un siervo y testigo de lo que había sido y lo que se le había mostrado. Pablo estaba siendo enviado no solo a su pueblo, los judíos, sino también a los gentiles a fin de que sus ojos fueran abiertos y vinieran de las

tinieblas a la luz, recibiendo el perdón de pecados y la santificación por fe en Cristo).

8. ¿Por qué fue importante la respuesta de Pablo a la visión? (Hechos 26:19-20. Fue obediente a la visión de parte de Dios. Conoció personalmente la necesidad del arrepentimiento, para así poder llamar a otros a arrepentirse. Pablo estaba dando la misma invitación al rey Agripa).

9. ¿Sobre qué dice Pablo que esta fundado su mensaje? (Hechos 26:22. Pablo apunta a la Palabra de Dios, específicamente a Moisés y a los Profetas como el fundamento de su mensaje. Apunta a cómo esas mismas Escrituras son las que anunciaron a la muerte y resurrección de Cristo).

10. ¿Qué respuesta recibió Pablo por su testimonio de Jesucristo? (Hechos 26:24. Festo pensó que Pablo estaba demente o enloquecido, pero Agripa entendió que Pablo trataba de persuadirlo a creer).

11. ¿Cómo reaccionó Pablo ante las críticas? (Hechos 26:25. Pablo no devolvió el ataque, sino que respondió con una defensa humilde pero certera).

12. ¿Qué sabía Pablo sobre que tanto estaba enterado el rey Agripa de lo que se le presentaba? (Hechos 26:26-27. Pablo sabía que el rey Agripa estaba al tanto de las Escrituras y que creía en los Profetas).

13. ¿Qué dijeron realmente las últimas palabras de Pablo? (Hechos 26:28-29. En sus palabras podemos ver el verdadero corazón de Pablo y la razón del testimonio que dio. El deseo de Pablo, al igual que el de Dios, era que todos fueran salvos y vinieran al conocimiento de la verdad, I Timoteo 2:4. Ver S. Mateo 9:36-38).

Preguntas para Discusión:
1. ¿En qué momentos podemos considerar un privilegio el compartir el Evangelio? (Hechos 26:2-3. Siempre es un privilegio, pero la obra de Dios se hace evidente cuando la gente quiere escuchar, cuando ven su necesidad de Jesús, cuando dejan atrás su antigua vida y reciben un nuevo nacimiento en Jesús).

2. ¿Cómo respondes cuando alguien te pide que hables sobre lo que crees?

3. ¿Cómo podemos usar nuestra vida anterior como testimonio para acercarnos y alcanzar a otros para Jesucristo? (Hechos 26:5-11. Al explicarle a la gente dónde hemos estado y cómo Cristo nos ha cambiado. Los caminos que hemos andado

pueden mostrarles el poder de Cristo para cambiar a alguien en un seguidor de Dios).

4. ¿Quiénes son algunos que podemos alcanzar para Cristo?

5. ¿De qué manera la transformación de Pablo nos muestra el potencial que tienen las personas para cambiar sus vidas? (Hechos 26:12-14. Podemos ver que aun cuando Pablo vivía una vida contraria a Jesucristo, el Señor se reveló a apablo a fin de salvarlo. Igualmente, el Señor desea mostrarse a todos los que no creen para salvarlos. El Señor es quien ha venido a buscar y a salvar a los perdidos, S. Lucas 19:10).

6. ¿Cómo has visto la fidelidad del Señor en tu vida y cómo puedes usarlo como testimonio para compartir con otros?

7. Así como Pablo, ¿sobre qué debemos asegurarnos que nuestro mensaje esté fundado? (Hechos 26:22. Debemos asegurarnos de que cuando compartamos nuestro testimonio éste esté fundado en la Palabra de Dios).

8. ¿Qué comisión nos ha dado Jesus respecto al Evangelio? (Hechos 26:16-18. Nos ha dado la gran comisión en S. Mateo 28:19-20. "Por tanto, id, y haced discípulos a todas las naciones, bautizándolos en el nombre del Padre, y del Hijo, y del Espíritu Santo; enseñándoles que guarden todas las cosas que os he mandado; y he aquí yo estoy con vosotros todos los días, hasta el fin del mundo").

9. ¿Cómo debemos reaccionar cuando la gente se burle y nos ridiculice por lo que creemos? ¿Por qué? (Hechos 26:24-25. Debemos responder humildemente pero con seguridad, sin comprometer nuestra respuesta No debemos tener una actitud contenciosa sino buscando imitar al Pablo que compartió firme y alegremente de Jesús aun en la adversidad. Esta actitud traerá a otros a Dios).

10. ¿Qué actitud deberíamos tener hacia aquellos que están perdidos sin Cristo como el Señor de sus vidas? (Hechos 26:28-29. Necesitamos amarles como familia del Reino de Dios o lamentarnos de verlos separados de Dios. Si no nos sentimos preocupados por aquellos que no conocen a Jesús, debemos pedir al Señor que nos cambie primero).

82. El Llamado de Dios
El Llamado de Dios a Jeremías
Jeremías 1:4-10 & Jonás 1-4

Jeremías 1

⁴ Circuncidaos a Jehová, y quitad el prepucio de vuestro corazón, varones de Judá y moradores de Jerusalén; no sea que mi ira salga como fuego, y se encienda y no haya quien la apague, por la maldad de vuestras obras.

⁵ Anunciad en Judá, y proclamad en Jerusalén, y decid: Tocad trompeta en la tierra; pregonad, juntaos, y decid: Reuníos, y entrémonos en las ciudades fortificadas.

⁶ Alzad bandera en Sion, huid, no os detengáis; porque yo hago venir mal del norte, y quebrantamiento grande.

⁷ El león sube de la espesura, y el destruidor de naciones está en marcha, y ha salido de su lugar para poner tu tierra en desolación; tus ciudades quedarán asoladas y sin morador. ⁸ Por esto vestíos de cilicio, endechad y aullad; porque la ira de Jehová no se ha apartado de nosotros.

⁹ En aquel día, dice Jehová, desfallecerá el corazón del rey y el corazón de los príncipes, y los sacerdotes estarán atónitos, y se maravillarán los profetas.

¹⁰ Y dije: !!Ay, ay, Jehová Dios! Verdaderamente en gran manera has engañado a este pueblo y a Jerusalén, diciendo: Paz tendréis; pues la espada ha venido hasta el alma.

Jonás 1

¹ Vino palabra de Jehová a Jonás hijo de Amitai, diciendo: ² Levántate y ve a Nínive, aquella gran ciudad, y pregona contra ella; porque ha subido su maldad delante de mí.

³ Y Jonás se levantó para huir de la presencia de Jehová a Tarsis, y descendió a Jope, y halló una nave que partía para Tarsis; y pagando su pasaje, entró en ella para irse con ellos a Tarsis, lejos de la presencia de Jehová.

⁴ Pero Jehová hizo levantar un gran viento en el mar, y hubo en el mar una tempestad tan grande que se pensó que se partiría la nave. ⁵ Y los marineros tuvieron miedo, y cada uno clamaba a su dios; y echaron al mar los enseres que había en la nave, para descargarla de ellos. Pero Jonás había bajado al interior de la nave, y se había echado a dormir. ⁶ Y el patrón de la nave se le acercó y le dijo: ¿Qué tienes, dormilón? Levántate, y clama a tu Dios; quizá él tendrá compasión de nosotros, y no pereceremos.

⁷ Y dijeron cada uno a su compañero: Venid y echemos suertes, para que sepamos por causa de quién nos ha venido este mal. Y echaron suertes, y la suerte cayó sobre Jonás. ⁸ Entonces le dijeron ellos: Decláranos ahora por qué nos ha venido este mal. ¿Qué oficio tienes, y de dónde vienes? ¿Cuál es tu tierra, y de qué pueblo eres? ⁹ Y él les respondió: Soy hebreo, y temo a Jehová, Dios de los cielos, que hizo el mar y la tierra.

¹⁰ Y aquellos hombres temieron sobremanera, y le dijeron: ¿Por qué has hecho esto? Porque ellos sabían que huía de la presencia de Jehová, pues él se lo había declarado. ¹¹ Y le dijeron: ¿Qué haremos contigo para que el mar se nos aquiete? Porque el mar se iba embraveciendo más y más. ¹² El les respondió: Tomadme y echadme al mar, y el mar se os aquietará; porque yo sé que por mi causa ha venido esta gran tempestad sobre vosotros.

¹³ Y aquellos hombres trabajaron para hacer volver la nave a tierra; mas no pudieron, porque el mar se iba embraveciendo más y más contra ellos. ¹⁴ Entonces clamaron a Jehová y dijeron: Te rogamos ahora, Jehová, que no perezcamos nosotros por la vida de este hombre, ni pongas sobre nosotros la sangre inocente; porque tú, Jehová, has hecho como has querido. ¹⁵ Y tomaron a Jonás, y lo echaron al mar; y el mar se aquietó de su furor. ¹⁶ Y temieron aquellos hombres a Jehová con gran temor, y ofrecieron sacrificio a Jehová, e hicieron votos.

¹⁷ Pero Jehová tenía preparado un gran pez que tragase a Jonás; y estuvo Jonás en el vientre del pez tres días y tres noches.

Jonás 2
¹ Entonces oró Jonás a Jehová su Dios desde el vientre del pez, ² y dijo: Invoqué en mi angustia a Jehová, y él me oyó; Desde el seno del Seol clamé, Y mi voz oíste. ¹⁰ Y mandó Jehová al pez, y vomitó a Jonás en tierra.

Jonás 3
¹ Vino palabra de Jehová por segunda vez a Jonás, diciendo: ² Levántate y ve a Nínive, aquella gran ciudad, y proclama en ella el mensaje que yo te diré. ³ Y se levantó Jonás, y fue a Nínive conforme a la palabra de Jehová. Y era Nínive ciudad grande en extremo, de tres días de camino. ⁴ Y comenzó Jonás a entrar por la ciudad, camino de un día, y predicaba diciendo: De aquí a cuarenta días Nínive será destruida. ⁵ Y los hombres de Nínive creyeron a Dios, y proclamaron ayuno, y se vistieron de cilicio desde el mayor hasta el menor de ellos.

⁶ Y llegó la noticia hasta el rey de Nínive, y se levantó de su silla, se despojó de su vestido, y se cubrió de cilicio y se sentó sobre ceniza. ¹⁰ Y vio Dios lo que hicieron, que se convirtieron de su mal camino; y se arrepintió del mal que había dicho que les haría, y no lo hizo.

Jonás 4
¹ Pero Jonás se apesadumbró en extremo, y se enojó. ² Y oró a Jehová y dijo: Ahora, oh Jehová, ¿no es esto lo que yo decía estando aún en mi tierra? Por eso me apresuré a huir a Tarsis; porque sabía yo que tú eres Dios clemente y piadoso, tardo en enojarte, y de grande misericordia, y que te arrepientes del mal. ³ Ahora pues, oh Jehová, te ruego que me quites la vida; porque mejor me es la muerte que la vida.

⁴ Y Jehová le dijo: ¿Haces tú bien en enojarte tanto?

⁵ Y salió Jonás de la ciudad, y acampó hacia el oriente de la ciudad, y se hizo allí una enramada, y se sentó debajo de ella a la sombra, hasta ver qué acontecería en la ciudad. ⁶ Y preparó Jehová Dios una calabacera, la cual creció sobre Jonás para que hiciese sombra sobre su cabeza, y le librase de su malestar; y Jonás se alegró grandemente por la calabacera. ⁷ Pero al venir el alba del día siguiente, Dios preparó un gusano, el cual hirió la calabacera, y se secó. ⁸ Y aconteció que al salir el sol, preparó Dios un recio viento solano, y el sol hirió a Jonás en la cabeza, y se desmayaba, y deseaba la muerte, diciendo: Mejor sería para mí la muerte que la vida.

⁹ Entonces dijo Dios a Jonás: ¿Tanto te enojas por la calabacera? Y él respondió: Mucho me enojo, hasta la muerte. ¹⁰ Y dijo Jehová: Tuviste tú lástima de la calabacera, en la cual no trabajaste, ni tú la hiciste crecer; que en espacio de una noche nació, y en espacio de otra noche pereció. ¹¹ ¿Y no tendré yo piedad de Nínive, aquella gran ciudad donde hay más de ciento veinte mil personas que no saben discernir entre su mano derecha y su mano izquierda, y muchos animales?

Preguntas de Estudio: El Llamado de Dios
Jeremías 1:4-10 & Jonás 1-4

Introducción:
A veces, el llamado de Dios es difícil de aceptar o entender. Las tareas que el Señor nos pide que hagamos parecen estar más allá de nuestras capacidades. Es verdad que los planes de Dios puede parecernos imposibles, pero nada es imposible para Dios. Por ello, aun nuestras debilidades y temores hacen la grandeza de Dios mucho más maravillosa. El Señor es capaz de usarnos para su gloria porque Él es quien hace la obra.

Como joven, Jeremías recibió el llamado para hacer la obra del Señor. Era más grande de lo qué se sentía capaz de hacer, pero Jeremías había sido creado y llamado por el Señor para la obra y el Señor le llevó hasta el final. El Señor también llamó a Jonás para ser su Profeta, pero Jonás se resistió. Por el contrario, trató de huir para no enfrentar las consecuencias. Tanto para Jeremías como para Jonás, el Señor mantuvo sus promesas y los usó para proclamar su Palabra.

Objetivos:
Conocimiento
- Saber que Dios tiene un plan para nuestras vidas, aun cuando no podemos verlo, entenderlo, o sentirnos capaces de hacerlo.
- Entender que no podemos escondernos de Dios y que las consecuencias son incómodas.

Actitud
- Confiar en el Señor y su fidelidad. Él puede usarnos para obrar más grande y abundantemente de lo que pudiéramos pedir o pensar.
- Ser siervos humildes y dispuestos.

Acciones
- Buscar pacientemente la dirección del Señor en nuestras vidas.
- Obedecer la llamada del Señor sin cuestionar.

Versículos para Memorizar:
Éxodo 4:11-12 "Y Jehová le respondió: ¿Quién dio la boca al hombre? ¿o quién hizo al mudo y al sordo, al que ve y al ciego? ¿No soy yo Jehová? Ahora pues, ve, y yo estaré con tu boca, y te enseñaré lo que hayas de hablar.'"

Versículos para Ampliar el Estudio:

Génesis 6:12-22; Éxodo 4:1-12; I Samuel 16:7-13; Isaías 6:8; S. Lucas 10:1-11, 17-21; Juan 1:35-51; Hechos 26:12-18

Preguntas acerca de la Historia:

1. ¿Qué es lo más significaivo sobre el llamado de Jeremías? (Jeremías 1:4-10. La Palabra de Dios vino a él y le dijo que había sido creado, apartado, comisionado y dirigido hacia la obra del Señor. El Señor le dijo qué decir y qué hacer).

2. ¿Por qué fue importante que el Señor predestinara a Jeremías desde antes que naciera? (Jeremías 1:5. El Señor había estado planeando su vida y le estaba guiando. Jeremías pudo estar confiado en el Señor sin importar su edad o sus temores).

3. ¿Cuál fue la reacción de Jeremías respecto a sus habilidades y edad? (Jeremías 1:6 Jeremías no tenía confianza en sí mismo, por lo que cualquier trabajo que realizara sería clara evidencia de que Dios había hecho la obra).

4. ¿Cuál era la opinión de Dios sobre las habilidades y temores de Jeremías? (Jeremías 1:7. A Dios no le preocupaban las habilidades de Jeremías, sino su disposición. El Señor prometió su presencia, su protección y su mensaje. Bastó un encuentro con el Señor para que la tarea fuera posible).

5. ¿Qué diferencia hicieron las palabras del Señor "he aquí he puesto mis palabras en tu boca"? (Jeremías 1:9. Sin la Palabra del Señor, Jeremías no tenía nada que decir, ni ninguna autoridad para hablar. Solo la Palabra de Dios tiene autoridad sobre las naciones o reinos. Es su Palabra la que destruye, construye y planta).

6. ¿Qué significa la palabra "comisionar"? (Jeremías 1:5,10. Comisionar significa escoger o elegir, que es lo que Dios hizo cuando dio a Jeremías el rol de Profeta de Israel).

7. ¿Qué es lo significativo del llamado de Jonás? (Jonas1:1-3. La Palabra del Señor también vino a Jonás. Fue un llamado difícil porque Nínive era una ciudad grande, la gente era impía y eran los enemigos de Israel. Aun cuando Jonás trató de huir, El Señor lo siguió. Envió una tormenta y un pez que lo escupió en tierra firme. Jonás obedeció al Señor la segunda vez pero nunca se preocupó por la gente).

8. ¿Cómo trató Jonás de huir del Señor y su llamado? (Jonás 1:3, 5,12. Trato de huir en dirección opuesta, trató de esconderse y dormir en el fondo del barco, dijo a los hombres del barco que lo echaran al mar, pero nada de eso funcionó).

9. ¿Cómo brilló la Gracia y misericordia del Señor en esta historia? (Jonás 1:2, 4: 2:10, 3:1,10, 4:6, 8. La Gracia y misericordia del Señor son el tema de esta historia. Fue en la misericordia de Dios que las 120,000 personas de Nínive se

arrepintieron. Fue por la Gracia de Dios que el Señor habló a Jonás. Su Gracia también se vio en el viento, el gran pez, el segundo llamado, la calabacera, el gusano y el viento solano. Cada una de estas acciones de Dios fue una oportunidad para que Jonás se arrepintiera y cambiara su corazón).

10. ¿Cómo se compara la respuesta de Jonás con la de los marineros y de la ciudad pagana de Nínive? (Jonás 1:15-16, 3:5-6. Los marineros alabaron a Dios cuando vieron su poder sobre el mar. Cuando la ciudad escuchó la advertencia, ellos creyeron en Dios y se arrepintieron, declararon ayuno y se cubrieron en cenizas. Jonás no hizo nada de eso. Su corazón estaba endurecido y no le importaba la gente).

11. ¿Por qué los marineros y el pueblo de Nínive se arrepintieron y adoraron? (Jonás 1:15-16, 3:5-6. Temieron al Señor, escucharon la Palabra de parte de Jonás, y creyeron en Dios).

12. ¿Cuál fue la respuesta de Dios al ver el arrepentimiento de los ninivitas? (Jonás 3:10. Cuando Dios vio lo que habían hecho y cómo se habían vuelto de sus malos caminos, tuvo compasión y no trajo destrucción sobre ellos.

13. ¿Estuvo en peligro Jonás debido a su actitud? (Jonás 4:1, 4, 8-10. Jonás estuvo en peligro de recibir el mismo juicio de los ninivitas pues se enojó ante la compasión del Señor).

14. ¿Por qué el Señor proveyó la calabacera para Jonás? (Jonás 4:6. Para resaltar la mala actitud de Jonás hacia la gente. Jonás se preocupó más por una calabacera que por 120,000 personas).

15. ¿Cómo describió Jonás el carácter del Señor según la compasión que tuvo con Nínive? (Jonás 4:2. Jonás describió a Dios como misericordioso y compasivo, lento para la ira y grande en misericordia, que se arrepiente de enviar calamidad).

16. ¿En qué se relaciona esta historia con Jesús? (En S. Mateo 13:39-41 Jesús dijo que así como Jonás había estado tres días y tres noches en el pez, así también el Hijo del Hombre estaría tres días y tres noches en la tierra).

Preguntas para Discusión:

1. ¿Qué es un llamado de Dios y cómo lo reconoces? (Jeremías 1:4; Jonás 1:1-2. El llamado de Dios es una petición de parte suya para hacer su obra. Debe venir de la Palabra del Señor y no de nuestras ideas propias. Es un énfasis en lo que el Señor hace a través de una persona más que la persona en sí).

2. ¿Sientes que el Señor te está llamando en tu vida? (Romanos 10:13-15).

3. ¿Por qué es que podemos tener paz en cuanto al llamado del Señor? (Jeremías 1:5,8. Podemos tener paz sabiendo que el Señor ya sabe lo que pasará, promete estar con nosotros y nos rescatará de lo que sea que enfrentemos).

4. ¿Qué tipo de personas puede usar Dios? ¿Cómo no debe de animar esto? (Jeremías 1:6-7. Dios es capaz de usar cualquier tipo persona, joven o anciano, grande o pequeño, lo cual sirve de ánimo para nosotros que puede que veamos nuestras vidas y nos sintamos indoctos para la obra que Dios ha puesto delante nuestro. Esta obra tiene que ver con el Señor y no con nosotros).

5. ¿Sobre qué se basa nuestra fe cuando miramos a nuestras flaquezas y a nuestros problemas? (Jeremías 1:6-7. En esos momentos estamos basando nuestra fe en nosotros mismos y no en Dios. Nuestra fe debe descansar en el Señor porque solo Él puede hacer todas las cosas).

6. ¿Nos llama el Señor a hacer cosas fáciles? (Jonás 1:1-2. No. A veces el Señor nos llama para hacer cosas que parecen imposibles y poco deseables).

7. ¿Podemos siquiera huir del Señor? ¿Por qué sí y por qué no? (Jonás 1:3. No, no podemos huir del Señor pero podemos resistirnos o rebelarnos contra su llamado a nuestras vidas).

8. ¿Por qué el carácter de Dios es esencial para su llamado? (Jonás 3:1. Necesitamos su Gracia y compasión. Necesitamos segundas oportunidades porque somos pecadores. Aún cuando fallamos y andamos en nuestros propios caminos, el Señor es paciente con nosotros y nos sigue. Sin ese carácter suyo estaríamos condenados al igual que los ninivitas).

9. ¿Cuándo te ha dado el Señor una segunda oportunidad?

10. ¿Cómo puede el Señor usar su Palabra cuando somos fieles predicadores de ella? (Jonás 3:4-5. El Señor es capaz de usar su Palabra para transformar vidas. A veces la gente que menos esperamos se arrepentirá y creerá).

11. ¿Cómo has visto la compasión del Señor en tu vida?

12. ¿Cómo mostró Dios su compasión a la humanidad a través de Jesucristo? (Romanos 5:8 "Mas Dios muestra su amor para con nosotros, en que siendo aún pecadores, Cristo murió por nosotros").

13. ¿Cómo un don del Señor como el de la calabacera puede animarnos cuando tenemos la actitud incorrecta hacia el ministerio para el que el Señor nos ha llamado? (Jonás 4:6. Cuando proveyó la calabacera para Jonás, vemos que Dios proveyó de sombre y descanso para las necesidades de Jonás. Dios demuestra su compasión y fidelidad aún cuando la tarea

es difícil. Por ello, podemos seguir en nuestro ministerio con confianza, sabiendo que el Señor estará con nosotros).

14. Padeciendo por el Evangelio
El Naufragio de Pablo
Hechos 27:27-28:10

Hechos 27

²⁷ Venida la decimocuarta noche, y siendo llevados a través del mar Adriático, a la medianoche los marineros sospecharon que estaban cerca de tierra; ²⁸ y echando la sonda, hallaron veinte brazas; y pasando un poco más adelante, volviendo a echar la sonda, hallaron quince brazas. ²⁹ Y temiendo dar en escollos, echaron cuatro anclas por la popa, y ansiaban que se hiciese de día. ³⁰ Entonces los marineros procuraron huir de la nave, y echando el esquife al mar, aparentaban como que querían largar las anclas de proa. ³¹ Pero Pablo dijo al centurión y a los soldados: Si éstos no permanecen en la nave, vosotros no podéis salvaros. ³² Entonces los soldados cortaron las amarras del esquife y lo dejaron perderse.

³³ Cuando comenzó a amanecer, Pablo exhortaba a todos que comiesen, diciendo: Este es el decimocuarto día que veláis y permanecéis en ayunas, sin comer nada. ³⁴ Por tanto, os ruego que comáis por vuestra salud; pues ni aun un cabello de la cabeza de ninguno de vosotros perecerá. ³⁵ Y habiendo dicho esto, tomó el pan y dio gracias a Dios en presencia de todos, y partiéndolo, comenzó a comer. ³⁶ Entonces todos, teniendo ya mejor ánimo, comieron también. ³⁷ Y éramos todas las personas en la nave doscientas setenta y seis. ³⁸ Y ya satisfechos, aligeraron la nave, echando el trigo al mar.

³⁹ Cuando se hizo de día, no reconocían la tierra, pero veían una ensenada que tenía playa, en la cual acordaron varar, si pudiesen, la nave. ⁴⁰ Cortando, pues, las anclas, las dejaron en el mar, largando también las amarras del timón; e izada al viento la vela de proa, enfilaron hacia la playa. ⁴¹ Pero dando en un lugar de dos aguas, hicieron encallar la nave; y la proa, hincada, quedó inmóvil, y la popa se abría con la violencia del mar.

⁴² Entonces los soldados acordaron matar a los presos, para que ninguno se fugase nadando. ⁴³ Pero el centurión, queriendo salvar a Pablo, les impidió este intento, y mandó que los que pudiesen nadar se echasen los primeros, y saliesen a tierra; ⁴⁴ y los demás, parte en tablas, parte en cosas de la nave. Y así aconteció que todos se salvaron saliendo a tierra.

Hechos 28

¹ Estando ya a salvo, supimos que la isla se llamaba Malta. ² Y los naturales nos trataron con no poca humanidad; porque encendiendo un fuego, nos recibieron a todos, a causa de la lluvia que caía, y del frío. ³ Entonces, habiendo recogido Pablo algunas ramas secas, las echó al fuego; y una víbora, huyendo del calor, se le prendió en la mano. ⁴ Cuando los naturales vieron la víbora colgando de su mano, se decían unos a otros: Ciertamente este hombre es homicida, a quien, escapado del mar, la justicia no deja vivir. ⁵ Pero él, sacudiendo la víbora en el fuego, ningún daño padeció. ⁶ Ellos estaban esperando que él se hinchase, o cayese muerto de repente; mas habiendo esperado mucho, y viendo que ningún mal le venía, cambiaron de parecer y dijeron que era un dios.

⁷ En aquellos lugares había propiedades del hombre principal de la isla, llamado Publio, quien nos recibió y hospedó solícitamente tres días. ⁸ Y aconteció que el padre de Publio estaba en cama, enfermo de fiebre y de disentería; y entró Pablo a verle, y después de haber orado, le impuso las manos, y le sanó. ⁹ Hecho esto, también los otros que en la isla tenían enfermedades, venían, y eran sanados; ¹⁰ los cuales también nos honraron con muchas atenciones; y cuando zarpamos, nos cargaron de las cosas necesarias.

Preguntas de Estudio: Padeciendo por el Evangelio
Hechos 27:27-28:10

Introducción:

En este pasaje, Pedro era prisionero en un barco que había estado en una terrible tormenta durante dos días. Le estaban llevando a Roma para afrontar un juicio ante el Cesar. Pablo sabía más que nadie lo que significaba padecer por el Evangelio. En II Corintios 11:24-26 dice "De los judíos cinco veces he recibido cuarenta azotes menos uno. Tres veces he sido azotado con varas; una vez apedreado; tres veces he padecido naufragio; una noche y un día he estado como náufrago en alta mar; en caminos muchas veces; en peligros de ríos, peligros de ladrones, peligros de los de mi nación, peligros de los gentiles, peligros en la ciudad, peligros en el desierto, peligros en el mar, peligros entre falsos hermanos..."

Pablo conocía el peso del ministerio, conocía los ataques de Satanás y de la persecución de la gente. Aun así, consideraba que valía la pena el esfuerzo. En S. Juan 16:33 Jesús prometió que en este mundo habría aflicción, pero también que cobráramos ánimo, pues Él había ya vencido al mundo. Si tenemos que sufrir por un poco mientras que estemos en esta tierra, podremos hacerlo fijando nuestros ojos en Jesús. Quien mirando al gozo postrero, sobrellevó la Cruz, menospreció el oprobio, y se sentó a la diestra de la majestad de Dios.

Objetivos:

Conocimiento
- Recordar que Jesús entiende el sufrimiento.
- Entender que a veces el Señor permite el sufrimiento para brindar gloria a su Nombre.
- Descubrir que el dolor que experimentamos prueba nuestra fe, incrementa nuestra dependencia de Jesús, y nos hace anhelar el Cielo.

Actitud
- Confiar en el Señor para fuerza de cada día.
- Regocijarnos en el hecho de que este mundo no es nuestro hogar y que solo estamos de paso.

Acciones
- Perseverar y resistir ante cualquier cosa que venga más delante, sabiendo que el Señor es el Juez último.

Versículo para Memorizar:

I Pedro 4:16 "Pero si alguno padece como cristiano, no se averg:uence, sino glorifique a Dios por ello."

Versículos para Ampliar el Estudio:

S. Mateo 5:10-12; S. Juan 15:18-20; 16:33; Hechos 14:21-22; Romanos 8:35-39; I Corintios 4:11-13; II Corintios 4:7-12; 11:24-33; II Timoteo 3:12; I Pedro 4:12-14, 16; Santiago 1:2-3; Apocalipsis 6:9-11.

Preguntas acerca de la Historia:

1. ¿Con qué **actitud** enfrentó Pablo esta tormenta, su arresto y el juicio que venía más adelante? (Hechos 27:31, 33-35, 28:5, 8. Pablo afrontó la tormenta con fe en el Señor. Por su confianza fue capaz de aconsejar y dirigir a quienes iban con él. También mostró una actitud de servicio al sanar al padre del oficial).

2. ¿Qué **temores** enfrentó Pablo? (Los temores a una tormenta, al encallamiento, al abandono del barco de los marineros, a la hambruna, a la tierra desconocida, a los soldados que querían matar a los prisioneros, al llegar a la orilla, a la serpiente, y a todo lo que ocurriera mientras se acercaban a Roma para afrontar el juicio ante el Cesar).

3. ¿**Por qué** Pablo tuvo que pasar por prisiones, tormentas, encallamientos, y la mordida de una serpiente? (Hubo muchas cosas buenas que vinieron por estas pruebas. Aquellos en el bote escucharon de Jesús. Los isleños enfermos vinieron a Pablo y fueron curados a la vez que presenciaron al verdadero poderoso Dios. El viaje probó la fe de todos ellos).

4. ¿De cuántas de estas situaciones tuvo **control** Pablo? (Pablo no pudo controlar ninguna de estas situaciones. Solo pudo controlarse a sí mismo y dejarle el resto al Señor. Con la paz de Dios en él, Pablo fue capaz de guiar a la gente para que comieran y ganaran fuerzas).

5. ¿Cuáles fueron algunas de las **reacciones** incluidas en esta historia? (Temor, engaño, fe, ansiedad, amabilidad, y honor. Todas estas reacciones diferentes surgieron en las mismas circunstancias).

6. ¿Cómo mostró Pablo **confianza** en Dios? (Hechos 27:35. Pablo tomó pan y dio gracias a Dios en presencia de todos. También se quitó a la serpiente echándola al fuego y oró por el padre del oficial).

7. ¿Cómo se mostró **el Señor** a sí mismo en este texto? (Hechos 27:23-25. Justo antes de este pasaje, Pablo refiere una visión de parte de un ángel que predijo todo lo que pasaría. En este pasaje parece como si solo hubieran dificultades hasta la curación del padre del oficial, pero en realidad el Señor se mostró al protegerlos durante todo el camino).

8. ¿Cómo **protegió** el Señor a todos durante estas pruebas? (Hechos 28:1, 5. La protección del Señor pudo verse en el salvaguarde de cada uno durante el viaje. Protegió a los prisioneros de los guardias y a Pablo de la serpiente. Incluso los isleños mostraron una amabilidad inusual y les ofrecieron suministros para seguir con su viaje).

9. ¿Cómo usó Pablo la circunstancia negativa de haber encallado en una isla para ministrar a la gente del lugar? (Hechos 28:8-9. Pablo oró por el padre del oficial en jefe para que se sanara, y también oró por otros isleños que necesitaban ser curados).

Preguntas para Discusión:

1. ¿Cuáles han sido algunas situaciones en tu vida en las que has tenido que pasar por tiempos duros y difíciles a causa del Evangelio? ¿Cuáles son algunas dificultades presentes?

2. ¿Por qué los creyentes se hallan a sí mismos en situaciones difíciles y en sufrimiento? (Existen muchas causas de los problemas que enfrentamos. A veces es nuestro propio pecado, otras veces se trata de circunstancias naturales, y en otras más puede que sea a causa de la gente o Satanás. Dios las permite en nuestras vidas para probar y tratar nuestra fe y traernos cerca de Él. Él no causa del dolor y el sufrimiento, sino que solo los usa).

3. ¿Qué reacciones diversas podemos tener ante situaciones difíciles en nuestras vidas? (Podemos escoger responder con temor perdiendo ánimo y esperanza en medio de la situación. O podemos poner nuestra esperanza y confianza en el Señor sabiendo que Él está por encima de todo).

4. ¿Por qué podemos estar confiados en medio de pruebas? (Hechos 27:27-29. Así como el Señor estuvo con Pablo, estará también con nosotros. Eso no significa que no tendremos pruebas sino que Él estará con nosotros en medio de ellas).

5. ¿Cómo podemos dar gracias en medio de dificultades? (Hechos 27:35. Podemos dar gracias a Dios por el alimento, por la fuerza y por la seguridad. Podemos agradecerle por nuestra salvación y por la promesa del Cielo).

6. ¿De qué maneras puedes ser tú ejemplo para otros cuando enfrentes sufrimiento y dificultades?

7. ¿Cómo podemos ver la ayuda y protección del Señor en nuestras vidas? (Él nos ha dado su Palabra, sus promesas y su presencia en este mundo, junto con la esperanza de la vida por venir en el Cielo).

8. ¿Qué animo tenemos de saber que el Señor nos guarda y nos protege?

9. ¿Cómo podemos usar circunstancias negativas para ministrar a las personas? (Hechos 27:8-9. Igualmente, nuestras luchas pueden causar encuentros especiales con gente que necesite de alguien que cuide de ellos y les comparta de Jesús).

83. Misiones Interculturales
Cornelio Creyó
Hechos 10:1-8, 17-48

Hechos 10

[1] Había en Cesarea un hombre llamado Cornelio, centurión de la compañía llamada la Italiana, [2] piadoso y temeroso de Dios con toda su casa, y que hacía muchas limosnas al pueblo, y oraba a Dios siempre. [3] Este vio claramente en una visión, como a la hora novena del día, que un ángel de Dios entraba donde él estaba, y le decía: Cornelio. [4] El, mirándole fijamente, y atemorizado, dijo: ¿Qué es, Señor? Y le dijo: Tus oraciones y tus limosnas han subido para memoria delante de Dios. [5] Envía, pues, ahora hombres a Jope, y haz venir a Simón, el que tiene por sobrenombre Pedro. [6] Este posa en casa de cierto Simón curtidor, que tiene su casa junto al mar; él te dirá lo que es necesario que hagas.

[7] Ido el ángel que hablaba con Cornelio, éste llamó a dos de sus criados, y a un devoto soldado de los que le asistían; [8] a los cuales envió a Jope, después de haberles contado todo.

[17] Y mientras Pedro estaba perplejo dentro de sí sobre lo que significaría la visión que había visto, he aquí los hombres que habían sido enviados por Cornelio, los cuales, preguntando por la casa de Simón, llegaron a la puerta. [18] Y llamando, preguntaron si moraba allí un Simón que tenía por sobrenombre Pedro. [19] Y mientras Pedro pensaba en la visión, le dijo el Espíritu: He aquí, tres hombres te buscan. [20] Levántate, pues, y desciende y no dudes de ir con ellos, porque yo los he enviado. [21] Entonces Pedro, descendiendo a donde estaban los hombres que fueron enviados por Cornelio, les dijo: He aquí, yo soy el que buscáis; ¿cuál es la causa por la que habéis venido?

[22] Ellos dijeron: Cornelio el centurión, varón justo y temeroso de Dios, y que tiene buen testimonio en toda la nación de los judíos, ha recibido instrucciones de un santo ángel, de hacerte venir a su casa para oír tus palabras. [23] Entonces, haciéndoles entrar, los hospedó.

Y al día siguiente, levantándose, se fue con ellos; y le acompañaron algunos de los hermanos de Jope. [24] Al otro día entraron en Cesarea. Y Cornelio los estaba esperando, habiendo convocado a sus parientes y amigos más íntimos. [25] Cuando Pedro entró, salió Cornelio a recibirle, y postrándose a sus pies, adoró. [26] Mas Pedro le levantó, diciendo: Levántate, pues yo mismo también soy hombre.

²⁷ Y hablando con él, entró, y halló a muchos que se habían reunido. ²⁸ Y les dijo: Vosotros sabéis cuán abominable es para un varón judío juntarse o acercarse a un extranjero; pero a mí me ha mostrado Dios que a ningún hombre llame común o inmundo; ²⁹ por lo cual, al ser llamado, vine sin replicar. Así que pregunto: ¿Por qué causa me habéis hecho venir?

³⁰ Entonces Cornelio dijo: Hace cuatro días que a esta hora yo estaba en ayunas; y a la hora novena, mientras oraba en mi casa, vi que se puso delante de mí un varón con vestido resplandeciente, ³¹ y dijo: Cornelio, tu oración ha sido oída, y tus limosnas han sido recordadas delante de Dios. ³² Envía, pues, a Jope, y haz venir a Simón el que tiene por sobrenombre Pedro, el cual mora en casa de Simón, un curtidor, junto al mar; y cuando llegue, él te hablará. ³³ Así que luego envié por ti; y tú has hecho bien en venir. Ahora, pues, todos nosotros estamos aquí en la presencia de Dios, para oír todo lo que Dios te ha mandado.

³⁴ Entonces Pedro, abriendo la boca, dijo: En verdad comprendo que Dios no hace acepción de personas,³⁵ sino que en toda nación se agrada del que le teme y hace justicia. ³⁶ Dios envió mensaje a los hijos de Israel, anunciando el evangelio de la paz por medio de Jesucristo; éste es Señor de todos. ³⁷ Vosotros sabéis lo que se divulgó por toda Judea, comenzando desde Galilea, después del bautismo que predicó Juan: ³⁸ cómo Dios ungió con el Espíritu Santo y con poder a Jesús de Nazaret, y cómo éste anduvo haciendo bienes y sanando a todos los oprimidos por el diablo, porque Dios estaba con él.

³⁹ Y nosotros somos testigos de todas las cosas que Jesús hizo en la tierra de Judea y en Jerusalén; a quien mataron colgándole en un madero. ⁴⁰ A éste levantó Dios al tercer día, e hizo que se manifestase; ⁴¹ no a todo el pueblo, sino a los testigos que Dios había ordenado de antemano, a nosotros que comimos y bebimos con él después que resucitó de los muertos. ⁴² Y nos mandó que predicásemos al pueblo, y testificásemos que él es el que Dios ha puesto por Juez de vivos y muertos. ⁴³ De éste dan testimonio todos los profetas, que todos los que en él creyeren, recibirán perdón de pecados por su nombre.

⁴⁴ Mientras aún hablaba Pedro estas palabras, el Espíritu Santo cayó sobre todos los que oían el discurso.

⁴⁵ Y los fieles de la circuncisión que habían venido con Pedro se quedaron atónitos de que también sobre los gentiles se derramase el don del Espíritu Santo. ⁴⁶ Porque los oían que hablaban en lenguas, y que magnificaban a Dios. ⁴⁷ Entonces respondió Pedro: ¿Puede acaso

alguno impedir el agua, para que no sean bautizados estos que han recibido el Espíritu Santo también como nosotros? [48] Y mandó bautizarles en el nombre del Señor Jesús. Entonces le rogaron que se quedase por algunos días.

Preguntas de Estudio: Misiones Interculturales
Hechos 10:1-8, 17-48

Introducción:
Puede que nos acostumbremos a hablar del mensaje del Evangelio a aquellos en nuestra congregación local o en nuestra propia cultura. Pero el corazón de Dios es alcanzar a todos los pueblos -toda nación, tribu y lengua, para que sepan y confiesen a Jesucristo como Señor. Necesitamos tener el corazón de Dios por la gente de todas las culturas. Necesitamos crear puentes hacia gente de diferentes orígenes. Pedro y Cornelio venían de contextos completamente diferentes. Cornelio era un ciudadano romano y un centurión. Pedro era un pescador de Capernaúm y era un judío. Los judíos ni siquiera entraban a las casas romanas. Fue una misión intercultural para Pedro, un judío, el compartir el Evangelio con Cornelio, un romano. Fue un salto cultural también para un hombre en autoridad como Cornelio, el rebajarse y pedir a Pedro, un pescador, que viniera a enseñarle de la Palabra de Dios.

Objetivos:
Conocimiento
- Entender que Dios desea que gente de "todas naciones y tribus y pueblos y lenguas" lleguen al Cielo.
- Descubrir la necesidad de hablar a todo el mundo de la relación que pueden tener con el resucitado Señor y Salvador Jesucristo.

Actitud
- Recibir a todos y compartir del amor de Dios con ellos.

Acciones
- Expandirse intencionalmente a través de diferencias culturales, raciales, generacionales y de género, para estar unidos en el cuerpo de Cristo.

Versículos para Memorizar:
Romanos 10:12-14 "Porque no hay diferencia entre judío y griego, pues el mismo que es Señor de todos, es rico para con todos los que le invocan; porque todo aquel que invocare el nombre del Señor, será salvo. ¿Cómo, pues, invocarán a aquel en el cual no han creído? ¿Y cómo creerán en aquel de quien no han oído? ¿Y cómo oirán sin haber quien les predique?"

Versículos para ampliar el Estudio:
S. Mateo 9:36-38; 28:18-20; S. Marcos 16:15-16; Hechos 1:8; 8:26-40; Romanos 10:8-17; Gálatas 2:11-16; I Timoteo 2:4

Preguntas acerca de la Historia:

1. ¿Qué hizo que el que Cornelio creyera fuera un caso tanto inusual como natural? (Hechos 10:1-2. Cornelio era un ciudadano romano y un centurión del regimiento italiano, razones que eran suficientes para que un judío no le hablara del Señor. Sin embargo, Cornelio y su familia también eran devotos y temerosos de Dios. Daba con generosidad a los necesitados y oraba a Dios regularmente, las cuales eran razones atenuantes para que fuera un creyente).

2. ¿Por qué tanto Cornelio como Pedro tuvieron visiones de Dios? (Hechos 10:3,17. Tuvieron visiones para ser dirigidos por Dios el uno hacia el otro. Nunca se hubieran buscado a menos que el Señor los hubiera juntado. El Señor estaba expandiendo su Reino para incluir a los gentiles).

3. ¿Había algún motivo especial para que Pedro fuera hacia Cornelio, y para que éste invitara a Pedro? (Hechos 10:4. No había nada de parte de ellos que les hubiera hecho buscarse mutuamente. Solo el Señor les dio las visiones y los motivos para obedecer).

4. ¿Cuál fue la respuesta de Cornelio al mensaje del ángel? (Hechos 10:7-8. Inmediatamente envió a sus siervos para que trajeran a Pedro y preparó a su familia para su llegada. Esperaba con ansia saber quién era Pedro y qué tenía que decir).

5. ¿Qué es lo interesante de que Pedro aceptara la invitación? (Hechos 10:21-22. Pedro estaba acostumbrado a oír la voz del Dios, pero esa visión fue extraña. Pedro iba a ir en un viaje de dos días hacia la casa de un hombre que no conocía. Tampoco sabía para qué Cornelio lo quería o qué mensaje debía dar y aún así fue).

6. ¿Qué significó el hecho de que Cornelio el centurión se echara a los pies de Pedro, y que éste lo levantara? (Hechos 10:25-26. Cornelio estaba mostrando respeto hacia Pedro como un hombre de Dios en autoridad, pero Pedro le enseñó que todos estamos igualmente bajo la autoridad de Jesús. Es maravilloso que estas dos culturas opuestas pudieran unirse bajo Jesús).

7. ¿Qué reveló Dios a Pedro sobre el valor de cualquier hombre? (Hechos 10:28. Pedro se dio cuenta de que, por la Gracia del Señor, no debía llamar a ningún hombre impuro o inmundo).

8. ¿Qué barreras culturales tuvieron que sortear Pedro y Cornelio? (Hechos 10. Actitudes hacia el otro como individuos, el origen italiano ante el judío, el entendimiento de quién era Dios, las prácticas religiosas como la circuncisión, la

Pascua y la adoración. Habían muchas barreras culturales por vencer, no obstante el Espíritu Santo vino y acortó distancias).

9. ¿Por qué Dios acepta hombre de todas naciones que le temen y hacen lo correcto? (Hechos 10:34-35. Dios creó a todos los pueblos de todas las naciones. Todos son suyos y Él los creo por igual. Él está interesado en la condición de sus corazones, sobre si le tememos, amamos y obedecemos, no sobre nuestra nacionalidad).

10. ¿Por qué Cornelio reunió una gran multitud? (Hechos 10:27-33. Para que pudieran "oír todo lo que Dios te ha mandado." Esto dio muestra de la actitud de expectación, del movimiento del Espíritu Santo y la fe de sus gentiles inesperados).

11. ¿Qué pasó con la gente que escuchaba a Pedro mientras que él aún hablaba? (Hechos 10:44 Mientras Pedro hablaba el Espíritu Santo vino sobre todos los que habían oído).

12. ¿Qué trae a una persona a la fe en Jesucristo? (Hechos 10:44. Es el Espíritu Santo y la Palabra de Dios lo que cambia vidas. La obra de convencer a las personas para que crean no es nuestra, esta es la obra de Dios).

13. ¿Por qué Pedro les mandó a que se bautizaran si ya habían recibido al Espíritu Santo? (Hechos 10:47-48. El bautismo en el Nombre de Jesucristo y el don del Espíritu Santo eran un solo evento. Fue la obra de Dios en sus vidas. El viejo hombre se había ido y el nuevo había llegado).

Preguntas para Discusión:

1. ¿Quiénes son candidatos insólitos del Evangelio en otras culturas? (Hechos 10:1-6. No podemos ser selectivos respecto a quiénes pensamos que pueden venir al Señor en fe. Es un trabajo que el Espíritu Santo hace en la vida de una persona. Nuestro rol es ser fieles con el mensaje).

2. ¿Con quién te resulta difícil mostrar el amor de Cristo? ¿Cómo puedes alcanzarlos y mostrarles el amor de Cristo?

3. ¿Cuál es nuestra motivación de mostrar el amor a aquellos que perecen? (I Juan 4:19. Debemos amar a todos, de todos lugares así como Cristo nos ha amado).

4. ¿Cómo podemos vivir esperado a quién el Señor nos llamará para responder? (Hechos 10:19-20. Podemos ver la obra del Espíritu Santo en el corazón de las personas. Si están interesados en cosas espirituales, es evidencia de que el Espíritu está en marcha).

5. ¿Cuál debe ser nuestra respuesta cuando el Señor nos llame a ir a algún lado o a hacer algo por Él? (Hechos 10:29. Cualquier ocasión que el Señor nos manda a hacer algo, es una

oportunidad para ver al Señor en acción. Es una invitación del más alto nivel).

6. ¿A qué te ha estado llamado el Señor? ¿Cuál ha sido tu respuesta?

7. ¿Qué significa que Dios no sea un Dios que muestra favoritismos? (Hechos 10:34-35. Que el no está escogiendo a cierto tipo de persona por sobre otra basándose en diferencias o cualidades externas, sino que todas las personas son iguales ante los ojos del Señor. Lo que importa es dónde se coloca la confianza).

8. ¿Estarías dispuesto a sortear distancias culturales o barreras de lenguaje a fin de dar a conocer el misterio del Evangelio? ¿Cómo puedes alcanzar para Cristo a quienes nunca han oído?

9. ¿Cuál es el mensaje que tenemos para proclamar a todos? (Hechos 10:36-43. El mensaje que tenemos para proclamar es que Cristo murió para la remisión de nuestros pecados, para que podamos tener vida eterna en su Nombre, y por Gracia de Dios).

La pregunta que había estado en mi cabeza por un largo tiempo era "¿Cómo puedo entrenar en la Palabra de Dios a la gente de diversos antecedentes y lenguas?". Fui confrontado con un desafío en Tanzania mientras trabajaba con los evangelistas a quienes se les había confiado el liderazgo de sus iglesias. Muchos eran sus impedimentos para ser preparados en la Palabra de Dios, incluyendo: Idioma, economía, responsabilidades familiares, disponibilidad para la preparación, recursos para preparación y estilos de aprendizaje.

Fue una ancianita de una pequeña iglesia en Wisconsin a quien el Señor usó para presentarme a la Red de Oralidad Internacional. Fue revelador el considerar que el método de entrenamiento que Jesús utilizó para preparar a sus discípulos, puede aún ser utilizado hoy para preparar gente en la Palabra de Dios. Es impactante considerar que las parábolas y las preguntas que Jesús usó ahora hacen posible el sobrepasar lengua y cultura. El que ha sido preparado en universidad y el iletrado pueden interactuar juntos cuando un estilo de preparación oral es utilizado.

Eso inició un experimento que ha ido creciendo hasta convertirse en una realidad con maravillosos resultados, explicables sólo por la mano de Dios. El primer grupo de 20 estudiantes comenzó su entrenamiento en Uganda. Después de que la primer clase terminó sus dos años de estudio, ellos comenzaron otras siete clases, y esos estudiantes comenzaron a enseñar a la segunda generación. La segunda graduación incluyó 71 estudiantes y esos estudiantes iniciaron 20 clases con la esperanza de ver 300 estudiantes en la siguiente graduación.

Este libro es el resultado de algo que el Señor empezó a hacer desde hace cinco años. Es el esfuerzo combinado de gente de seis países. Algunos enseñaron y aplicaron el entrenamiento, otros tradujeron, otros han revisado la integridad doctrinal y otros la precisión gramatical. El Pastor Nate Jore, un misionero en Uganda, ha preparado el camino para poner el currículum en práctica. Él ha puesto su vida y la Palabra de Dios en las manos de los líderes de Uganda, y el Señor lo ha usado para multiplicar este entrenamiento. Nathan Olson y Andrew Olson han expandido este trabajo para que así pudiera estar disponible en portugués, español, y luganda. El Pastor Valery Hryhoryk hizo la traducción al ruso y el Pastor Devasahayam Dunna ha estado dirigiendo la traducción telegú y el trabajo en India.

Todo esto ha sido hecho con el propósito de preparar a la gente en la Palabra de Dios y para su Gloria. Nadie puede tomar el crédito por lo que ha tenido lugar y por cómo el Señor ha usado esto para expandir su Reino. "¿Qué, pues, es Pablo, y qué es Apolos? Servidores por medio de los cuales habéis creído; y eso según lo que a cada uno concedió el Señor. Conforme a la gracia de Dios que me ha sido dada, yo como perito arquitecto puse el fundamento, y otro edifica encima; pero cada uno mire cómo sobreedifica. Porque nadie puede poner otro fundamento que el que está puesto, el cual es Jesucristo".
I Corintios 3:5, 10-11.

Pastor Kevin Olson
Departamento Directivo del Instituto Ambassador.

www.ingramcontent.com/pod-product-compliance
Lightning Source LLC
Chambersburg PA
CBHW051820090426
42736CB00011B/1567